Lhasa
Schigatse
Sanpo
TIBET
Aschram
Sikkim
Gangtok
BHUTAN
Darjeeling
Brahmaputra
Bengalen
Murschidabad
Dakka
Kalkutta
(Kolkata)
Chittagong
Sunderbunds
GOLF VON
BENGALEN

DIE 100 BEDEUTENDSTEN ENTDECKER

Alexandra David-Néel (mauritius images / Memento)

Alexandra David-Néel

Wanderin mit dem Wind

Reisetagebücher in Briefen

1911 – 1917

Herausgegeben von
Detlef Brennecke

Inhalt

Vorwort des Herausgebers

»Ich dagegen bin für ein Leben in der Abgeschiedenheit geschaffen.«

Alexandra David-Néel (1868–1969)

Selbstverständlich gab es immer schon große Abenteurerinnen: Frauen wie die Deutsche Elly Beinhorn, die 1932 die Erde in einem Luftfahrzeug umrundete, oder die Engländerin Beryl Markham, die 1936 den ersten Atlantikflug von Ost nach West wagte, oder die Schwedin Eva Dickson, die 1937 mit dem Auto bis Kalkutta (Kolkata) karriolte, oder die Engländerin Bettina Selby, die 1986 mit einem Allzweck-Bike durch Afrika radelte, oder die Norwegerin Monica Kristensen, die im selben Jahr versuchte, auf Skiern den Südpol zu erreichen. Doch was sind diese technologischen Heroinen im Vergleich zu der spirituellen Forschungsreisenden Alexandra David-Néel?

Als sie fünf war, nannte sie der französische Romancier Victor Hugo »ein außergewöhnliches Kind«. Mit vierzig gewann sie in Rom – nunmehr eine Frauenrechtlerin – den Respekt eines Noch-Sozialisten namens Benito Mussolini. Der deutsche Asienspezialist Wilhelm Filchner war für immer beglückt, die sechzigjährige »energische Forscherin« in seiner Wohnung in Berlin zu Gast gehabt zu haben. Und der englische Verfasser Lawrence Durrell schwärmte, als sie 95 war: »Die Aufzählung ihrer Reisen ist eindrucksvoll und rechtfertigt allein schon die Bezeichnung ›Die berühmteste Französin unseres Jahrhunderts‹, die ich ihr vorbehaltlos verliehen habe. Sie ist es gewesen, die uns die verborgene Welt des tibetischen Buddhismus in einer Zeit zugänglich gemacht hat, da unsere diesbezüglichen Kenntnisse ebenso beschränkt wie ungenau waren.«

Gehaltvolle Worte, gewiss, doch nicht umfassend genug, die komplexe Individualität der Grande Dame zu würdigen!

Louise Eugénie Alexandrine Marie David wurde am 28. Oktober 1868 in Saint-Mandé südöstlich von Paris geboren. Ihr Vater, Louis David, ein revolutionärer Journalist, hatte seine Frau, Alexandrine Borghmans, in Belgien kennengelernt: eine Materialistin, deren Emotionen sich im Wesentlichen darauf konzentrierten, dem Katholizismus zu frönen. Louis David war ehedem vor den Häschern Napoleons III. geflohen, doch jetzt in die Heimat zurückgekehrt, damit er sein erstes Kind nach 14-jähriger Ehe nicht im Exil aus der Taufe heben musste. Das Elternpaar hätte schwerlich ungleicher sein können und vermachte seiner Tochter demgemäß ein Naturell, das von jedem der beiden ein Quantum abbekam: die Toleranz und Leidenschaftlichkeit und literarische Ambition von dem einen sowie von der anderen die Ausdauer beim Trachten nach einem Ziel, das Gespür für Übersinnliches und eine gewisse Arroganz, eine Schroffheit und einen Zynismus, der bis zur Herzlosigkeit reichte, bis zur Kälte.

Veranlagt daher – oder gestraft – mit einem Charakter, in dem sich unversöhnliche Merkmale und Einflüsse mit demselben Eifer gegenseitig hinderten, mit dem sich unterschiedliche Begabungen und Neigungen wechselweise förderten, wuchs das Mädchen in einer Familie heran, die geprägt war von Lieblosigkeit, von lauter starren Umgangsformen, ja: einer schlechterdings mechanistischen Konvention des Miteinanders. »Wie zwei Statuen«, resümierte Alexandra David-Néel im Hinblick auf ihre Eltern 1904 in einem Brief, »stehen sie sich seit mehr als fünfzig Jahren gegenüber und sind sich heute noch genauso fremd wie am ersten Tag, verschlossen füreinander, ohne geistige oder gefühlsmäßige Bande.«

Wen überrascht es, dass die weltunerfahrene, junge David-Néel solcher Karyatiden-Existenz von Anfang an entrinnen wollte? Mit fünf marschierte sie los. »Damals«, erzählte sie zurückschauend, »gingen meine Wünsche über die Gartenpforte weg, fort auf die daran vorbeiführende Straße, hinaus in die unbekannte Ferne. Aber wunderlich genug, bestand dieses Unbekannte für mein Kindergemüt immer nur aus einem einsamen Fleck Erde, wo ich allein und ungestört hausen wollte, und da der Weg dahin mir nun einmal verschlossen war, suchte ich die Einsamkeit hinter jedem beliebigen Busch oder Sandhaufen im Garten oder wohin sonst immer meine Wärterin mich führen mochte.«

Sie kam nur bis zum Bois de Vincennes – wobei die Ost-Richtung stimmte. Denn Inbegriff ihres Loin-d'ici, ihres Möglichst-weit-weg-von-hier, war offenbar China. Bald sollte sie sich ein chinesisches Schreibkästchen kaufen – das sie dann ihr Leben lang besaß –, bald ein chinesisches Tintenfass erhalten, bald einen Atlas: die Grundausstattung für das, was sie dereinst berühmt machen würde und was die *Lieder aus der Touraine* von Jean Richepin so romantisch besangen:

»Über Berg und Tal
Zieht im sanften Pferdetrab
Die Karawane!
Sie zieht im Traum – wohin?
Wohin bläst der Sand?
Vorwärts, immer vorwärts
Strebend nach der Ferne!«

Damals ließ sich die Ausreißerin noch wieder einfangen, nur um später eine viel ausgedehntere Flucht anzutreten: Louis David zog es nach der Niederwerfung des Aufstands der Pariser Kommune von 1871 vor, sich mit den Seinen erneut nach Belgien abzusetzen. Das erzeugte bei der Tochter das Gefühl, allein auf sich verwiesen zu sein, denn nicht genug damit, dass ihr Brüssel unvertraut war – die Kameraden hänselten sie auch wegen ihrer ›französischen‹ Aussprache. Wie sollte das junge Geschöpf da Wurzeln schlagen und seine Persönlichkeit stabilisieren? Zumal es von der Grundschule in frappantem

Paradigmenwechsel erst auf ein calvinistisches Pensionat und danach in ein Internat der Karmelitinnen kam.

Mademoiselle David war jetzt zehn. Sie besaß eine hübsche Gesangsstimme, spielte für ihr Alter vorzüglich Klavier und stand im Ruf, ein Bücherwurm zu sein. Sie las viel und versenkte sich mit Vorliebe in die Romane von Jules Verne. »Meine kindlichen Träume kreisten um die Heldentaten ihrer Protagonisten: Philéas Fogg, Passepartout, die Kinder von Kapitän Grant und andere wurden mir vertraute Gefährten. – Mein Entschluss stand fest: Auch ich würde Reisen unternehmen und sie dabei möglichst noch übertreffen …« Dies nicht etwa, um gegebenenfalls in weniger als achtzig Tagen um die Welt zu hetzen und demzufolge dann doch irgendwann zu Hause wieder einzutrudeln – »zu Hause«, wo lag das überhaupt? –, sondern um sich von einer Umgebung zu lösen, die ihr widerwärtig war.

Aus demselben Grund pflegte sie Korrespondenzen bis nach England und erwähnte einmal dabei, dass sie sich – was immer das bedeutete – für Buddhismus interessierte. Ihre Brieffreundin schickte ihr daraufhin postwendend eine Nummer des Magazins der *Society of the Supreme Gnosis.*

So beeindruckt war die unterdessen 15-Jährige von dem okkultistischen, mit Sanskritformeln durchmengten Wort- und Gedankengebräu der »Höchsten Erkenntnis«, dass sie eine familiäre Sommerfrische an der Nordsee dazu nutzte, bis nach London zu entwischen. Niemand fand je heraus, was sie da getrieben hat. Lediglich wie der Ausflug endete, ist einem Skript aus dem Nachlass zu entnehmen: »Ich kehrte erst zurück, als mein Geldbeutel leer und mein Taschengeld aufgebraucht war.«

Weil indes Zerknirschung oder Resignation nicht die Sache der jungen Rebellin war und sie überdies im *Handbüchlein der Moral* von Epiktet gelesen hatte, dass der Gescheite am besten »allen Nutzen und allen Schaden von sich selber« erwartet – sie also für ihr eigenmächtiges Handeln gleichsam eine altverbürgte Befugnis besaß –, startete sie 1885 zu ihrem dritten Ausbruch aus der Spießer-Häuslichkeit. Diesmal gen Süden, in der allgemeinen Richtung Genua – Indien – China. Sie gelangte bis Mailand, von wo die Mutter die inzwischen Abgebrannte zurück nach Brüssel schaffte, zurück in die Rue Faider 105, zurück an einen Ort, mit dem Alexandra nur mehr, wie sie sagte, »Trostlosigkeit« verband. Umso fester strich sie in den Schriften Epikurs die »Weisung Nummer 9« an: »Schlimm ist der Zwang, doch es gibt keinen Zwang, unter Zwang zu leben.«

Dass die Eltern sie wie zur Domestizierung als Lehrjungfer in einen Tuchladen steckten, endete natürlich in einem Fiasko. Wogegen der Besuch des Konservatoriums immerhin ein Kompromiss war, ein Ausgleich zwischen bürgerlicher Anpassung und persönlicher Independenz – damit aber nichts Halbes und nichts Ganzes – kurz: nichts für Alexandra David.

Bei den Autoren der klassischen Antike hatte sie gelernt, dass ihr Freiheitsstreben gerechtfertigt war. Und lehrte nicht auch der Buddhismus: »Sei dir dein eigenes Licht«?

Alexandra würde demnächst zwanzig werden und beschloss künftig selbst zu verfügen, ›wo es langging‹. Deshalb reiste sie ein zweites Mal nach London, ein zweites Mal zur *Society of the Supreme Gnosis* und geriet ein zweites Mal in einen esoterischen Dunstkreis. Es schien, als steuerte sie geradewegs auf ihren Lebenszweck zu.

Doch die Wirklichkeit stellte klar, dass der mutmaßliche Ziellauf nur ein Flanieren war, eine Fühlungnahme, bald ein Zurückweichen … summa summarum: ein Zwischenspiel – ein, wie sich zeigen wird, pittoreskes Intermezzo.

Es dauerte 23 Jahre.

1888 herrschte in London ähnlich wie im Abendland überall das Klima des Fin de Siècle. In ihm gediehen Bünde, diskrete Cliquen und Gruppen, in denen man die Untergangsstimmung zelebrierte. Mühelos hätte die junge Französin deshalb in Queen Victorias Hauptstadt intime Tempel frequentieren können, schwarze Messen, wo protzig gewandete Priester und von Tüll umhauchte Vestalinnen bizarr anmutende Rituale vollzogen. Mit Leichtigkeit wäre sie, wie in ihren Memoiren kolportiert, zwischen Soho und Whitechapel, Bloomsbury und Southwark auf mystizistische Logen gestoßen, »in denen der verborgene Sinn der Kabbala, die esoterischen Lehren von Jesus, Moses und Buddha, die Einführung in ägyptische und tibetische Riten und viele andere wunderbare und abstruse Kenntnisse vermittelt wurden«.

Eine dieser Organisationen war die von Helena Petrowna Blavatsky geleitete *Theosophical Society*. Deren Anhänger hielten dafür, sich aus ihrer leiblichen Hülle mithilfe von übersinnlichen Kräften in immaterielle Sphären verflüchtigen zu können und dann durch eine dort gewonnene Befähigung einzutreten in den endlosen Ablauf von Werden und Vergehen und neuem Erstehen.

Konzipiert worden war dieses paraphysische Theorem als Betäubungsmittel gegen die allgemeine Angst vor der Endzeit. Wobei Madame Blavatsky zur Steigerung der Wirksamkeit ihrer Droge eine Mixtur anästhesierender Aromen beigefügt hatte: christliche Heilsgewissheit, Hypnose, Hokuspokus, neurotisches Gruselbedürfnis – samt einem gehörigen Schuss buddhistischer Ingredienzen.

Bei einem Rückblick auf die eigenen Lehr- und Wanderjahre relativierte Alexandra in ihrem Buch *Im Banne der Mysterien* die hybride Kopfgeburt nach dem Rezept der Madame: »Sie hatte, nach außen hin, kein anderes Ziel, als Männer und Frauen, die sich mehr oder weniger direkt für orientalische Philosophien interessierten, in einer Gemeinschaft miteinander zu vereinen.«

So mag sie es – auch wenn die Theosophen weitaus mehr intendierten als ein Volkshochschulkursus – unter Ausblendung aller aufklärungsfeindlichen Seiten der *Society* in der Tat empfunden haben. Denn vieles spricht dafür, dass Miss David lediglich zwei Angebote der Organisation nutzte: jenes, das ihrem Verständnis den Kanon des Buddhismus nahebrachte, und jenes, das ihr Fernweh stillte. Logos und Logie!

Die »Gesellschaft« besaß eine Dependence in Paris. Und so verließ Alexandra London, um ihr Studium des Buddhismus nach einer Stippvisite in Brüssel nun an der Seine fortzusetzen. Ebenso den Gesangsunterricht. Kaum dass sie aber freie Stunden hatte, bummelte sie immer wieder durch das Musée Guimet an der Place d'Iéna. Die Einleitung ihres postum edierten Buches *Mein Indien* gipfelt in dem Satz: »Hier, im Musée Guimet, habe ich als Zwanzigjährige meine Bestimmung gefunden.«

Was Alexandra zum fernöstlichen Glauben hinzog, war nämlich die authentische Atmosphäre eines Hortes asiatischer Sitte und Kultur mit seinen Manuskripten und Folianten, seinen Güte ausstrahlenden dickbäuchigen Buddhas und seinen Großmut verheißenden, zarten Guanyins, seinen Gobelins und Hieroglyphen. »Sei dir dein eigenes Licht!« Sie nahm den Lehrsatz beim Wort und bekannte sich seither zum Buddhismus.

Sachte zögerte sie noch, doch schon zeigten die Guanyins, die mildtätigen Gottheiten, was sie konnten: Alexandra David erbte von einer Tante eine beträchtliche Summe, nahm das Geld und kaufte sich ein Ticket für die Passage nach Indien.

Es wurde ein Schwelgen, ein Aufgehen in Shangri-La, dem Reich der Fantasie. Diese Farben, diese Laute, diese Düfte an den Weihestätten, diese Namen der Idole und Benennungen der Orte! Es waren magische Formeln! Madurai … Jagannatha … Balabhadra … Prana Pratishtha … Dakshineshvara. Oder waren es Sirenenklänge, Lockrufe: »Verweile doch …«? Als sie von Colombo kommend in Tutikorin von der Fähre stieg, da entfuhr es ihr: »Dieser Sandstrand, diese fast wüstenartige Landschaft, in zartrosa Morgenlicht getaucht, das war das Indien meiner Träume, das ich nun erreicht hatte.«

Ein Jahr blieb sie hier, wobei sie sich sporadisch am Hauptsitz der »Theosophischen Gesellschaft« in Adjar (Adyar) bei Madras (Chennai) einquartierte, in einem Appartement am Meer. Dann war die Hinterlassenschaft dahin und die Erbin bankrott.

Das einzige Kapital, über das sie noch verfügte, war ihr berückender Sopran. Sinnreich gab sich Alexandra David daher ein Pseudonym und firmierte – nach dem Vorbild des Bischofs von Digne, Charles Myriel, der jenseits aller klerikalen Dogmatik in Victor Hugos Roman *Die Elenden* beklommen etwas ahnt von den »unerhörten Tiefen der Abstraktion« – fortan privat wie offiziell als »Alexandra Myrial«. Sie durfte in der Opéra comique in London vorsingen und erhielt 1895 ein Engagement nach Indochina an die Bühnen von Hanoi und Haiphong.

Damit war sie in einem Lebensabschnitt gelandet, der angesichts ihres Gesamtwerks nur als absonderlich bezeichnet werden kann, als schräg und als wild – und als entscheidend.

Sie trat in Verdis *La Traviata* auf, in Bizets *Carmen* und Gounods *Faust*, wurde die *première chanteuse* des Hauses und scheffelte Francs. Es war wie ein Rausch! Und entsprechend beflügelt kehrte sie 1897 nach Paris zurück, liierte sich dort mit einem Bohème-Komponisten, reimte Libretti für ihn, veröffentlichte ein Pamphlet gegen die Bourgeoisie, *Pour la vie*, sang in Portiers, Besançon und Athen, und im Jubeljahr 1900 gehörte sie zum Ensemble der Städtischen Oper von Tunis. Die jedoch stand im Ruf einer niveauloseren, kolonialen Unterhaltungsmusik.

Da passte es in irgendeines der vielen Images dieser Frau, dass sie nach einer Soiree im »Casino de Tunis« einem Gast, betört von seinen pathetischen Avancen, noch in der Nacht des Kennenlernens auf seine Yacht folgte und sich ihm hingab – wie Zerlina in Mozarts *Don Giovanni* …

Der Galan, Philippe Néel, war sieben Jahre älter als »Alexandra Myrial«, er stammte aus dem Languedoc und rühmte sich, dass an der Spitze seines Stammbaums – nomen est omen! – Wilhelm der Eroberer stand. Dessen Nachfahr war Ingenieur und leitete den Ausbau des Eisenbahnnetzes von Tunesien. Dort nutzte er seine technischen Fertigkeiten zum Broterwerb und setzte diese zum Pläsier ein, wenn er von seinen Mätressen an Bord seiner Segelyacht *Hirondelle* Erinnerungsfotos machte.

Wenn man die Karriere der Alexandra David alias »Myrial« überschaut und in einem der ersten Briefe an ihren jüngst angetrauten Gemahl unter dem 3. Oktober 1904 die Äußerung liest: »Wir haben eher aus Bosheit als aus Zärtlichkeit geheiratet. Das war sicherlich eine Torheit«, dann muss man schon ein gehöriges Maß an interpretatorischer Raffinesse aufbringen, um zu begreifen, wie es zu der nur acht Wochen zurückliegenden Eheschließung von Monsieur Néel und Madame – nicht »Néel«, sondern unverändert – »David« kommen konnte.

So paradox es anmutet: Weil sich Alexandra mit Philippe Néel verbunden hatte, erlaubte sie es sich – sozial geachtet und finanziell gesichert –, mit der Unbefangenheit von 1888 wieder selbstbestimmt ihrer Wege zu gehen. Zu »gehen« …? Sie hastete vielmehr kreuz und quer durch Europa und Nordafrika und betrieb mit solchem Fleiß eine Karriere als Publizistin, dass ihre Produktion im Detail nicht aufzulisten ist.

Sie schrieb für die Presse in Frankreich und Tunesien, in Belgien und England, war Reporterin und Feuilletonistin und lieferte Artikel ab wie *Eine große muslimische Hochzeit* oder *Die Ehe, ein Frauenberuf* oder *Rationeller Feminismus.* En passant profilierte sie sich daneben mit Aufsätzen wie jenem über *Zeitgenössische buddhistische Schriftsteller*, mit *Betrachtungen über die japanische Philosophie* und mit Abhandlungen wie jener über *Solidaritätsgedanken in China im 5. Jahrhundert vor unserer Zeit …* bis sie peu à peu als Expertin für die Kulturen Südostasiens galt. Und sie verstärkte diese Reputation noch, als 1911 in Paris ihre mehr als 500 Seiten lange Monographie über *Moderne Strömungen im Buddhismus und der Buddhismus Buddhas* erschien.

Sie war mittlerweile 43 Jahre alt und davon überzeugt, dass es für ihr Bedürfnis, eigenständig zu bleiben und dabei eine geistige Obhut zu finden, ein Angebot gab: eben den Buddhismus. Warum dessen Aussagen die Intentionen Alexandra Davids zu beflügeln vermochten, erklärt sich, wenn man eine Sentenz des von ihr geschätzten Friedrich Nietzsche zitiert: »In der Lehre Buddha's wird der Egoismus Pflicht.« Das ist zwar pointiert, weist aber in der Überspitzung desto schärfer auf den Kern der Religion hin.

Denn der Buddhismus bietet keine Glaubensvorlage, die Bekenntnistreue verlangt wie das Christentum oder der Islam, und er gründet auch nicht gleich diesen auf einer »Heiligen Schrift« wie der *Bibel* oder dem *Koran.* Er ist im Gegensatz dazu ein in diversen Modellen – wie dem Hinayana, dem »kleinen Fahrzeug«, oder dem Mahayana, dem »großen Fahrzeug«, oder dem Vajrayana, dem »diamantenen Fahrzeug« – auftretendes Vehikel zum Transport des Gedankenguts seines Stifters.

Der äußert sich zunächst in den *Reden des Buddha*, hernach etwa in den Mahnungen des *Dhammapada*, des »Wahrheitspfades«, sowie in den *Upanischaden*, den »Weisungen unter vier Augen«, und in den meist mündlich überlieferten Geheimlehren Tibets.

Alle diese »Richtschnüre« sind gedreht aus einem Denken, nach dem jedwede Erscheinung im Fluss der Zeit ein temporäres Phänomen ist, das in wechselnder Gestalt immer wiederkehrt. Dem Einzelnen obliegt es indessen, sich in Meditation seiner Episodenhaftigkeit innezuwerden, diese alsdann zu überwinden und sich somit aus dem Rhythmus von Entstehen und Verfallen und Wiederentstehen, dem Samsara, zu erlösen, auf dass er schließlich das Nirwana erreicht: jenen Endzustand, der erstrebenswert ist – auch wenn er sich der menschlichen Vorstellung sperrt.

Es ist ein Beleg für die Klugheit Alexandra Davids, dass nicht dieses Unbegreifliche ihr Ziel war, sondern der Weg, der zu ihm führt; so wie es auch der »Erleuchtete«, verkündet hat:

»Durch kein Wandern zum Weltende
Jemals man hingelangen kann,
Doch wer nicht dringt zum Weltende,
Wird von dem Leiden nicht erlöst.«

Was Alexandra David anzog, waren nicht die Zeremonien, sondern die Ehrfurcht Buddhas vor der Mündigkeit der Erdenkinder. Er kam ohne Wundertaten aus. Siddartha Gautama begehrte nicht, »auf dem Wasser zu gehen«, wie Hermann Hesse einmal betonte.

Deshalb stand Alexandras erneuter Aufbruch nach Indien im August 1911 – das war der Sommer, in dem auch Hesse dorthin segelte – im Zeichen der Kontemplation. Die Abenteuer, die sie nebenher erlebte, waren kein Anlass, darunter zu leiden, wohl aber Stoff für die Briefe an ihren Gatten. Denn das war die Rolle des Philippe: An ihm reflektierte sie ihre Erfahrungen.

Und so lesen wir heute in diesen Episteln von der Ankunft in Madras (Chennai) und Kalkutta (Kolkata), der Weiterreise nach Gangtok, den Abstechern nach Kathmandu, nach Benares (Varanasi) und nach Schigatse sowie von ihrer Ernennung zu einer »Lamina«, einer geweihten Geistlichen, durch den Kronprinzen von Sikkim – vor allem aber von ihrem Einzug in eine auf rund 4000 Meter Höhe von ihr selbst mit ein paar Helfern errichteten Hütte an einem der zerklüfteten Hänge des Himalaja. In diesem Aschram, dieser Einsiedelei, die sie auch als »Kloster« titulierte, blieb sie – die Eingewöhnungsphase in einer nahen Felsengrotte mitgerechnet – über zwanzig Monate … bis zum September 1916. »Von der Klosterterrasse betrachte ich mir die umliegenden Berge, die Wälder, die der Winter gelb bis rotbraun gefärbt hat, und – weiter oben – den unberührten Schnee, der in der Sonne glitzert. Es packt mich der Wunsch fortzugehen; obwohl ich so weit weg bin, fühle ich mich noch immer in das Netzwerk der Welt und der Zivilisation verstrickt, ihren Konventionen und Verhaltensweisen zu sehr verhaftet. Noch bin ich nicht genug aus dem schlechten Traum erwacht, aus dem ermüdenden Traum des Lebens als Individuum. Sogar in meiner *Yogi*-Höhle ist mein Geist der eines Künstler-Philosophen geblieben, einer Amateurbuddhistin aus Paris.«

Es ist dieser Sarkasmus, diese frische Kritikfähigkeit, die die Lektüre der Werke Alexandra David-Néels so angenehm macht. Denn bei all ihrer Besessenheit in der Erforschung des Buddhismus, seiner geistigen Verästelungen seiner Ab- und Unterarten, seiner Riten, Monumente und Legenden – immer bewahrte sie sich den klaren Blick.

Im Januar 1919, als sie nach anstrengenden Streifzügen durch Japan, China und Korea in der tibetischen Klosterstadt Kumbum regenerierte, entschied sie sich den Namen Philippe Néels zuzüglich zu ihrem eigenen zu tragen. Inzwischen wusste sie, was sie an diesem Mann hatte: Er war nicht nur der mehr oder minder tolerante Adressat ihrer Tagesmeldungen – er war vor allem ein freigiebiger Finanzier ihrer Kampagnen. Noch verhalten erkundigte sie sich daher: »Was die Artikel angeht, die ich [über meine Beobachtungen] veröffentlichen werde, möchte ich dich fragen, ob dir daran gelegen ist, dass ich deinen Namen dem meinen beifüge. Deiner hingebungsvollen Freundschaft verdanke ich diesen Asienaufenthalt, der es mir erlaubt, diese Beiträge zu schreiben, und wenn du auch nur den Schatten einer Genugtuung darüber empfindest, ist es nur recht und billig, dass auch dein Name darunter steht.« Und so ist jenes »Néel« hinter dem Namen Alexandra Davids bis heute das Denkmal für einen generösen Sponsor.

Etwas anderes sollte er nicht mehr werden. Denn auch wenn die Frage Alexandra David-Néels, ob er ihre Rückkehr nach

Tunesien oder Frankreich wünsche oder fordere, mit derselben Formelhaftigkeit in der Korrespondenz auftaucht wie die im selben Federstrich von ihr selbst gelieferte Antwort, dass er dies in Anbetracht des Umfangs ihrer Forschungen bitte nicht erwarten, geschweige denn verlangen möge … obwohl sich ihre Skrupel also durchaus artikulierten, hatten sie zu keinem Zeitpunkt Einfluss auf ihre weiteren Programme, Pläne und Projekte. Philippe mochte von ihr aus Geselligkeit haben und genießen – in Gottes Namen auch die lichtbildschöne Junggeselligkeit auf seiner Segelyacht *Hirondelle*! –: »Ich dagegen bin für ein Leben in der Abgeschiedenheit geschaffen.«

Seit dem Mai 1914 erfreute sich Alexandra David-Néel der Dienste des Aphur Yongden, eines tibetischen Geistlichen, der 31 Jahre jünger war als sie und unter dem Namen »Lama Yongden« als ihr ständiger Begleiter fungierte, als ihr Ratgeber, Sekretär und Ko-Autor – als ihr enger Vertrauter, den sie schließlich formell adoptierte.

Mit ihm zog sie nach der Verschnaufpause in Kumbum durch Osttibet, die Mongolei und Westchina. Und er war dabei, als sie um die Jahreswende 1923/24 in der Maske einer »Arjopa«, einer Pilgerin, zu schierem Nervenkitzel ins Herz des Himalaja aufstieg. »Mein Hauptansporn zur Reise nach Lhasa war das unsinnige Verbot Tibet zu betreten.« David gegen »Goliath«!

Seit Langem hatte Tibet unter dem Einfluss seiner Nachbarn im Norden und im Osten gestanden. Erst hatten Mongolen, dann Chinesen das Land tyrannisiert, bis 1904 von Süden her Colonel Francis Edward Younghusband im Auftrag der englischen Krone, die auch Indien beherrschte, das wehr- und hilflose Reich des Dalai Lama überrannte und hunderte von Eingeborenen niedermetzelte. Nachdem sich England daraufhin – nicht zuletzt, um die Auswirkungen seines Feldzugs zu verschleiern – mit China und Russland heuchlerisch verständigt hatte, keinerlei Expedition, »welcher Art sie auch sei«, in Tibet eindringen zu lassen, machten von außen her diese Staaten und die Tibeter von innen her mit guten Gründen Front gegen jeden Eindringling.

Die sportiven Ambitionen der Abenteurer hatten sie jedoch alle unterschätzt. Sven Hedin spazierte 1907 durch das klösterliche Schigatse und durchkreuzte damit diese Absichten. Und 1924 erreichte Alexandra David-Néel nach viermonatigem Marsch mit dem Lama Yongden die verbotene Stadt Lhasa. »Je näher wir kamen, desto höher erhob sich vor uns der Potala, schon konnten wir die eleganten Umrisse seiner vielen goldenen Dächer unterscheiden. Sie hoben sich strahlend vom blauen Himmel ab und von ihren scharf nach oben eingebogenen Ecken schienen Funken zu sprühen, als ob die ganze Burg, der Stolz Tibets, eine Flammenkrone trüge. Unsere Augen konnten sich nicht von dem Bild losreißen.«

Sie hatten es geschafft. Und hingerissen rief der Lama Yongden: *»Lha gyalo!«* – »Die Götter siegen!«

Unerkannt wohnte das Wallfahrer-Duo, die Bettelfrau mit ihrem frommen vorgeblichen Sohn, zwei Monate lang in der Stadt. Dann schlichen sie so heimlich, wie sie sie betreten hatten, davon: vergrippt, doch bereichert um beispiellose Eindrücke. »Auch hatte ich eine Menge Bücher in Lhasa gekauft und brauchte Pferde für die Beförderung meines Gepäcks. Schon auf früheren Reisen hatte ich eine wertvolle tibetische Bibliothek zusammengestellt und sie in China sicher untergebracht, und bei meiner im Süden des Landes unternommenen Entdeckungsfahrt ging die Jagd besonders auf alte Handschriften, um diese Sammlung zu vervollständigen.«

Nun sollte es genug sein. Genug mit Recherchieren, genug mit Kostümieren, genug mit Vagabundieren. Je reviens!

Via Sikkim und Indien, wo sie noch Rabindranath Tagore wie auch Mahatma Gandhi traf, reiste Alexandra mit dem Lama Yongden nach Frankreich, um sich am 10. Mai 1925 in Le Havre auszuschiffen.

Philippe Néel sah sie erst im folgenden Januar beiläufig auf einem Zwischenstopp in Marseille wieder. Das Paar hatte sich nach seiner fünfzehnjährigen Trennung und Entfremdung vis-à-vis nichts mehr zu sagen, weshalb das Hotel »Terminus« seinem Namen gemäß tatsächlich eine Grenzstation markierte.

Philippe Néel verzichtete zwar förmlich auf die Annullierung der Ehe – bevor er 1941 starb, vermachte er seiner Frau als Haupterbin sogar ein stattliches Vermögen –, aber faktisch waren er und Alexandra seit jenem Januar 1926 endgültig geschiedene Leute.

Nach der Zeit des Suchens und der Zeit des Findens war für Alexandra David-Néel jetzt die Zeit des Gebens gekommen.

Sie referierte über ihre Abenteuer und unternahm regelrechte Gastspielreisen mit dem Lama Yongden (der ihr dann zu ihrem Verdruss wiederholt den Rang ablief). Sie wurde von Fernsehen und Hörfunk interviewt und verbreitete sich in Fachorganen und Boulevardblättern. Obendrein verfasste sie Publikationen en masse: Ethnographien und Fantasystorys, Mitschriften von Volksepen, ein Kochbuch, eine Grammatik, ein Wörterbuch, Heiligenviten in Übersetzung, Thriller und Memoiren.

Wenngleich sie zwischen 1937 und 1945 noch einmal auf eine Grand Tour durch Russland, China und Indien entschwand, war ihr Leben doch im Wesentlichen forthin auf ihr Haus in Digne-les-Bains konzentriert, auf jenen Ort an der Route Napoléon nordwestlich von Nizza, den sie aus Victor Hugos *Die Elenden* kannte. Sie war nicht wie darin der Bischof von Digne, Myriel, der Inspirator ihres Pseudonyms, vor den »unerhörten Tiefen der Abstraktion« verzagt, sondern hatte sich zu ihnen nach Buddhas Weisung aufgemacht. Doch wie lange war das her? Ein Menschenalter? Oder mehr? Ach, was hatte sich seit anno 1893 nicht alles ereignet!

Ihre Opernkarriere … die Nacht auf der *Hirondelle* … die Ehe im Ambiente der Basare und Moscheen von Tunis … die feministische Kampagne … das Klausnertum hoch droben im Himalaja … der Parforceritt nach Lhasa … Und nun also der Starkult um ihre Person! Sie wurde gefeiert, gerühmt und geehrt … mit Orden, Prämien und Medaillen ausgezeichnet … wurde Mitglied distinguierter Akademien, Kommandeur der Ehrenlegion und am Ende gar Namenspatronin eines Lyzeums in Digne. Voilà une femme!

Keine Frage: Sie genoss es, sie schwelgte darin wie in den Erinnerungen an all das Leid- und Lustvolle … bis 1955 ihr Liebling Yongden starb. Wie so viele der von Entdeckern und Eroberern nach Europa verschleppten und gelockten Bewohner ferner Länder hatte auch der Lama aus Tibet seine Entwurzelung nicht verkraftet. »Er starb«, konstatierte der herbeigerufene Hausarzt Dr. Marcel Maille, »als Alkoholiker«. Verbittert und vergrämt zog sich Alexandra David-Néel nach diesem Desaster in ihren Elfenbeinturm zurück, den sie *Samten Dzong* getauft hatte, »Feste der Meditation«.

Hier schuf sie ihr letztlich bedeutendstes Werk: ein literarisches Œuvre, in dem Klarheit mit Tiefe verquickt ist und Ernst mit Erbauung sowie Freude am Schreiben mit Kurzweil beim Schmökern.

Es ist spannend, ihr in dem Bericht *Arjopa. Die erste Pilgerfahrt einer weißen Frau nach der verbotenen Stadt des Dalai Lama* über die eisigen Pässe des Himalaja zu folgen.

Und es ist aufschlussreich, in ihrem Krimi *Der verborgene Türkis* zu lesen, wie der Held nach wilder Jagd das gesuchte Reliquienkästchen erbeutet, in dem nichts drinsteckt, und festzustellen, dass der Roman eine Parabel ist auf das »Axiom von der Inhaltslosigkeit«, der Marionettenhaftigkeit unseres Daseins, das Alexandra David-Néel in ihrem Band über *Die geheimen Lehren des tibetischen Buddhismus* dargelegt hat – unprätentiös und fernab jener esoterischen Aura, mit der Buchhändler und Verleger sie heute so gerne umnebeln.

Denn Alexandra David-Néel war bei aller Vertiefung in die Mythen und Mysterien der ostasiatischen Kulturen eine höchst besonnene Vermittlerin. Sie bezeichnete sich als »prosaisch« und sprach von ihrer »unverbesserlichen Ironie«. Schwulst, Verquastheit, Gaukelei waren ihr ein Gräuel.

Sie war eine Aufklärerin par excellence und illustrierte, was sie als Tochter im Geiste Voltaires darunter verstand, mit der Schilderung einer Begebenheit in Benares (Varanasi) …

Alexandra David-Néel schlenderte mit einer Europäerin, die hier wohnte und von der Gläubigkeit der Eingeborenen völlig hingerissen war, durch die Straßen der Stadt. Was der Gefährtin unter den Highlights am Orte besonders imponierte, war der scheinbar aus geistiger Tatkraft gewonnene Zustand von Unversehrbarkeit eines Asketen. Der pflegte zum Nachweis seiner übersinnlichen Energien auf einem mit Nägeln gespickten Brett an einem öffentlichen Platz unter einem Baldachin zu kampieren und sich seinen Schülern zu zeigen; was aber nicht ausschloss, dass er sich zur Erledigung gewisser menschlicher Bedürfnisse hin und wieder entfernte.

Einen solchen Moment nutzte Alexandra David-Néel, um ein rationalistisches Exempel zu statuieren – mit überraschender Wendung:

»Ich legte meinen Sari aus Musselin ab und behielt nur ein dünnes Höschen und eine leichte Jacke an, dann streckte ich mich in voller Länge auf den spitzen Nägeln aus und unterhielt mich weiter mit meiner entgeisterten Freundin.

Während ich so munter plauderte, hörten wir aus einem auf den Platz mündenden Gässchen die Stimme eines Fremdenführers.

›*Ladies and gentlemen*‹, posaunte er, ›Sie sehen jetzt den berühmten Fakir bei Ausübung der schier unglaublichen Askese, auf den scharfen Spitzen eines mit Nägeln beschlagenen Bettes liegen zu bleiben.‹

Während er noch kräftig die Werbetrommel rührte, stürmte der Touristenpulk zu dem Schutzdach, unter dem ich mich befand. Allgemeine Verblüffung. Fremdenführer und Touristen verstummten wie versteinert.

›*How do you do*‹, begrüßte ich sie und fuhr auf Englisch fort: ›Ziemlich heiß hier in Benares, stimmt's? Ich bin nicht der Fakir, wie man sieht. Er kommt gleich wieder; ich hab mich nur ein bisschen im Schatten ausgeruht, solange sein Platz frei war.‹ Darauf erhob ich mich langsam. Einigen von den Fremden hatte es immer noch die Sprache verschlagen, aber sie begannen, die Nägel zu untersuchen, und schürften sich die Finger auf, da es sich ja nicht um Attrappen, sondern um kräftige, spitze Exemplare handelte.

›Sie haben etwas viel Erstaunlicheres gesehen als einen Fakir‹, erläuterte ich, ›nämlich eine Pariserin, die auf einem mit Nägeln gespickten Bett liegt, ein weitaus seltenerer Anblick.‹«

Wen wundert's, dass diese – auf ihre Weise ebenfalls Muff-von-tausend-Jahren austreibende – Frau an ihrem hundertsten Geburtstag mit Sympathie die Revolte der Studenten an der Sorbonne verfolgte? Und wer wollte es ihr verwehren, dass sie – bereits vom Tod gezeichnet – ihren Pass verlängern ließ?

Alexandra David-Néel starb am Morgen des 8. September 1969 in Digne-les-Bains. Fünf Monate später aber wurde ihre Asche zusammen mit der des Lama Yongden bei Varanasi in den Ganges gestreut.

Nimmt man Alexandra David-Néel bei ihrer Konfession, dann war sie inzwischen in einen neuen Seinszustand übergetreten. Ihr Biograph Jean Chalon wähnte sie – was charmant war – in einer Lotusblüte. Näher an der Denkbarkeit dürfte aber ein Ginkgo sein, der heilige Baum des Buddhismus – sich selbst genug und damit ein signifikantes Symbol der »Köstlichkeiten des Alleinseins«.

Detlef Brennecke

Alexandra David-Néel

Wanderin mit dem Wind

Trichinopoly (heute: Tirutschirapalli),
22. November 1911

Wo ist mein Indien von einst[1]: heiß, ausgedörrt, mit seinem furchtbar grünen Himmel und seinen Straßen, auf denen während der kurzen Morgenröte goldene Staubwolken aufgewirbelt werden! … Tief hängende, eintönig graue Wolken; grüne Bäume, grüne … allzu grüne Felder; schlammige Wege mit ziegelroten Pfützen, in denen die Räder schier versinken; Regengüsse, die einen bis auf die Haut durchnässen; Nächte, in denen man, unter Wolldecken zusammengekauert, mit den Zähnen klappert … All dies lässt mich eher an einen verregneten Sommer in Holland oder der Bretagne denken. Weißt du, mit Indien ist es wie mit unserem Tunesien: Die Jahreszeit, die man den Touristen empfiehlt, ist im Hinblick auf Lokalkolorit und malerische Ansichten die ungünstigste. Dieses feuchte und graue Indien ist nicht das Indien eines *Wischnu* oder eines *Schiwa;* wenn du nur wüsstest, wie armselig die Götter in den regennassen Mauern ihrer Tempel dastehen!

Heute Morgen habe ich einige Tempel besucht, die außerhalb der Stadt liegen; auf dem Rückweg bin ich die dreihundert Stufen des Felsens, auf dessen Gipfel *Ganescha* thront, hinaufgestiegen. Erbärmlich! Der Regen hat alle Farbtöne verändert. Indien ist ohne Sonne nur ein Haufen Unrat. Ich verzichte deshalb darauf, Tandschur wieder zu sehen, und nehme heute Abend den Nachtexpress nach Pondicherry, was freilich nicht ohne Schwierigkeiten abgeht. In dieser »touristischen Hochsaison« muss man, vor allem für Nachtzüge, einen Platz reservieren lassen. Um

---

1 Alexandra David-Néel reiste 1891, im Alter von 23 Jahren, zum ersten Mal nach Ceylon und Indien. Briefen ihres Vaters, welche die Autorin aufbewahrt hat, lässt sich entnehmen, dass sie sich 1895/96 und 1897 in Indochina aufhielt.

zwei Uhr schicke ich meinen Boy zum Bahnhofsvorsteher und teile ihm meine Absicht mit, mit dem Postzug um halb acht zu fahren. Einen Augenblick später taucht an meiner Zimmertür ein Tropenhelm auf, darunter ein großer, ziemlich verwirrter Engländer. Es ist der »station master«, der keinen freien Platz mehr im Zuge hat. Die Vorstellung, hier 24 Stunden warten zu müssen, ist nicht gerade angenehm; aber ein Europäer genießt in den englischen Kolonien ein solches Ansehen, dass es gar nicht infrage kommt, mich sitzen zu lassen, und das, obwohl ein öffentlicher Erlass existiert, in dem alle Reisenden dazu angehalten werden, ihren Platz 24 Stunden vorher in dem Bahnhof, in dem der Zug zusammengestellt wird, reservieren zu lassen. Ich werde es irgendwie einrichten, sagt der Bahnhofsvorsteher zu mir. Ich werde einen weiteren Gentleman »hochhängen« oder noch einen Wagen anhängen. Einen Gentleman »hochhängen« heißt, ihm einen oberen Liegeplatz zuweisen; die Abteile sind wie Kabinen gebaut, und jeder hat seine Pritsche. Übrigens hat das Verb zwei Partizipien der Vergangenheit, wobei die regelmäßige Form *hanged* ausschließlich der Todesstrafe durch den Strang vorbehalten ist, während dem Gentleman, bei dem die unregelmäßige Form *hung* angewandt wird, kein größeres Leid widerfährt.

In der vergangenen Nacht habe ich wenig geschlafen, denn der Bahnhof ist sehr laut, und um vier Uhr morgens traf der Maharadscha von Travancore ein, der sich – unterwegs zum Durbar – einen Tag ausruhen wollte. Die Eingeborenentruppe gab ihm ein Morgenständchen, als er aus dem Zuge stieg. Mit meiner Nachtruhe war es natürlich vorbei. Diese Persönlichkeit ist gerade abgefahren und wieder hat ihm das aus Einheimischen bestehende Kommando die militärischen Ehren erwiesen. Der Fürst kam ohne Eskorte in einem normalen Wagen an, ich sah ihn in den Bahnhof einfahren; es war auch kein Ordnungsdienst eingesetzt, und neben der Wagentür stand ein nackter Schwarzer mit einem Kasten Gasus[2] auf

2 Damit bezeichnen die Araber kohlensäurehaltige Getränke.

dem Kopf und sah ihm beim Aussteigen zu. Es geht genauso zu, wie bei uns.

Als Nächstes sollte ich dir schildern, was ich auf der Fahrt hierher mit einem Brahmanen erlebte. Also, pass auf: Kurz nachdem er in mein Abteil eingetreten war, begann er wegen irgendeiner Nebensächlichkeit ein Gespräch ... Ach ja, der elektrische Ventilator hatte sich plötzlich ohne unser Zutun eingeschaltet. Das Gespräch kam von Rameswaram, wo ich meine Reise angetreten hatte, auf die Gottheiten, bis wir schließlich bei der Philosophie angelangt waren. Mit einem Hindu kommt man immer sehr rasch auf dieses Thema. Im Zusammenhang mit einem Zitat habe ich dann die *Bhagawadgita*, im sanskritischen Original, aus meiner Handtasche gezogen, was mir sofort die Hochachtung meines Reisebegleiters einbrachte. Ich nannte ihm mein Reiseziel, und er fragte mich als Antwort, ob ich den kommenden Tag in Madurai verbringen wollte; er würde den Lehrer, der im Tempel die *Weden* erläutert, zu sich bitten, und ich könnte mich mit ihm unterhalten. Der Vorschlag gefiel mir natürlich viel zu sehr, als dass ich ihn hätte ablehnen können.

So trete ich denn am Nachmittag in ein Brahmanenhaus ein, was außergewöhnlich ist, denn ihre Kastenzugehörigkeit verbietet es ihnen, Ausländer zu empfangen. Mein Gastgeber ist ein Wakil, also ein Notar oder Rechtsanwalt. Sein Zuhause ist äußerst schlicht und unkultiviert. Stell dir einen Innenhof mit vier runden, sich nach unten verjüngenden Säulen vor. Einen Säulenzwischenraum verschließt ein ockergelber Vorhang, unter dem die Beine eines Diwans, eine weiße Decke und aufgehängte Kleidungsstücke vorschauen; dies dürfte das Schlafzimmer des Meisters sein. Vor dem Vorhang hängt an schwarz gestrichenen Eisenketten eine breite Schaukel, auf der ein Kopfkissen liegt. Die nächste Seite ist mit baumwollstoffbespannten Wandschirmen zugestellt, über die ein paar neugierige Köpfe hinweglugen; die dritte Seite ist Teil eines Durchganges, der von der Straße ins Innere des Hauses führt, und an der vierten Seite schließlich sitzen wir – vor einem Tisch, den ein johannisbeerrotes Stück

Baumwolltuch bedeckt und auf dem die Beteldose steht, die Größe und Form eines Buches hat. In dieser Umgebung, wo es nach Jasmin, Weihrauch, Öl und ranziger Butter riecht – diese Substanzen werden nicht nur im Tempel, sondern auch auf dem Hausaltar verbrannt –, sprechen wir über Dinge, die sich in unseren westlichen Sprachen gar nicht ausdrücken lassen, mir aber glücklicherweise unter ihrer Sanskritbezeichnung geläufig sind. Einmal mehr warf ich die Fragen auf, mit denen sich in fernen Jahrhunderten bereits *Jainawalka* und *Arthabaja* beschäftigten; meine Brahmanen, die auch keine bessere Antwort wussten als ihre entfernten Vorfahren, waren vom bloßen Klang dieser von Generation zu Generation wiederholten Silben ganz entzückt, entzückt vor allem darüber, dass eine Abendländerin so geschickt mit ihnen umzugehen verstand. Sie vergaßen darüber ganz die sonst übliche Zurückhaltung, wiederholten in meiner Gegenwart die heiligen *Mantras*, diskutierten über ihren Sinn und ihre Kraft und enthüllten mir die Mysterien des *Tschutram*, von denen niemand außer den Brahmanen wissen darf. Mir war bereits bekannt, was der heilige Bezirk, das von so vielen Gängen, Altären und Gottheiten umgebene Herzstück des Tempels, birgt; aber nur wenige Nichteingeweihte wissen über diesen besonderen Punkt Bescheid, denn über ihn darf nichts mitgeteilt werden. Das Allerheiligste ist durch einen weiten Vorhang zweigeteilt; als Kulthandlung entzündet der Brahmane auf einem Tablett ein Stück Kampfer, hebt einen Zipfel des Vorhangs, und der helle Lichtschein der Stichflamme lässt hinter dem Vorhang kein Standbild, auch keinen anderen Gegenstand sichtbar werden, denn hinter ihm – ist nichts. Jawohl, inmitten der vielen fratzenhaften Standbilder, inmitten der gnädigen oder schrecklichen Götter und Göttinnen, die die Masse der Gläubigen fürchtet und anfleht, im Zentrum dieses hemmungslosen Polytheismus ist der Ort, den die Gläubigen als Sitz des Gottes bezeichnen, ein leerer Raum.

Man darf es nicht wissen, denn darin besteht das Geheimnis der Eingeweihten … und es ist ein unglaublich symbolisches!

Ein Erschauern geht durch den Innenhof, wo der Anblick des Schleiers beschworen wird, hinter dem nichts ist.

Mein Gastgeber erklärt, um seine Mitteilsamkeit zu rechtfertigen: »Sie sind eine Eingeweihte des *Radscha-Yoga*, ich weiß, dass das bei den Buddhisten genau wie bei uns ist.« Hieraus folgert er, dass ich bereits Bescheid wusste und er folglich nichts ausgeplaudert hat.

Man muss immer in Bewegung sein, der indische Boden ähnelt dem Treibsand, den es irgendwo an der bretonischen Küste gibt: Man versinkt bei jedem Schritt im Unbekannten und eine nicht durchtrainierte Ratio weiß sich nicht zu helfen und wird hinabgezogen. Warum haben diese beiden Männer mich auf den *Radscha-Yoga* angesprochen? … Man sagt gemeinhin, man könne denjenigen, der diesen Yoga häufig oder auch seltener ausübt, an seinen Augen erkennen, aber nur dann, wenn man selbst ihn ebenfalls betreibt …

Adjar/Madras, 27. November 1911

Es wird dich nicht sehr überraschen zu erfahren, dass ich dir aus dem Hauptquartier der theosophischen Gesellschaft schreibe; ich hatte dir ja schon angedeutet, dass ich mich unter Umständen genötigt sehen könnte, mich dort einzuquartieren. Ich habe zu einem so niedrigen Preis nichts Geeigneteres finden können.

Stell dir eine weitläufige Besitzung von etwa fünfzig Hektar vor, zum Teil an der Küste … im Sand sind Wege angelegt, hier und da stehen von Gärten umgebene Gebäude. Was mich angeht, so wohne ich in einiger Entfernung vom Meer in einer großen Villa, die mich an die Trianon-Schlösschen mit ihren Louis-seize-Kolonnaden erinnert. Versailles auch im Innern: weiße Rundzimmer, weiße Holztäfelung, Glastüren mit kleinen Scheiben. Man hat mich mit einem Zimmer bedacht, das etwa acht mal sechs Meter misst, mit einer fast sechs Meter hohen

Decke. Elektrisches Licht. Sehr geräumiges Badezimmer, ebenfalls weiß und in Rotundenform. Mit entsprechendem Mobiliar ließe sich eine Wohnstätte wirklich großen Stils herrichten. Aber die Einrichtung ist spärlich und das Hindupersonal geht nicht gerade vorsichtig damit um. Ich habe einen Frisiertisch mit großem Spiegel, einen viertürigen Schrank, zwei Rohrsessel, einen mit Kissen ausgelegten Rotangsessel, einen breiten Ministerschreibtisch und ein Bücherregal. Und das Bett? – wirst du fragen. Ha! Das ist das Beste, das Prunkstück inmitten der Möbel englischer Machart. Ja, mitten zwischen diesen europäischen Möbeln thront herausfordernd das primitive – wenn auch nicht schäbige – asketische Brahmanenbett: Es besteht aus einem blaugrau gestrichenen grob polierten Holzrahmen, dessen Boden über Kreuz gespannte Riemen bilden; alte Bambusstangen tragen das Moskitonetz; die Matratze ist ersetzt durch den Rasai, eine sehr dünne wattierte Decke; die Kopfkissen sind winzig kleine Säckchen. Generation um Generation hat auf solchen Betten geschlafen; auf ihnen ruhten die Denker, die die *Upanischaden* verfassten, und auf ihnen sinnieren auch noch die Denker unserer Tage. Man muss das mit Augen betrachten, die die Geschichte dieser Gegenstände kennen, vielleicht auch ein wenig mit den Augen des Künstlers, und kann dann die eigenartige geistige Wollust auskosten, das Bett eines *Schankaratscharja* in einem Louis-seize-Zimmer, das an Trianon und bukolische Dichtung denken lässt, vorzufinden.

Abenteuer … ich habe sie dir versprochen und ich will dir einige erzählen …

Zunächst war ich in Pondicherry. Auch dort glaubte ich, irgendwie Versailles zu spüren: eine tote Stadt, die sich an eine große Vergangenheit erinnert, in ihrer Würde erstarrt, tadellos sauber und bemüht, die Risse im alten Mauerwerk unter makelloser weißer Tünche zu verdecken. Auch mein Hotel prunkte mit einer prächtig getünchten Fassade, im Innern freilich hätten Staubwedel und Besen Not getan. Ich verbrachte die Nacht in einem ekelhaften Loch; Ratten liefen im Zimmer umher, das am nächsten Morgen mit ihrem Kot übersät war. Das Wetter war glücklicherweise sehr schön und ich konnte den ganzen Nachmittag in einem vorsintflutlichen, namenlosen Gefährt spazieren fahren, das vier Schwarze anschoben. Ich habe eine Aufnahme davon gemacht und werde sie dir schicken, sobald ich einen Abzug habe.

Am Abend habe ich mich mit einem Hindu[3] unterhalten, von dem ich dir, glaube ich, überhaupt noch nicht erzählt habe, denn wir stehen nicht in Briefkontakt, und ich kannte ihn lediglich wegen der lobenden Äußerungen, die Freunde[4] über ihn getan hatten. Ich verbrachte zwei sehr schöne Stunden damit, über die Gedankenwelt der alten indischen Philosophie zu fachsimpeln; mein Gesprächspartner, ein Mann von ganz seltener Intelligenz, gehört zu jenem außergewöhnlichen Menschenschlag, dem meine besondere Sympathie gilt: den vernünftigen Mystikern. Ich bin meinen Freunden wirklich dankbar für ihren Rat, diesen Mann aufzusuchen. Seine Gedanken sind so klar, sein Blick ist so strahlend hell, dass man hinterher glaubt, man habe die geistige Essenz Indiens geschaut, genau so, wie man sie sich nach der Lektüre der tiefsten Texte hinduistischer Philosophie vorstellt.

Ich wusste, dass dieser Philosoph in politischen Dingen eine Haltung eingenommen hatte, die den Engländern missfiel; natürlich habe ich ihn taktvollerweise nicht darauf angesprochen, außerdem schwebten wir weit über den Niederungen der Politik. Andere jedoch blieben, während wir schwebten, lieber auf dem Erdboden … und diese anderen waren die englische Polizei.

Als ich in Madras ankam, erwartete mich bereits der Chef der Geheimpolizei persönlich, der höflich und sehr korrekt

3 Es handelt sich um Schri Aurobindo Ghose.

4 Paul Richard und seine Frau Mira Alfassa, die wenige Jahre danach zur hervorragendsten Schülerin von Schri Aurobindo wurde. 1926 wurde sie deshalb »Mutter« des »Aschram (Ashram)«, den er in Pondicherry leitete. Die »Mutter« starb im November 1973.

von mir wissen wollte, was ich in Pondicherry mit jenem verdächtigen Herrn zu schaffen hätte. Ich war eigentlich nicht überrascht, denn ich hatte damit gerechnet, dass mein Besuch bekannt würde. Im Übrigen hatte ich ja auch gar kein Geheimnis daraus gemacht.

Des Weiteren habe ich noch die Bekanntschaft eines *Sannjasin* gemacht, der zu den allgemein verehrten Yogiasketen gehört, vor denen sich alle Hindus ehrfürchtig verbeugen. Diese Person nun bat, angesichts des großen Andrangs der Reisenden, um Aufnahme in mein Abteil. Das Zugpersonal war sehr verlegen, denn einerseits glaubte man, einer »weißen Lady« so etwas nicht zumuten zu können, andererseits hatte man zu viel Achtung vor dem heiligen Mann, als dass man ihn hätte abweisen mögen. Außerdem reiste er erster Klasse. Wir wurden sehr schnell gute Freunde. Er setzte sich, in der Stellung meines Buddha im Wohnzimmer, auf die Bank, und wir unterhielten uns. Er zeigte mir, wie er es anstellte, seine Adern augenblicklich anschwellen und sie ebenso rasch wieder abschwellen zu lassen. Er war nicht dumm, aber ungemein schwatzhaft!

Dienstag, den 2.8.

Ich habe eine ausgezeichnete Nacht hinter mir. Das Wetter ist prächtig, die Sicht herrlich. Ich glaube, ich habe jetzt das Haus gefunden, von dem ich immer geträumt habe und wo ich meine Aufzeichnungen ordnen kann, die allmählich durcheinander zu geraten drohen; hier könnte ich auch eine gründliche Studie über die *Wedanta*-Philosophie verfassen, von der es in Madras Vertreter mehrerer Schulen gibt. Habe soeben eine Einladung erhalten, beim Gouverneur von Madras zu »lunchen«. Der Chef der Geheimpolizei hatte mir gesagt, ich würde wahrscheinlich eingeladen werden, ich habe jedoch eigentlich nicht mehr damit gerechnet, denn der Gouverneur und seine

Frau fahren am Abend des 29. (genau an dem Tage, für den sie mich einladen) zum Durbar. Oft ist eine solche Ehre eine unangenehme Last, aber noch kenne ich ja die »Exzellenz« und die Lady gar nicht; vielleicht sind es reizende Leute.

Adjar/Madras, 3. Dezember 1911

Ich war beim Gouverneur von Madras zum Lunch, wie ich dir bereits geschrieben hatte. Seine Frau ist sehr liebenswürdig. Ich saß Exzellenz zur Rechten und er hat mich natürlich wieder auf meinen Besuch in Pondicherry angesprochen.

Am folgenden Tag aß ich bei den Eingeborenen der *Ramakrischna-Mission* zu Mittag; mir zu Ehren hatten die Mädchen den Boden vor der Eingangstür mit Bildern aus Blumen geschmückt. Es war eine schreckliche Mahlzeit mit einer Unmenge Fel-fel[5].

Adjar hat Klostercharakter, allerdings im schlechten Sinne; das Klosterleben erinnert an eine Anstalt. Es ist in der Tat wie in einem Irrenhaus. Sieht man von drei Gelehrten ab, die für ihre Arbeit in der Bibliothek bezahlt werden und hier wohnen, weil sie einen Broterwerb haben, der ihnen genügend Freizeit lässt, in Eigeninitiative Bücher zu schreiben, so wirkt, was übrig bleibt (vor allem die alten Jungfern), eher erschreckend als lächerlich. Wenn du ihre wirr blickenden Augen sehen oder ihr ausgefallenes Gerede hören könntest!

Und inmitten dieses Treibens hat sich Leadbeater, der Prophet, ungeachtet des riesigen Skandals, den es vor zehn Jahren gegeben hat, wieder sein kleines Sodom eingerichtet; dort lebt er abgeschieden mit seinen »Jüngern«, jungen Hindus, die keine Frau ansprechen darf und die er außerdem ja auch lehrt, sich alles Weiblichen zu enthalten. England, das so hart mit Oscar Wilde ins Gericht gegangen ist, dessen Freunde immerhin alt

5 Arabisch für Piment.

genug waren, um zu wissen, was sie wollen, sollte doch wirklich einmal ein Auge auf diesen Kreis haben, in dem der alte Schmutzfink fünfzehnjährige Jungen festhält …

Aber Adjar ist eine Stadt, und man sieht von einem Gebäude aus nicht, was im anderen vor sich geht. Die Neugriechen wohnen zu Fuß etwa zehn Minuten von dem Haus entfernt, in dem ich Quartier bezogen habe. An einem Abend habe ich die Gruppe auf der heiligen Terrasse kurz gesehen, bin aber später nie wieder hingegangen. Dieser Kreis von Narren, die sich in heuchlerischer Verehrung um eine Gruppe von Invertierten scharen, war ein widerliches Schauspiel für mich, das ich nicht unbedingt noch einmal sehen möchte.

Madras, 19. Dezember 1911

Ich beginne morgen eine Reise an einen Ort, den man die Sieben Pagoden nennt und zu den interessantesten Punkten in Südindien zählt. Ich wollte eigentlich auf dem Wasserwege dorthin gelangen, denn die Regierung besitzt zwei Schiffe, die an Touristen vermietet werden; die Schiffe werden jedoch gerade ausgebessert und stehen vor dem 12. Januar nicht zur Verfügung. Du darfst dir aber keine Dampfer vorstellen; es handelt sich um Schiffe, die den Kanal entlanggetreidelt werden. Wir müssen also auf dem Landweg reisen; das geht zwar schneller, ist aber komplizierter. Selbstverständlich muss jeder, wie auch sonst üblich, Verpflegung, Geschirr, Bettzeug, Kerzen usw. selbst mitbringen. Am darauf folgenden Tag gehen wir auf Besichtigung. Man hat mir einen Brief für einen *Wischnu*-Priester gegeben, der mir alles Mögliche zeigen soll. Wir werden an Ort und Stelle nächtigen und am nächsten Morgen weiterreisen. Ich will noch einen weiteren Tag in Madras bleiben, dann fahre ich nach Radschamandri, wo ich mich mit einem hinduistischen Kollegen, einem Mitarbeiter an den *Dokumenten des Fortschritts*, treffe; danach fahre ich nach Puri, besichtige dort den berühmten Tempel des Dschagannath und fahre anschließend nach Kalkutta, wo ich mich ein paar Tage bei Hindus, die mit Dharmapala befreundet sind, aufhalten werde. So werde ich zwei Tage weniger auf See sein, denn die Strecke Kalkutta-Rangun ist bedeutend kürzer als die von Madras nach Rangun.

Ich habe wirklich schon einen beträchtlichen Vorrat an interessanten Unterlagen. Auch gestern war ich wieder bei Brahmanen und diskutierte mit dem Familienoberhaupt, einem ausgezeichneten Professor für Vergleichende Philologie und Sanskrit, über philosophische Strömungen der Gegenwart. Seine Frau und seine Töchter begrüßten mich, und danach fand im Hause ein Familienfest statt: mit Musik … aber was für einer Musik! Welch ein Trommelfell müssen diese Leute haben, um so etwas ertragen zu können! Ich sah hübsche Frauen mit schönem Schmuck. Das Ganze spielte sich vor einem Kreis sehr reaktionärer, verschlossener Brahmanen alter Schule ab. Aber da mich Freunde in aller Form eingeführt hatten, empfing man mich sehr freundlich.

Die Inneneinrichtung aller dieser Leute ist – falls das möglich ist – noch lächerlicher als bei unseren Arabern. Sie sind buchstäblich bar jeden Geschmacks, wahre Wilde; an die Wände hängen sie in solcher Menge billigste Farbdrucke, dass man glauben könnte, man wäre in einem Basar. Und alles ist wenig gepflegt, ja man kann ruhig sagen: dreckig.

Ich habe vor, wenn mein zweiter Aufenthalt in Indien beendet ist, dir eine Kiste mit Büchern, unterwegs zusammengetragenen Gegenständen und überhaupt allem, was ich nicht länger mit mir herumschleppen möchte, zu schicken. Ich beabsichtige damit, mein Gepäck für den restlichen Teil der Reise erheblich zu reduzieren. In Birma oder Japan würde ich gerne einige Sachen erwerben, um unsere Wohnungseinrichtung, die ohne viel Stil aus schlecht zusammenpassenden Einzelstücken besteht, zu bereichern … Wir werden langsam alt und müssen an die Zeiten denken, wenn das Rheuma uns ans Haus fesselt. Ich weiß, dass dir ein nett eingerichtetes Heim nicht gleichgültig ist … Und mir selbst? … Ich weiß nicht so recht. In der Umgebung, in der ich jetzt lebe, verliert man jedes Gefühl für diese Dinge … Ich werde demnächst an den Hindu in Pondicherry schreiben, von dem ich dir erzählt habe; er ist ein kritischer Geist und geht den Dingen auf den Grund … Ich werde ihn an Experimente erinnern, die er selbst mit größter Sorgfalt und unter genauester Kontrolle durchführt, und zu ihm sagen: »Trete ich in den *Samadhi*-Zustand ein, bin ich wirklich dem Nirwana nahe, oder ist es einfach Erschöpfung, hat das Alter meine Empfindungen abgestumpft? … Sind meine Gleichgültigkeit und Glückseligkeit transzendenter Natur, oder äußert sich darin lediglich Erstarrung und Beginn des Verfalls?« Ich nehme an, er wird über die Frage genauso herzlich lachen wie an jenem Tage, als ich in ähnlichem Zusammenhang zu ihm sagte: »… Man ist dann also so weit, dass man nicht mehr weiß, ob man ungeheuer weise oder schlicht verrückt wird …«

Wie weit entfernt kommt einem doch die Welt mit ihrer emsigen Betriebsamkeit vor … die vielen Menschen, die hier leben, plappern, schwatzen. Warum? … Irgendetwas, vielleicht der Schleier eines Zaubermantels, hüllt einen ein, schirmt einen ab, erhebt und wiegt einen in grenzenloser Glückseligkeit. So ungefähr stelle ich mir die letzte Empfindung des sterbenden Weisen vor: Die Welt verblasst immer mehr, weicht zurück, versinkt in ferner Dunkelheit; das Nachlassen der Lebenskräfte führt zu einem Zustand gelassener Gleichgültigkeit ohne jeden Wunsch, ohne den Willen, auch nur den Finger zu heben, um jene verschwimmenden Schatten zurückzurufen …

Adjar, 25. Dezember 1911

Der Ausflug zu den Sieben Pagoden hat vier Tage gedauert und war reich an Zwischenfällen, von denen einer beinahe schlimm geendet hätte. Als wir an den Ufern des Buckingham-Kanals anlangten, den die Regenfälle in ein kilometerbreites Meer verwandelt hatten, war stockdunkle Nacht. Unser Schiff lief mitten in den Lagunen auf Grund; es war zwar zum Glück bald wieder flott, wir bekamen jedoch noch mehr Verspätung und ich war nach einem leichten Abendessen in unserem Bungalow sehr schläfrig. In diesem Zustand wollte ich mir im Garten die Zähne putzen, lief jedoch an der Treppe vorbei, statt sie hinunterzugehen … unmittelbar daneben war der etwa 1,20 Meter hohe Mauerabsatz, auf dem die Veranda ruhte, und vor der Mauer stand ein großer Blumentopf, in dem irgendein Strauch wuchs. Diesen Blumentopf nun stieß ich um, stürzte selber und lag arg zerschunden am Boden. Ich fühlte mich einer Ohnmacht nahe, kam nicht wieder hoch und rief deshalb meine Reisegefährtin zu Hilfe. Sie kam; doch als ich ihr zurief, sie solle aufpassen, damit ihr nicht das Gleiche passiere, stürzte sie bereits über den Mauerrand, fiel auf mich drauf und versetzte mir einen kräftigen Faustschlag aufs rechte Auge. Diese besondere Art der Hilfeleistung, diese zweite Quetschung bewahrte mich vor der Ohnmacht. Einige Engländer, die ebenfalls im Bungalow untergebracht waren, eilten herbei; ich war jedoch schon wieder auf den Beinen und lachte über das Missgeschick.

Ein beinahe nordisches Weihnachten in Madras: kein Sonnenstrahl, Regen … Ich bin, wie du, ganz allein. Alle theosophischen Vögel sind in Richtung Benares davongeflogen, wo sie ihre alljährliche Hauptversammlung haben. In dieser riesigen Besitzung sind jetzt nur mehr zehn Weiße …

In Gedanken bin ich, mein lieber Freund, in diesen Tagen, die die gewöhnlichen Sterblichen Festtage nennen, bei dir … Weshalb eigentlich ein Fest? Weshalb für die Nichtchristen, die nicht an den Erlöser glauben? Weshalb für die so genannten Christen, die seiner Lehre abschwören, die durch ihr Leben sein Beispiel verhöhnen und ihn rasch ans Kreuz schlügen, falls er in seinen Beduinenlumpen zurückkehrte und mit Leidenschaft die Stimme des bäuerlichen Propheten erhöbe: »Jerusalem, Jerusalem, du steinigest deine Propheten! Wie oft wollte ich deine Kinder um mich scharen, so wie die Henne ihre Küchlein um sich schart! …« Wie zahlreich sind doch solche, die versucht haben – ob klein oder groß, genial oder einfältig – die elende Menschheit zu sammeln und zu einem höheren oder freudvolleren Leben zu führen, und wie viele sind umgekommen bei diesem Versuch, der allem Anschein nach gar nicht gelingen kann und der doch eine so übermächtige Verlockung darstellt, dass ihm tagtäglich irgendeine jener Seelen nachgeben muss, die von dem ewigen, vielleicht verrückten Traum, der einen Christus und einen Buddha zu schaffen vermag, nicht loskommen können.

Dies sind einige Betrachtungen zum Weihnachtsfest, die für dich sicher nicht sehr nahe liegen und gewiss außerhalb jener friedlichen Gewässer angesiedelt sind, die du zu befahren pflegst, mein lieber Alusch; sieh sie einer Moumi nach, die in wenigen Tagen an den Ufern des Ganges stehen wird und sich in einer Welt von *Swamis*, *Yogis*, *Sadhus* und *Sannjasins* bewegt, die von der gewöhnlichen ganz verschieden ist.

Ich sende dir alle Segnungen und alle Verzückungen, von denen die hinduistische Atmosphäre so gesättigt ist, alle Düfte und all das Unsichtbare, das einen anweht in diesem alten Lande, in dem so viele Gedanken lebendig waren …

Radschamandri, 30. Dezember 1911

Dem Briefkopf kannst du entnehmen, dass ich Madras verlassen habe, wo ich umständehalber, aber auch der Schwerfälligkeit der Asiaten wegen länger verweilt habe, als ich eigentlich wollte. Ich habe jedoch diese unbeabsichtigte Verlängerung meines Aufenthaltes nicht bereut, denn sie hat mich etwas erleben lassen, was gewiss einzigartig in meinem Leben bleiben wird, ein ungewöhnliches Abenteuer, von dem ich dir jetzt erzählen will. Das Ganze geschah vorgestern:

Ort der Handlung ist der große Salon der Villa, die ich in Adjar bewohne. Es stehen ihrer drei vor mir – im langen Kaftan und einem weißen Musselinturban mit Silberplättchen. Auf ihrer dunkelhäutigen Stirn ist das Zeichen der *Wischnu*-Sekte aufgemalt; bei einem von ihnen wurde die Farbe offensichtlich der sehr heiligen Substanz entnommen, die die Kühe auf natürlichem Wege ausscheiden; die arglosen Tiere ahnen ja gar nichts vom religiösen Wert ihrer Verdauungsrückstände! Ihr Gesichtsausdruck ist hart und entschlossen, wie vor einer Schlacht, und zu einem Kampf sind sie ja in der Tat gekommen … um mir etwas vorzuschlagen, was wahrscheinlich noch nie jemandem meiner Rasse und vor allem meines Geschlechts angeboten worden war: alles aufzugeben und als *Sannjasin* so lange unter ihnen zu leben, bis ich eines Tages das große Vollbringen – das einzigartige *Brahma* – erreicht habe und das Abendland lehren kann, was noch kein Gelehrter ihm aufzuschließen vermochte: den großen *Wedanta* ihrer Heiligen und Philosophen. Ja, ich sollte meine Kleider von mir werfen, nackt – oder fast nackt – in irgendeinem Unterschlupf leben, ohne Möbel und ohne Diener, ein die alte Regel befolgender *Yogi* werden und – nicht mithilfe von Büchern, sondern durch mündliche Initiation der *Gurus* – den befreienden *Mokscha* suchen. Vorsichtig gab ich zu bedenken, dass irgendwo auf einem anderen Kontinent ein Herr lebt, der mein Ehemann ist und vielleicht wenig Begeisterung für ein solches Abenteuer seiner Frau aufbrächte.

Oh, mein Lieber, mit welchem Schwung, welch stolzer Verachtung wurden Argumente dieser Art beiseite gewischt! Das zwei Jahrtausende alte Indien erhob sich vor mir mit seiner ungezähmten, leidenschaftlichen Mystik; was lag schon an einem Ehemann! Aus der Entfernung betrachtet mag das albern und lächerlich wirken, und als meine Besucher abgezogen waren, habe ich selbst eine Weile herzlich lachen müssen; doch im Moment des Geschehens war das Ganze überhaupt nicht komisch. Es war wie eine Episode aus einem hinduistischen Epos – ein wenig barbarisch, aber nicht ohne Größe – und hat volle drei Stunden gedauert. Der Anführer des Kommandos hielt manchmal, vom Reden erschöpft, inne; seine Augen waren geschlossen, die Nerven angespannt; in größter Konzentration aller Geisteskräfte richtete er ein Gebet an jenes *Brahma*, von dem die heiligen Texte sagen, es könne »weder Sein noch Nichtsein« genannt werden: *na sat na asat.* Diese Leute wussten, dass ich Buddhistin bin; aber welches Gewicht hatte schon die lächelnde, ein wenig skeptische und friedlich agnostische Philosophie meines Meisters für sie? Welchen Wert konnten dieser Religion mit ihrem Verbot zu töten schon die Anbeter der Schlachten schlagenden Helden *Krischna* und *Rama* beimessen, die alle beide »tapfere Krieger auf ihrem Wagen« oder »große Wagenlenker« waren, wie das *Mahabharata* berichtet und damit an die Zeit erinnert, als man noch von einem Fahrzeug aus kämpfte

Außer einem gewissen Kunstgenuss wurde mir durch dieses Erlebnis noch eine andere Freude zuteil: Bei diesen Leuten handelt es sich nicht um Wilde, sondern um Absolventen englischer Universitäten. Einigen von ihnen muss in Fragen der Religion Kompetenz und sogar eine gewisse Berühmtheit bescheinigt werden; wenn sie mir einen Vorschlag machen, wie ich ihn dir gerade geschildert habe, und sich an mich als eine Person wenden, die nicht nur in der Lage ist, sie zu verstehen, sondern ihnen geeignet erscheint, ein befugter Prediger der *Wedanta*-Lehre zu werden, so ist das ein Beweis dafür, dass ich den Geist dieser Lehre der in seinem Tiefsinn wirklich schwer zu verstehen ist, richtig erfasst habe. Ich habe hinsichtlich des *Wedanta* die monistische Schule des *Schankaratscharja* immer am meisten geschätzt, dafür aber umso weniger Sympathie für ihre Schüler aufbringen können. Über die Theorie, die klar und einleuchtend ist, braucht man nicht zu streiten. Buddha lehrte sie wahrscheinlich, wie man bestimmten Einzelheiten seiner Unterweisungen entnehmen kann; klug wie er war, hat er jedoch seine persönlichen Ansichten für sich behalten und auch uns immer wieder eingeschärft, es ebenso zu halten: Metaphysisches gehöre in den Bereich privaten Denkens, nur einwandfrei Beweisbares solle auch geäußert werden. Die Mentalität der meisten *Wedanta*-Philosophen ist verheerend menschenfeindlich und antisozial; es ist nicht verwunderlich, dass sie Indien in den beklagenswerten Zustand geführt haben, in dem es sich heute befindet. Man muss einmal aus der Nähe gesehen haben, wie dieses Volk von Sklaven im Mist herumkrabbelt. Wenn daher ein *Wiwekananda* seine Landsleute rühmt, so sind das eitle Phrasen, die durch die Wirklichkeit widerlegt werden; die Wirklichkeit ist hier nämlich Rohheit, Gewalt, rücksichtsloser Egoismus, tiefste Verachtung für den Mitmenschen und unbeschreibliche Schäbigkeit. Wer nicht erlebt hat, wie Hindus verschiedener Kasten einander behandeln und wie die kastenlosen »Unberührbaren« leben, die ihrerseits wieder in verschiedene Kasten unterteilt sind, kann über Indien nicht mitreden.

Diesen Brief, mein Lieber, habe ich abschnittweise im Verlaufe meiner Reise geschrieben. Heute ist der 30. Dezember.

Ich habe die Neujahrsnacht recht ärmlich zugebracht; spät am Abend kam ich nach Kurda Road, wo ich den Postzug verließ, um mich nach Puri zu begeben. Ich habe mein Bett im Wartesaal aufgeschlagen und dort kampiert, nachdem der Bahnhofsvorsteher die Eindringlinge, die dort gern genächtigt hätten, vertrieben hatte. Es war ein Raum, dessen Wände mit schmutziger roter Farbe getüncht waren und wo es erstickend nach einem reichlich ausgestreuten Desinfektionsmittel roch. Wir befinden uns hier im Vorzimmer von Pest und Cholera, deren Wiege in der heiligen Stadt des Tempels des Dschagannath steht. Ich schlafe in voller Bekleidung ein, das Gesicht unterm Tropenhelm versteckt, über den ich als Moskitonetz meinen Schleier ausgebreitet habe. Es ist sehr kalt, genauso kalt wie bei uns zu Hause im tiefsten Winter.

Ich habe eine weitere Nacht im Zug verbracht und bin am 2. Januar morgens in Kalkutta angekommen.

Ich habe sehr freundliche Aufnahme bei einigen Hindus gefunden, die mit Dharmapala befreundet sind, und bin hier in ein Haus sehr reicher Bengalen geraten: Geschäftsleute (Banken und irgendeine Handelstätigkeit) mit Auto, zwei anderen Fahrzeugen, Pferden und Scharen von Dienern. Man hat eine ganze Zimmer»suite« für mich vorgesehen. Die Räume sind hübsch, im dressing-room steht sogar ein sehr elegantes Möbelstück mit einem Drehspiegel in der Mitte und schmalen Kommoden zu beiden Seiten; aber alles ist unbeschreiblich schmutzig. Ich werde im Speisesaal zu Mittag essen, der Herr des Hauses ist in sein Büro gefahren. Seine Frau spricht nicht Englisch, zwei andere Verwandte unterhalten sich jedoch mit mir, und der Verwalter widerspricht ihnen ganz ungezwungen. Ich esse allein, die anderen gucken mir zu. Bei orthodoxen Hindus isst man nie gemeinsam; Mann und Frau haben jeweils einen eigenen Koch, essen verschiedene Speisen und vor allem nie zusammen. Du kannst dir vorstellen, wie viel Vergnügen es macht, vor all den Augen, die mich anstarren, zu kauen und nicht zu wissen, was man zu den einfachen Frauen, die so eingesperrt leben wie unsere Tunesierinnen, sagen soll. Und was ich zu essen bekomme!!! Feuer, wie der Feuerschlucker auf dem Jahrmarkt! Bei dieser gewürzreichen Kost würde ich keine Woche überstehen. Ich habe höflich zum Ausdruck gebracht, dass ich näher am Europäerviertel sein wollte, wo ich zu tun hätte, und heute habe ich in einem »family house« eine Wohnung gemietet, die annehmbar erscheint. In Anbetracht der Seuchengefahr bleibe ich vielleicht im Januar so lange hier, wie es kalt ist und der Ganges noch nicht austrocknet, was im Allgemeinen ein erstes Anzeichen für Fieber, wenn nicht schlimmere Krankheiten, ist. Es »läuft« auch sehr gut mit meinen *Wedanta*-Studien; es ist sicher besser, jetzt, wo meine ganze Aufmerksamkeit darauf gerichtet ist, damit weiterzumachen und nicht zu viel anderes nebenher zu betreiben. Ich werde ja sehen. Da ich keine Verpflichtungen eingegangen bin, kann ich meine Arbeit nach Belieben unterbrechen. In einer der buddhistischen Missionsstationen habe ich einen bengalischen *Bhikku* kennen gelernt, einen reizenden und sehr klugen Jungen, mit dem ich die auf Ceylon begonnenen *Pali*-Übersetzungen fortführen kann. Er ist ein wirklich netter Junge, ein Intellektueller, der sich unter den Ritualisten nicht recht heimisch fühlt; er kannte mich dem Namen nach schon lange, denn er hatte meine Artikel gelesen. Wir waren uns gleich sympathisch. Unter den Gelehrten Kalkuttas hat er viele Freunde und hat mich mit mehreren interessanten Persönlichkeiten zusammengebracht, unter anderem mit einem Forscher, der in Tibet mit einer Mission betraut war und zahlreiche Dokumente von dort mitgebracht hat.

Gestern war ich auch am *Math* von Belur, wo die Schüler des berühmten Schri Ramakrischna Paramahamsa eine Art Philosophenkreis, wenn nicht gar Kloster, eingerichtet haben. Man hatte mich ausreichend empfohlen, und so fand ich bei den »Heiligen«, den »Glücklichen« (so lassen sich die Titel *Swami* und *Sadhu*, die man diesen Herren verleiht, übersetzen) freundliche Aufnahme. Aber die Hindus gehen verschwenderisch mit Titeln um, und hochtrabende Bezeichnungen besagen hier viel weniger als bei uns. Nichtsdestoweniger werfen sich gewöhnliche Sterbliche vor einem *Swami* der Länge nach in den Staub. Ich brauche wohl nicht eigens zu erwähnen, dass ich dieses Zeremoniell nicht mitmache; der *Swami*, an den ich mich öfters wende, reicht mir freundschaftlich die Hand; wir plaudern miteinander. Alle diese Leute in Belur sind gebildet und die Gespräche mit ihnen interessant, aber wie wenig engagiert ist ihre Philosophie, wie sehr verachten sie das Leiden des kleinen Mannes, ohne Barmherzigkeit oder auch nur Anteilnahme. Zwei *Swamis* laden mich zum Tee ein und wir setzen uns auf eine Terrasse, von der aus man den Blick über den Ganges und die *Ghats* schweifen lassen kann; in der Ferne sieht man den Turm des alten Tempels, von dem es heißt, er sei an der Stelle errichtet worden, an der ein Finger der Sati, der Frau des *Schiwa*, hingefallen war, deren Leichnam *Wischnu* zerstückelt hatte. Rosa und lila bricht über dem perlgrauen Fluss der Abend herein. Ich denke an die Rückfahrt. Einige junge Leute haben ein Boot, während ich selbst den Fehler beging, mit dem Zug zu kommen; sie bieten mir jedoch an, mich irgendwo am anderen Ufer abzusetzen. Ich nehme – für mich und meinen Boy – gerne an, und schon sind wir auf dem Wasser. Die jungen Leute sind neugierig und wollen wissen, was ich mit den Heiligen zu tun hätte und ob ich ihre Schülerin sei. Ich erkläre es ihnen und stelle meinerseits Fragen. Als sie hören, dass ich Buddhistin bin, bitten sie mich, ihnen vom »Herrn Buddha«, wie man hier sagt, zu erzählen. Das Boot treibt langsam die Strömung hinunter, sie klammern sich aneinander, und ich erzähle ihnen, was »der Herr Buddha« ein gutes Stück flussaufwärts, in Benares, vor rund 2500 Jahren gelehrt hat.

Mouchy, wie steht es um dich, während ich hier auf der göttlichen, allerheiligsten Ganga (eine von den barbarischen Abendländern vermännlichte Göttin!) predige und Vorträge halte. Ich habe eine Ewigkeit nichts von dir gehört und hoffe, dass mich über Rangun bald wieder etwas von dir erreicht. Ich hätte dich gerne hier, aber du würdest mir erwidern: Was soll ich denn dort, wenn ich die schönen Eisenbahnbrücken erst gesehen habe, noch machen? ... Die seelische Verfassung der *Swamis* interessiert dich wenig, und du fühlst dich auch nicht berufen, irgendein Evangelium zu verkünden, sogar wenn es auf dem Ganges wäre. Mein armer, sehr lieber Freund, da hast du dir also eine Moumi meines Schlages auf den Hals geladen! Wirst du es nicht vielleicht eines Tages leid sein und sie vollständig den schon geduldig darauf lauernden Göttern, dem gelben Gewand der Mystiker des alten Indiens abtreten? ... Wer weiß!

Kalkutta, 9. Januar 1912

Kalkutta, mein Lieber, ist in seinem Europäerviertel – sieht man einmal von der zerlumpten bunt scheckigen Menge ab, die die Straßen verstopft – das reinste London. Der graue Nebel, der abends vom Ganges heraufsteigt, die Straßenlaternen mit einem Hof umgibt und in dem schließlich alles versinkt, täte auch der Themse keine Schande an. Als ich gestern durch den

Chawringhee zu Fuß nach Hause ging, glaubte ich, weniger an den Eden Gardens als viel mehr an St. James Park oder Kensington Garden entlangzuspazieren. Auch die von europäischen und britischen Produkten überquellenden Warenhäuser könnten in London stehen; oft ertappe ich mich dabei, wie ich den vielen Dingen wie alten Bekannten zulächle, denen man recht gerne wieder begegnet. Im Augenblick ist es jedenfalls mit dem Dschungel vorbei: Ich habe zum ersten Mal seit Reisebeginn meine Handschuhe hervorgeholt, ein Kostüm und Lederhalbschuhe getragen … Man kleidet sich eben entsprechend, wenn man mit dekolletierten Ladys und befrackten Gentlemen das Abendessen einnimmt. All das kann einen Augenblick lang durchaus gefallen, wird aber vielleicht morgen schon lästig.

Habe ich dir schon gesagt, dass ich zusammen mit einer französischen Freundin den berühmten Tempel der *Kali* am Ganges besucht habe? Wir haben unsere Röcke bis zu den Waden aufschürzen müssen und sind in den Lachen von Opferblut regelrecht gewatet. Ein widerlicher Schlachthof!

Kalkutta, 13. Januar 1912

Mein Lieber, ich muss mich nun doch mit einer ernsten Darmentzündung herumplagen. Hätte ich nur wie in Colombo eine Diät einhalten und einen eigenen Koch haben können! Aber wir befinden uns hier nicht mehr im Bereich des Buddhismus; die Menschen sind in Kasten eingeteilt und einer Unzahl von Vorschriften und Beschränkungen unterworfen: Jemand, der zwar dazu bereit ist, einem die Schuhe zu putzen, wäre doch für alle Zeiten entehrt und würde von den Seinen verdammt, falls er sich auch dazu hergäbe, ein Zimmer zu fegen; andere dürfen nicht bei Tisch aufwarten oder wollen einem allenfalls Tee oder Obst, jedoch nichts Gekochtes servieren. Du siehst, auf welche Annehmlichkeiten man hier stößt! Als ich Ceylon verließ, glaubte ich, ich könnte darauf verzichten, ständig einen

Boy bei mir zu haben, und würde dort, wo ich einen brauchte, leicht einen finden – weit gefehlt! In Madurai traf ich zufällig einen netten achtzehnjährigen Jungen, der klug war und sich zu helfen wusste; er hat mich bis nach Madras begleitet und ist dann nach Hause zurückgekehrt. Danach hatte ich nur Schwachköpfe, die zu nichts zu gebrauchen waren. In Kalkutta findet man kaum jemanden, der Englisch spricht. Erst heute habe ich mich wieder von einem getrennt, der lediglich schlafen und meine Putztücher voll schnäuzen konnte. Die jüdische Dame, die übrigens Protestantin ist wie viele deutsche Konvertiten, hat sich sehr hilfsbereit gezeigt und mir mehrere Jungen »herbeigeschafft«, die ihr ihr eigenes Dienstpersonal vermittelt hatte. Morgen kommt ein Muslim, der – gelobt sei der Prophet! – keine Skrupel hat, mir ein Abendessen zu bringen oder sogar unterwegs zu kochen. Er hat bei bekannten Leuten gedient und Offiziere auf ihren Reisen begleitet; er wirkt ein wenig »soldatenhaft«, aber wenn man einmal in einem abgelegenen Bungalow im Busch schläft, ist es doch recht angenehm zu wissen, dass ein wackerer Bursche vor der Verandatür liegt. Du bist sicher der Ansicht, dass in einem solchen Fall ein Mensch die Aufgabe eines Hundes erfüllt; das ist richtig, aber sie sind daran gewöhnt, vor allem wenn sie Ladys begleiten und von selbst ihre Matte auf der Türschwelle ausbreiten. Trotzdem hätte ich, wäre ich mir über diese Schwierigkeiten von vornherein im Klaren gewesen, besser einen Singhalesen mitgenommen, der alles kann, wie der, den ich auf Ceylon hatte. Doch genug von diesen Problemen des Hausstandes!!!

Gestern war ich in der Sanskritschule, die zur Universität gehört. Dieser Besuch war ein Ereignis, und der Direktor, der mir die Ehre gab, schickte eine Mitteilung an die Zeitungen, worin er von meinem Besuch berichtete und erklärte, ich habe höchst bedeutsame Gespräche mit den Professoren geführt. Ich wurde in der Tat fast wie eine Hoheit behandelt. Man entschuldigte sich, dass mein unvorhergesehener Besuch nicht genügend Zeit ließ, einen Empfang vorzubereiten; so improvisierte denn ein anscheinend sehr berühmter Dichter einige Sanskritverse zu meinen Ehren. Ich wurde mit Saraswati, der Göttin des Wissens, verglichen, und eine Flut von Segenssprüchen ergoss sich über mich. Wie altertümlich diese Anstalt war! Du darfst dir nicht etwa Unterrichtsräume wie bei uns vorstellen … Es sind hohe, weitläufige Säle, die mit Marmorplatten ausgelegt sind. Hier und da liegt ein Teppich, meistens wie die arabischen Decken blauweiß gestreift. In der Mitte des Teppichs befinden sich eine kurze, flache Matratze und ein großes zylinderförmiges Kissen, beide mit weißem Überzug … Dies ist die Lehrkanzel, auf der – in der Haltung meines Buddha im Wohnzimmer – der Meister thront. Die Schüler bilden um die Matratze herum einen Kreis und sitzen in der gleichen Körperstellung. Einige dieser Gelehrten sehen recht gewöhnlich aus und man sähe sie lieber auf Stühlen sitzen; andere aber haben Charakterköpfe. Besonders bemerkenswert ist der Professor, der *Wedanta*-Kunde lehrt. Er ist sehr groß und schlank, aber nicht mager; seine Gesichtsfarbe ist hell (ein richtiger arischer Brahmane aus dem Norden), auf seiner hohen Stirn trägt er das Sektenzeichen der *Waischnawas*, eine Art »V«. Der Direktor der Anstalt erklärte mir, die Dozenten stünden mir für jede gewünschte Auskunft zur Verfügung, ich habe in dieser Hinsicht sogar bemerken können, dass er die genannten Professoren in einer ungezwungenen und autoritären Art behandelt, wie wir es in Europa nicht gewohnt sind. Diese *Pandits* des Sanskritkollegs in Kalkutta werden unter den hervorragendsten Hochschullehrern ausgewählt, sie lassen sich also mit unseren Professoren am Collège de France oder an der Sorbonne vergleichen – und der Direktor springt mit ihnen um wie ich mit meinen Boys. Man nimmt übrigens keinen Anstoß daran – Gewohnheitssache!

Einer von ihnen ist vorgestern – wir haben heute den 15. – zu mir gekommen und hat mir zwei Stunden lang von den Thesen des *Schankaratscharja* erzählt. Es ist erstaunlich, wie schwach das eigenständige Denken in Indien ausgeprägt ist. Wenn man verschiedene Personen über dieses Thema reden hört, könnte man glauben, ein Phonograph gäbe jedes Mal dieselben Worte wieder. Die Eintönigkeit ist geradezu entmutigend.

Ich habe auch einen Zweig der *Brahmo Samadsch* (die Kirche der Neuen Dispensation) besucht. Man fühlt sich dort an den Protestantismus erinnert, glaubt sich fast unter Unitarier versetzt ... wobei der äußere Rahmen natürlich grundverschieden ist: keine Spur von dem hellen, sauberen Saal, der die Kirche meiner Jugend war. Der indische Dreck fehlt auch hier nicht, was einen Abendländer insofern überraschen muss, als die Brahmos ausschließlich den gehobenen Gesellschaftsschichten entstammen; Leute aus dem Volke findet man bei ihnen ebenso wenig wie bei den Unitariern. Man lässt sich auf Bänken nieder, die auf den Balkonen des Innenhofes stehen, und plaudert. Vor mir sitzt ein halbes Dutzend Greise, es sind Missionare der Kirche. Wir sind hier weit entfernt vom transzendenten Denken der *Wedanta*-Intellektuellen, weit entfernt von der *Samadhi*, die den Vorhang in Chidambaram lüftet, und ebenso weit entfernt vom Lächeln derer, die alle Theorie, Moral, Religion oder Gottheit hinter sich gelassen haben ... Wir haben es hier mit Gläubigen in unserem christlichen Sinne zu tun; allerdings kennzeichnet sie ein größerer Eklektizismus und eine unbeschränkte Toleranz, die freilich, ohne dass meine Gastgeber dies bemerkten, ein gut Teil Skeptizismus mit einschließt. Ja, vom klaren, ein wenig erschreckenden und zugleich auch etwas bitteren Denken des philosophischen Indiens sind wir weit entfernt; dafür aber finden wir hier den Geist praktischer Heiligkeit, echter Barmherzigkeit, wirklichen sozialen Fortschritts, der den *Wedanta*-Philosophen in der Abgeschiedenheit ihres Elfenbeinturms völlig abgeht. Die Brahmos sind die Wegbereiter aller großzügigen Reformen in Indien.

Gestern brachte ich einen ganzen Tag im *Math* von Belur zu, bei den Jüngern des verstorbenen *Wiwekananda*, dessen Geburtstag gerade gefeiert wurde. Ich werde im *Math* immer sehr herzlich empfangen, und diesmal spielt sich gerade etwas ganz Besonderes ab. Hunderte von Leuten sind gekommen und bevölkern die Gärten, in denen man die von überall herbeigeeilten Armen speist. Unter einem Behelfsdach ist eine Küche errichtet, der Reis wird sackweise auf Matten geschüttet, etwa zwanzig riesige Kessel sind mit Curry angefüllt und kochen über aufgestapeltem Holz. So weit die materielle Seite des Ganzen. Was den geistigen Aspekt angeht, so befindet sich unter einem Pilz aus Stroh, wie wir sie in Parks aufstellen, eine Art Blumenbeet. In der Mitte des Beetes steht, in gelbe Chrysanthemen eingefasst, ein großes Porträt des Verstorbenen, der als *Sannjasin* gekleidet ist: oranges Gewand, den Danda oder Pilgerstab in der Hand und mit stolzer, selbstgefälliger, ja fast anmaßender Miene, wie er sie zu Lebzeiten aufzusetzen pflegte und in Europa und Amerika zur Schau getragen hat. Er war ein guter Redner, sprang aber impulsiv und unsystematisch von einem Gedanken zum anderen. Auch hatte er sicherlich einige edle, hellsichtige Anwandlungen; sie blieben jedoch sporadisch und verflüchtigten sich immer wieder sehr rasch … er blieb zeitlebens der hartherzige Reaktionär jener berühmten Rede, die er vor den Herren aus Madras, die seine Rückkehr aus Amerika feierten, gehalten hat. Als er noch lebte, habe ich ihn nicht sehr geschätzt, und ihn jetzt so vergöttert zu sehen, macht ihn mir auch nicht sympathischer. Halbkreisförmig vor seinem Bild aufgestellt psalmodiert unterdessen ein Chor junger Leute, der sich mit einem silberhellen Glöckchen den Takt vorgibt. Sie singen die sehr alten, berühmten Sanskrithymnen des *Schankaratscharja.* Ich schaue ihnen von einer Terrasse aus zu; einzelne Satzfetzen dringen zu mir herauf, und ein *Swami*, der sie wie ich aufschnappt, übersetzt mir, was ich nicht habe hören können: »Wie kannst du nur glauben, dein Selbst sei dein Leib … Wie kannst du nur glauben, dein Selbst sei dein Sinn … Ohne Dauer sind sie … Schon ist die Jugend vorbei, und das Alter, es naht; Todeshauch streift deinen Leib und zerstreut deinen Sinn … Dein ewiges Selbst ist nicht hier … Suche das *Brahma* … Such nur das *Brahma!* …« Ich möchte ins Betzimmer hinauf, was – noch dazu in Gegenwart all der Leute – gegen die Vorschrift ist, denn streng genommen dürfen nur Hindus es betreten. Aber einer der *Swamis* meint: »Warum sollten Sie eigentlich nicht eintreten dürfen? …« Ich ziehe meine Schuhe aus und betrete das kleine Heiligtum. Vor einer Art Thron, auf dem das Porträt des Schri Ramakrischna Paramahamsa steht, haben sich einige Leute zu Boden geworfen; vor dem Thron liegen ein paar Sachen, die ihm gehörten; seine Asche befindet sich im Thron selbst. Es ist, im Großen und Ganzen, eine helle und saubere Grabkapelle. Im Vorraum schmücken religiöse Bilder die Wände, und ich verweile vor einer beeindruckenden, sehr beredten *Kali*, die auf einem *Schiwa* tanzt, der weiß und ebenfalls sehr beredt unter den Füßen der Rasenden liegt und mich durch seine geschlossenen Augenlider hindurch anblickt.

Zurück zum Fest: Ich bin bis 3 Uhr 30 dageblieben und war der einzige Europäer und die einzige Frau, denn diese Gemeinschaften empfangen selten Ausländer. In einem Boot mit zwei Ruderern bin ich dann gangesaufwärts zum Tempel von Dakschineschwar gefahren. Eine Begegnung, wie die Sagen sie von Helden der hinduistischen Mythologie berichten, gab der Fahrt das Gepräge. Wir bewegten uns mithilfe einer Stange gegen die Strömung am Ufer entlang vorwärts. Ich schaute zur Böschung hinauf, sah Badende und Frauen, die ihre Kupferkrüge reinigten; plötzlich erblickte ich einen sonderbaren länglichen Gegenstand, an dem ein Hund zerrte, und als ich meinen Augen einfach nicht trauen wollte, sagte mein Boy in aller Ruhe: »Das ist ein Mensch.«

Es war tatsächlich ein Leichnam; er war rosa geworden wie eine gewöhnliche Lederpuppe; der Kopf war bis zur Unkenntlichkeit entstellt, die Lippen zerfressen, sodass die Zähne frei lagen. Die Füße waren zusammengebunden und das Fleisch schien, obwohl es im Wasser gelegen hatte, recht hart, denn der Hund zerrte mit aller Kraft, schüttelte bei seinen Anstrengungen den ganzen Körper, dessen Arme und Beine in die Luft gehoben wurden; dennoch gelang es ihm kaum, etwas zum Fressen loszureißen. Ich ließ den Kahn anhalten, um eine Aufnahme zu machen. Leider war es ziemlich weit weg, und obwohl wir Niedrigwasser hatten, konnte ich nicht in den Schlamm steigen, um näher an das unheimliche Objekt heranzukommen. Ich glaube deshalb nicht, dass das Foto sonderlich gelungen ist; außerdem hob sich der Leichnam nur wenig von der grauen Schmutzschicht ab. Ich habe zwei Fotos geschossen. Vielleicht lässt sich durch Vergrößern etwas herausholen. Das wäre doch ein reizendes Dokument, das man denen zeigen sollte, die das alte Indien besingen. Du musst wissen, dass wir hier nicht in Benares sind und es in Kalkutta strengstens verboten ist, Tote in den Fluss zu werfen. Na ja, vielleicht war der Mann ja gar nicht tot, als er in den Strom geworfen wurde oder sich hineinstürzte! Erzähl niemandem, dass ich mich damit abgebe, solche Motive zu fotografieren. Die Abendländer haben ihre besonderen Ansichten über den Tod. Sie töten ohne Skrupel, im Krieg oder durch Richterspruch, und sie töten natürlich auch Tiere; aber sobald das Lebewesen ein Leichnam ist, wird es für sie zugleich heilig und schrecklich. Ich erinnere mich, welch verheerenden Eindruck ich erweckt habe, als ich den »Botanikern«[6] in Toseur erzählte, ich hätte, als ich auf dem Friedhof saß und mir den Sonnenuntergang anschaute, einen Kabylenhund gesehen, der zu einem Grab lief und dort Mahlzeit hielt. Dies mit *angeschaut* zu haben, ohne Schreie des Entsetzens auszustoßen und das Dorf in Aufruhr zu versetzen, hielt man für skandalös. Dir ist sicher klar, was geschehen wäre, wenn ich einen Kabylenhund beim Fressen gestört hätte; wahrscheinlich hätte er mir seine Fangzähne ins Fleisch geschlagen. Es war doch zweifellos besser, wenn er sie an dem armen, aber gefühllosen Toten erprobte! Ob Würmer, Hund oder Schakal – ihm konnte es schließlich

---

6 Zu Beginn des Jahrhunderts hatte sich Alexandra David-Néel einer mit einer wissenschaftlichen Mission betrauten Expedition deutscher Botaniker angeschlossen und so ganz Nord- und Südafrika sowie die Sahara-Oasen bereist.

egal sein! Dies nur, um dir zu zeigen, dass man sich doch nur von mir abgestoßen fühlen würde.

Der Tempel liegt inmitten hübscher Gärten und ist einer der schönsten in Nordindien. Ich habe das Zimmer gesehen, in dem Schri Ramakrischna gelebt hat; den Baum, unter dem er die Erleuchtung gesucht hat, und den, wo er sich nach der Erleuchtung niederzusetzen pflegte. Nichts daran ist feierlich, die Hindus fragen nicht viel nach einem besonderen Rahmen. Eine Anzahl Pilger war da, auch Leute, die mich kannten … Man empfängt mich überall sehr freundlich. Wer behauptet, die Hindus stünden dem Buddhismus prinzipiell feindlich gegenüber, ist im Irrtum. Ein geschickter Redner könnte heute einen großen Teil Indiens dazu bewegen, den Glaubenswechsel rückgängig zu machen; dessen bin ich gewiss. Weil ich Buddhistin bin, verhalten sich die Leute mir gegenüber ganz anders als zu Christen. Auf dem Ponton, zu dem ich im Boot gelangt bin und wo ich auf den Dampfer warte, der mich nach Kalkutta zurückbringen soll, sprechen mich zwei Gentlemen an … auch sie haben mich irgendwo gesehen, und wie bereits üblich bedanken sie sich bei mir, dass ich mich für ihre Glaubenslehren interessiere. Dann bittet man mich, ich möge vom Buddhismus sprechen. Die Menge steht dicht gedrängt auf dem engen Ponton, die Leute bilden einen Kreis, drängen sich um mich, und ich erzähle … Welch wunderliches Volk, dem Mystik über alles geht, das immer wieder von Göttern zu hören wünscht, von Helden religiöser Mythen und von dem, was für sie alle das höchste Ziel ist: *Mokscha-Nirwana.* Die Sonne versinkt rot in den Wolken, unter unseren Füßen fließt graublau und mit Kupferreflexen der Ganges …

Da Ebbe ist, bleiben wir auf der Rückfahrt in der Mitte des Flusses und brauchen uns nur treiben zu lassen. Als wir zum Anlegen das Ufer ansteuern, kommen wir an der Stelle vorüber, wo ich den Leichnam gesehen habe. Mein Boy sagt: »Alles schon vorbei.« Tatsächlich wimmelt es dort, wo vorhin die unheimliche rote Puppe lag, von Geiern, die die Hunde vertrieben haben; wenn sie davonfliegen, wird an der Stelle nichts zurückbleiben.

16. Januar

Da Lord Hardinge nach Kalkutta zurückgekehrt ist, habe ich heute Morgen im »Government House« meine Empfehlungsschreiben präsentiert. Nie habe ich dergleichen erlebt: Man könnte glauben, man ist in Russland. Selbst wer lediglich einen Sekretär sprechen will, wird nur zögernd ins Palais eingelassen. Ich kann einfach nicht glauben, dass solch ein Bammel vor der Obrigkeit gerechtfertigt ist. Mir erscheint ihre Ängstlichkeit stark übertrieben; immerhin können sie die Lage vielleicht doch besser beurteilen als ich.

Vorgestern, am Montag, dem 15., habe ich die Witwe des vergotteten Schri Ramakrischna Paramahamsa besucht; es ist der Mann, dessen Zimmer im Tempel von Dakschineschwar und dessen Kapelle in Belur ich besichtigt hatte. Der Frau eines Gottes gegenüberzutreten … so etwas gibt es nur in Indien und gilt dort übrigens als durchaus natürlich!

Das Haus steht in einem abgelegenen Stadtviertel und ist gar nicht leicht zu finden; es ist weiß und hebt sich durch äußerste Sauberkeit von allem ab, was man sonst hier anzutreffen gewohnt ist. Im Erdgeschoss ist die Redaktion der Mission *Ramakrischna* untergebracht. Der Herausgeber, ein *Swami,* wohnt hier. Es ist ein dicker, sehr einfacher und umgänglicher Mann. Seine Freunde in Belur haben ihm meinen Besuch angekündigt, und er schenkt mir liebenswürdigerweise ein paar Bücher. Anschließend gehen wir zu der alten Dame hinauf, die das obere Stockwerk bewohnt. Auf halber Treppe bittet mich der *Swami* unter tausend Entschuldigungen, meine Schuhe auszuziehen, da das Zimmer, in das wir gehen, eine Kapelle sei. Ich beeile mich, es zu tun, aber es ist doch eine recht umfangreiche Operation – Schleife lösen, Schnürsenkel lockern –, und ich bin völlig verdutzt, als der *Swami* plötzlich wie selbstverständlich zu mir sagt: »Soll ich sie Ihnen ausziehen? …« Das sagt dir vielleicht nicht viel, denn für einen Abendländer ist so etwas natürlich nichts Besonderes. In Indien aber … bei einem *Swami*, vor dem sich die Leute in den Staub werfen, ist das ungewöhnlich. Ein junger Mann, ein Verwandter Ramakrischnas, der hinter mir die Treppe hinaufstieg, konnte bei diesem Vorschlag, den ich übrigens abgelehnt habe, einen unwillkürlichen Ausruf des Protestes nicht unterdrücken.

Oben finde ich wirklich eine Kapelle vor, mit einem kleinen Thron, einem Baldachin und – genau wie in Belur, nur etwas kleiner – einem Porträt Schri Ramakrischnas. Auf dem Rande eines breiten, matratzenlosen Bettes aus Holzbrettern sitzt die ganz in Weiß gekleidete Witwe. Bengalischem Brauch entsprechend, der dem der Muslime ähnelt, verhüllt sie ihr Gesicht, weil der *Swami* kein Verwandter ist. Er entfernt sich schließlich und lässt mir den jungen Mann, der zur Familie gehört, als Dolmetscher zurück. Die alte Dame zeigt mir jetzt ihr Gesicht, und es ist ein sehr hübsches Gesicht, das für eine sechzigjährige Asiatin außergewöhnlich jung geblieben ist. Es hat keine Falten, und ihre Augen sind die schönsten der Welt, lebhaft und klug. Selten habe ich bei Hindu-Frauen ein so intelligentes Gesicht gesehen. Die Unterhaltung ist natürlich kurz, wie alle Gespräche, zu denen man einen Dolmetscher braucht; außerdem ist die alte Dame schrecklich schüchtern.

Ich habe anschließend die Amerikanerin besucht, die die Schule der Hindu-Witwen leitet. Ich habe dir, glaube ich, bereits gesagt, dass es hier fünfjährige Witwen gibt, denn man verheiratet die Kinder, wenn sie noch in der Wiege liegen, und die Ehe wird in der auf die erste Menstruation des Mädchens folgenden Woche vollzogen. Die öffentliche Meinung regt sich allmählich und fordert die Abschaffung dieser Abscheulichkeit. Viele dieser Witwen sind unberührt, sie können jedoch nicht wieder heiraten, weshalb sie in großer Zahl verelenden oder der Prostitution verfallen. Die fragliche Schule gehört zu denen – es gibt auch andere –, wo man die jungen Witwen einen Beruf lehrt, damit sie ihren Lebensunterhalt bestreiten können.

Das Haus liegt mitten in einem Hindu-Viertel, ist jedoch von einer Amerikanerin bewohnt, was automatisch Sauberkeit und – bei aller Schlichtheit der Wohnstätte – fast schon Komfort bedeutet. Wir nehmen den Tee ein … dies ist ein Stück Abendland! Aber es ist schon später Nachmittag, und die Stunde des hinduistischen Vespergottesdienstes rückt näher, bei dem man die Lichter vor den Götterbildern auf und ab trägt, sie für die Nacht ankleidet und in den Häusern dieses Brahmanen-Viertels die Glocken zu läuten anfangen … das Abendland entschwindet dann sehr rasch wieder.

Ich habe auch am Gottesdienst eines Zweiges der Brahmo Samadsch teilgenommen. Er fand in einem richtigen Tempel statt, und als ich eintrat, hatte ich jenes wohlige Gefühl von Zufriedenheit, das einen bei der Begegnung mit etwas Vertrautem durchströmt. Auch der Geistliche erinnert sehr, viel zu sehr in diesem Land wuchernder Gottheiten, an den »clergyman«. Er ist kein guter Redner und hält sich eine Ewigkeit mit ermüdenden Gebeten auf, die die Aufmerksamkeit der Anwesenden überbeanspruchen. Ich betrachte mir die Gesichter der Menge. Einige sehen sehr intelligent aus. Wer hierher kommt, gehört zur liberalen Elite der Nation; dennoch sind die meisten wenig gepflegt in ihrer Kleidung. Ein Abendländer, der die Verhältnisse nicht kennt, würde glauben, er befände sich unter Armen. Vor mir sitzt in tiefer Andacht ein Mann, der in orangefarbenen Wollstoff gehüllt ist. Er ist sehr hellhäutig, Haare und Bart sind tiefschwarz, die Wimpern reichen ihm bis zu den Wangen hinab. Er ist sehr schön – ein Kunstwerk – und beeindruckt mich tief in seiner mystischen Verzückung … ich betrachte ihn voller Freude, er ist eine Augenweide … und dann kehrt meine schöne Statue aus ihren Träumen zurück und – das darf doch nicht wahr sein! – schnäuzt sich in ihr kostbares orangefarbenes Gewand.

Kalkutta, 21. Januar 1912

Die Überraschung wurde mit der allergrößten Freude aufgenommen, dein Porträt ist ausgesprochen gelungen. Beide Aufnahmen sind hervorragend. Gedacht, getan – der Alusch, dem ich als krimineller Fotograf einen halben Fuß amputiert hatte, musste sofort dem Neuankömmling Platz machen. Ich habe von beiden Fotos dasjenige zum Einrahmen ausgewählt, auf dem du zu drei Vierteln zu sehen bist. Über den Grund wirst du lachen: Du passt ausgezeichnet in das englische Milieu, in dem ich mich hier befinde. Das Porträt ist unbedingt das eines Lords, eines britischen Staatsmannes; in meiner Phantasie steht unter der Fotografie geschrieben: »Sir Néel, M. P.« (Baron, Mitglied des Parlaments). Dieser so dekorative und repräsentative Herr auf meinem Schreibtisch macht mir unendlich viel Spaß; ohne Zweifel verdanke ich ihm größere Wertschätzung von Seiten meiner Besucher. Ich sollte dir auch sagen, dass du im Augenblick neben der Witwe des göttlichen Schri Ramakrischna stehst, die mir ein sehr hübsches Porträt von sich geschickt hat. Welch ein Abgrund zwischen den Physiognomien von euch beiden! Der Unterschied der Rasse, der Mentalität, des Lebens, das ihr gelebt habt, kommt greifbar zum Ausdruck. Selbstverständlich fändet Ihr euch gegenseitig absurd … Und wer hätte dabei eigentlich Recht? …

In meinem augenblicklichen Leben ist kein Platz für außergewöhnliche Ereignisse. Ich verbringe den größten Teil des Vormittags damit, das, was mir der *Pandit* am Vortage von 6–8 Uhr erklärt hat, zusammenzufassen; das Resümee lege ich ihm dann am kommenden Tag vor, damit er eventuelle Fehler berichtigen kann. Diese Arbeit ist durchaus klassisch. Morgen will ich an einem Vortrag teilnehmen, der von einem anderen Zweig der

Brahmo Samadsch veranstaltet wird. Am Donnerstag bin ich zur Preisverteilung im Sanskrit College eingeladen usw. Die Tage vergehen in Schwindel erregendem Tempo, und alles, was ich tue, muss in Ruhe und ohne Hast ausgeführt werden. An einem Tage bekomme ich hier etwas mit, am nächsten dort. Die Hindus rücken nur langsam mit der Sprache heraus; im Übrigen verträgt ja auch der Gegenstand keinerlei Überstürzung, soll nicht statt einer korrekten Darstellung eine Karikatur herauskommen.

Meine liebsten Gedanken, mein sehr lieber Alusch, gelten deinem Geburtstag, zu dem ich dir meine herzlichsten Glückwünsche sende, die hoffentlich ungefähr zum richtigen Datum eintreffen. Ich wünsche dir, mein Freund, jenes kostbarste und seltenste Gut der Welt: das Glück, wie du es dir vorstellst, in Gestalt jener Dinge, die dir als dazu geschaffen willkommen sind. Das Glück ist für jeden etwas anderes! … Lässt dir die Tatsache, dass ich dir aus Indien schreibe, den ernsten, gar zu oft vorgebrachten Wunsch »Frieden und Verständigkeit sei mit Ihnen«, entschuldbar erscheinen? Unser Wort »Frieden« freilich ist matt und blass, verglichen mit dem Sanskritwort »Ananda«, das nicht einen trübseligen Frieden meint, sondern die strahlend helle, lebenslange Glückseligkeit, die ein Attribut des »Parabrahm« ist. Ach, ich zweifle wohl doch daran, dass es so etwas gibt! Und doch …

Kalkutta, 12. Februar 1912

Alles scheint wunderbar glatt zu gehen, und ich glaube, ich werde eine höchst interessante Reise in die an Tibet grenzende Himalajagegend machen. Ob ich wohl die Grenze überschreiten kann? Würden nicht chinesische Banden das Gebiet durchstreifen, hätte ich mich längst mit Unterstützung eines örtlichen Radscha irgendeiner Karawane reicher Pilger angeschlossen, die Material für ein einigermaßen bequemes Lager mitführen. Du kannst dir gar nicht vorstellen, welches Ansehen ein europäischer Buddhist in den buddhistischen Ländern Asiens genießt! Immerhin ist Lhasa nur fünfhundert Kilometer von Dardschiling entfernt. Ich weiß wohl, dass es ganz schön lange dauert, wenn man sie quer durchs Gebirge mit Pferden und Palankinen zurücklegen muss, obwohl die Hauptstrecke instand gehalten wird und sich in einem Zustand befindet, der unseren Straßen zweiter Ordnung in etwa entspricht … Nun ja, die Versuchung bleibt mir erspart – selbst britische Untertanen dürfen zurzeit nicht nach Lhasa; mir erginge es wahrscheinlich kaum besser.

Du lebst nicht in solchen Kreisen, du hast keine Ahnung, wozu gewisse Leute imstande sind; ihr Hass auf den Feminismus gewinnt tagtäglich an Boden.[7] Diejenigen, die sich in meiner Jugend bemühten, uns in den schmalen Korridoren und Wendeltreppen der alten Sorbonne zwischen Tür und Wand einzuquetschen oder uns die Stufen hinunterzustoßen, die den Mädchen, die vor ihnen saßen, in höchst anmutiger Weise ihre Hutnadeln in den Kopf drückten und ihnen Fußtritte versetzten, wenn sie im Hörsaal in einer höheren Reihe saßen – diese Herrschaften sind älter geworden und haben zum Teil ihre Einstellung beibehalten. Musste damals nicht mehrmals die Polizei eingreifen, um Medizinstudentinnen zu schützen, die man ganz lieb mit Tischbeinen durchzuprügeln begonnen hatte? Du hast vielleicht selbst in deiner Jugend von derartigen Vorkommnissen gehört, und vielleicht fändest du es sogar lustig und witzig, wenn Frauen so behandelt wurden, die nicht nur nicht reich waren, sondern außerdem die unverschämte Dreistigkeit besaßen, ihr Brot mit etwas anderem als ihrem Geschlecht verdienen zu wollen.

---

7 Alexandra David-Néel hatte gerade durch einen Zeitungsausschnitt von einem Skandal erfahren, der eine bekannte Wissenschaftlerin kompromittierte. Sie spricht deshalb von der »Frauenfeindlichkeit« des beginnenden Jahrhunderts.

14. Februar

Ich war heute Morgen im »Government House«. Man wird mir eine Anzahl Empfehlungsschreiben geben, die mir auch weiterhin Zugang zu vielen Leuten und Dingen mancherlei Art verschaffen sollen. Natürlich weiß man auch dort, dass ich in Pondicherry war und Aurobindo Ghose besucht habe. Ich ahnte ja nicht, dass er ein so bedeutender Mann ist. Andernfalls hätte ich versucht, mit ihm über Politik zu sprechen, um zu erfahren, was an einschlägigen Ideen dem Hirn eines *Wedanta*-Mystikers zu entsprießen vermag. Ich wusste zwar, dass man ihm einen politischen Prozess gemacht hatte, kannte aber den Anlass nicht genau. Heute Morgen sagte der Privatsekretär des Vizekönigs zu mir: »Ich glaube, er findet unsere Kultur, unsere Erziehung und unseren gesamten Fortschritt ›godless‹ (was ›gottlos‹ bedeutet) und verurteilt sie aus diesem Grunde.« Das wäre durchaus möglich. Die Hindus sehen Gott und die Welt unter anderem Blickwinkel als wir. Wäre unsere Begegnung nicht auf wenige Stunden der Dämmerung in seinem klösterlichen Haus in Pondicherry beschränkt geblieben, hätte ich vielleicht in diesem Gehirn entdecken können, worin bei uns materialistischen Abendländern der Knacks besteht … und hätte vielleicht eine interessante Denkungsart, die Europa fremd ist, kennen lernen können. Ja, es wäre bestimmt aufschlussreich gewesen … der Sektionssaal mit seinen Überresten menschlicher Organismen war ebenfalls sehr interessant … aber ach!, vielleicht verdanke ich meinem ungenügenden Informationsstand eine schöne Erinnerung – die trügerisch ist und wie die meisten schönen Erinnerungen auf einer Illusion beruht, gewiss … die Erinnerung an den weitläufigen kahlen Raum, in dem Aurobindo Ghose und ich am Fenster, das zum malvenfarbenen Abendhimmel hin offen stand, über das allerhöchste *Brahma*, das ewige Sein, sprachen und für einen Augenblick die Schwelle überschritten, jenseits derer Leben und Tod nichtig sind, und diesen Augenblick lang den Traum der *Upanischaden* leben durften … Es war dies eine schöne Blume, die ich als Wandernde auf meinem Weg gepflückt habe … eine goldene Blume aus dem Allerheiligsten in Chidambaram. Wozu sich etwas verderben?

Ich weiß sehr gut, welche Verdienste du dir bereits erworben hast mit deiner Langmut gegenüber einer allzu philosophischen Gattin. Wenn du hier wärest, mein Lieber, würde ich dir dafür um den Hals fallen, dass du mir im Herbst meines Lebens eine so große Freude bereitest, dass du es mir ermöglichst, die Studien zu betreiben, die die große und einzige Leidenschaft meiner Jugend waren und die ich nur unfreiwillig und teilweise aufgegeben hatte.

Kalkutta, 26. Februar 1912

Ich komme gerade von einer »garden party« bei der Maharani von Utwa. Derartige Empfänge sind aufwendig und eher düster. Ausgewähltes Publikum: der Vizekönig und Lady Hardinge, Lady Carmichael aus Madras, bei der ich schon zu Mittag gegessen habe, Lady Jenkins, die mich zum Tee und zu einem Musiknachmittag eingeladen hat (sie ist die Frau des »chief justice«, des obersten Justizbeamten in ganz Indien, der so etwas wie ein kleiner Minister ist), und andere Leute vergleichbaren Ranges. Auf Seiten der Eingeborenen ebenfalls die Creme. Von Herzlichkeit ist hier natürlich nichts zu spüren; man grüßt nach der einen oder anderen Seite, wechselt ein paar Worte; die *natives* sind verlegen und die Engländer bemüht, die Würde der »Weißen« zu wahren. Nur den Frauen ist es erlaubt, zur Maharani hinaufzusteigen und sie zu begrüßen; es ist eine winzige Kreatur mit ängstlicher Miene, die so sehr mit Schmuck und Edelsteinen bedeckt ist, dass man inmitten all der Gehänge nur ihre Augen sieht. Die Empfangsräume sind geschmacklos auf europäische Art eingerichtet … aber voll äußerst kostbarer Gegenstände. Die Vorhänge sind aus rosa Spitze, einige Möbelstücke mit Brokat und feuerrotem Plüsch bezogen. Stell es dir jedoch nicht wie im Palast des Bei vor. Dort gibt es statt Glaskugeln schöne Vasen aus Sèvresporzellan und wirkliche Kunstwerke. In den Gärten treten zur Unterhaltung hinduistische Akrobaten und japanische Jongleure auf; ein Wahrsager liest mir aus der Hand, dass ich immer genau so viel Geld haben werde, wie ich ausgeben möchte … jawohl, was meinst du dazu? … Aber da ist noch die Kehrseite der Medaille: Ich bin allem Anschein nach dazu bestimmt, vier Söhne und drei Töchter zu haben. Ich weiß nicht, mein guter Alusch, wie wir es anstellen müssen, um dieses Wunder wahr zu machen. Ich habe auch einige Bekannte wieder getroffen: die Frau des schwedischen Konsuls, einige andere Leute und Mrs. Woodroffe, die sich gar nicht gut zu unterhalten schien und mit der zusammen ich den Tee genommen habe. Beim Aufbruch waren die Gärten erleuchtet und die Damen gingen sich von der Maharani verabschieden. Man reichte uns in einem Goldtöpfchen auf ebenfalls goldenem Tablett Rosenwasser, mit dem alle einen Zipfel ihres Taschentuches benetzten; schließlich beehrte man uns mit einer Art Kette aus Goldborte, die man uns über die linke Schulter hängte, als wir fortgingen.

Solche Pflichtübungen dürften für die Maharani wohl kaum sehr lustig sein. Aber diese armen, heruntergekommenen Zwergfürsten haben nun einmal fröhlich zu sein und Feste zu geben. Der junge Maharadscha, der Sohn der Maharani, war in rosa Brokat gekleidet, der mit echten Perlen bestickt war … Worüber werden sich diese Leute wohl unterhalten, wenn die Ausländer gegangen sind, das Haus gereinigt ist und sie selbst ein Bad genommen haben, um sich von dem Schmutz zu reinigen, den die Berührung mit all den unreinen Europäern an ihnen zurückgelassen hat … Das wäre sicher interessant mit anzuhören!

Ich bitte dich um deine Meinung. Was soll ich tun? … Du merkst an der großen Zahl kritischer Artikel, zu denen mein letztes Buch Anlass gegeben hat, und an der Schärfe, mit der der Kirchenklüngel es bekämpft, dass es zu denen gehört, denen man Bedeutung beimisst. Mein »Wedanta« wird vielleicht noch viel mehr Aufsehen erregen, und die Vorträge, die ich plane, werden mich ins Rampenlicht der Öffentlichkeit stellen. In einer solchen Lage muss man sich auf eine ausreichende Gelehrsamkeit stützen können. Ich müsste hinsichtlich der *Pali-* und Sanskrittexte noch eine etwas bessere Basis haben; danach könnte ich dann ganz allein zurechtkommen. In Birma oder Indien könnte ich das sicher bequem zuwege bringen, und anschließend würde mir Japan ein wertvolles Forschungsfeld bieten. Muss ich dir sagen, dass dieses Programm weitere Monate in Anspruch nähme? Bist du der Ansicht, Mouchy, wir sollten in Anbetracht unserer Lage, unserer Charaktere das Opfer bringen, eine weitere Zeitspanne der Trennung auf uns zu nehmen? Du magst davon halten, was du willst, mein Lieber, aber auch ich möchte dich sehr gern wieder sehen. Ich habe jedoch so viel getan, um hierher zu kommen; muss ich da nicht aushalten, um die Früchte dieses langen und kostspieligen Fernseins zu ernten? Meine Lage unter den Orientalisten ist schwierig. Sie betrachten mich nicht als Quantité négligeable und diskutieren über mich. Ich habe nun aber keine Lust, ewig in ihrem Schatten zu stehen. Ich will zeigen, was ich gesehen habe, was ich aus eigener Erfahrung über die asiatischen Lehren weiß und wie die Asiaten selbst sie verstehen; all das hat überhaupt keine Ähnlichkeit mit dem, was unsere Gelehrten dargelegt haben, die so sehr an grammatischen Wurzeln und historischen Daten kleben, jedoch keine Ahnung haben, welcher Geist wirklich hinter den Theorien steht, über die sie schreiben. Keiner von ihnen könnte hier als Prediger der *Arja Marga* auftreten, wie ich es neulich vor einer gebildeten Zuhörerschaft getan habe; aber das kümmert sie ja auch wenig, sie würden sich höchstens belästigt fühlen, falls ihnen jemand zeigte, dass die Texte, die sie so gescheit übersetzt haben, etwas ganz anderes bedeuten, als was sie in sie hineinlegen. Hinzu kommt, dass ich eine Frau bin, mich außerdem dadurch auszeichne, praktizierende und militante Buddhistin zu sein; du kannst gewiss sein, dass sie mich nicht schonen werden. Deshalb muss meine Position gut abgesichert sein.

Kalkutta, 26. Februar 1912

Dies alles ist für dich selbstverständlich weniger wichtig, du brauchst dir nicht darüber den Kopf zu zerbrechen, wie mein künftiges Wedanta-Buch oder die anderen Werke, die ich zu schreiben vorhabe, von der Kritik aufgenommen werden. Diese Fragen interessieren dich nicht; weshalb solltest du ihretwegen etwas opfern, was dir lieb ist? Und ich gebe ja zu, mein sehr lieber Freund, dass das große Haus dir etwas trostlos vorkommen muss, denn schließlich bevölkerst du es nicht mit befreundeten *Dewas*, die plötzlich vor dir auftauchen und deren »Lotosfüße«, wie man hier sagt, berauschende Düfte zurücklassen, wo sie gegangen sind. Du stehst mit beiden Beinen auf der Erde und dort geht es nicht immer fröhlich zu. Ich war wohl kaum zur Ehe geschaffen! Ich gehöre zu denen, die wie Buddha jenen Satz im Kopf haben, den du so gern zitierst: »Ans Haus gefesselt zu leben, ist ein arges Los«; und doch liebte Gautama seine Frau. Die Schriften besagen, dass er sie aus Liebe geheiratet und erst nach allen möglichen Proben, mit denen er seinen zukünftigen Schwiegervater von seinen Fähigkeiten überzeugen musste, bekommen hat. Trotzdem hat er sich eines Nachts zu Pferde aufgemacht, besessen von der Idee, die ihm keine Ruhe ließ, die stärker war als seine Liebe und die du als »Hirngespinst« bezeichnest, obwohl sie vielleicht das einzig Wirkliche ist. In diesem wunderlichen Asien machen sich alle so auf den Weg, wie Tschaitanja, dessen Frau Wischnuprija in seinen Armen eingeschlafen war; er stand in der Nacht auf, bettete sie, die sich an ihn gelehnt hatte, auf ein Kissen und ging fort; um keine Spuren zu hinterlassen, schwamm er über den Fluss und ging seinem Schicksal entgegen. Im Menschen wohnt etwas, das stärker ist als er, das ihn Wege gehen lässt, die ohne Ziel scheinen. Dennoch ist glücklich, wer auf ihnen geht: »Was Nacht ist für die übrigen Lebewesen, ist Tageslicht, bei dem die Hellsichtigen dahinziehen, die über sich selbst hinausgelangt sind«, heißt es in der *Bhagawadgita.*

Kalkutta, 14. März 1912

Ich komme gerade von einem *afternoon* bei den Woodroffe … Immer wieder dieselben Frauen in goldenem Musselin, allerdings nicht ganz so intensiv golden, wie wenn sie bei Hindus zu Besuch sind. Zuerst wird im Garten an kleinen Tischen Tee geboten, dann im Salon Musik. Und was für eine Musik!

… Auf einen Teppich niedergekauert spielt ein einheimischer Künstler auf der Vina und singt dazu. Es ist ein wirklich großer Künstler, nicht zu vergleichen mit denen, die der gewöhnliche Tourist an jeder Straßenecke hören kann, und obwohl der Rahmen auch nicht im Geringsten an den mit der Tradition von Generationen befrachteten Familiensalon der Tagore heranreicht, geht von dem altertümlichen Instrument doch eine traumhaft-unwirkliche Stimmung aus. Was spielt der Barde eigentlich da, was singt er? … Ich weiß es nicht, Liebeslieder vielleicht; jedenfalls breitet sich die tiefe Wehmut des Daseins um ihn aus; alle Eitelkeit von Freud und Leid kommt in dieser etwas dumpfen Musik, in dem sanft einlullenden Gesang zum Ausdruck.

Die Szene wechselt; der Direktor des Konservatoriums, ein Franzose, Monsieur Philippe Sandr', wird Mrs. Woodroffe auf der Violine beim Klavierspiel begleiten: erst ein Stück von Wieniawski, dann eine Sonate von Grieg …

Als das Stück zu Ende ist, verabschieden sich sowohl Ranis als auch Nichtranis, und der schillernde Zug erfüllt den Raum mit einem wogenden Meer zarter Farbtöne, die beinahe schon fröhlich zu nennen wären – aber in Indien ist nichts fröhlich. Mrs. Woodroffe sagt zu mir: »Bleiben Sie doch noch ein wenig, der Vina-Künstler kommt wieder! « Und ich bleibe sehr gern! … Es sind nur noch etwa zwanzig Frauen im Salon, ich sitze neben der bengalischen Dichterin, von der ich dir früher einmal erzählt habe. Bald hebt die zum Halluzinieren verleitende Musik wieder an … sie wirkt, im Anschluss an Grieg, etwas dünn, fast dürftig, doch die Sinne stimmen sich bald wieder auf sie ein … unbeirrbar strömt sie dahin, gleichförmig, siegessicher. Rastlosigkeit des Okzidents und Abgeklärtheit des Orients prallen hier gegeneinander; nach jener anderen Musik berührt mich diese fast unangenehm. Spöttische Stimmen flüstern: »Entscheide dich endlich für einen Weg! …«; und in einer Variation des Künstlers, im schrillen metallischen Klang der Saiten höhnt es: »Alle Wege sind eitel und toll; der Mensch ist eine Luftblase auf der riesigen Fläche des Ozeans … eine Luftblase, die des Denkens mächtig ist – und doch beschränkt genug, sich dessen zu brüsten …«

Man hat ein flaues Gefühl im Magen, weiche Knie … ich brauche vor dem Abendessen etwas Bewegung an frischer Luft, trotz der Hitze.

Mein lieber Kleiner, du bist immer ein Herr gewesen, der sich »amüsiert« hat, um diesen banalen, geläufigen Ausdruck zu gebrauchen; du selbst hast mir oft erzählt, welchen Platz die Wollust im Leben einer anständigen Person einnehmen sollte. Darf ich dir etwas sagen: Du hast nie erfahren, was Sinnlichkeit ist… die ganz große … die der »Nur-Gehirn-Menschen«! …

Ich habe gestern wieder Post vom glückseligen Hardwar bekommen, den die Götter anscheinend zu meinem Aufenthaltsort bestimmt haben; einen sehr herzlichen, schlichten und aufrichtigen Brief. Der Leiter des Gurukula (das ist eine Art Hochschule, die an die alte brahmanische Tradition anknüpft und an der neben Sanskrit die heiligen Schriften gelehrt werden), den ich nur oberflächlich kenne, hat ihn mir geschrieben: »Suchen Sie nicht irgendwo anders«, schreibt er mir, »wir bieten Ihnen alles an, was wir haben: Unterkunft, Verpflegung, wenn Sie es wünschen auch einen Platz für Ihre Privatküche, falls Sie mit unserer Kost nicht einverstanden sind, täglich und eigens für Sie einen Lehrer; außerdem stehen wir übrigen Professoren und Direktoren für Auskünfte und Gespräche jederzeit zur Verfügung.« Eher um mir einen Gefallen zu tun als um Geld zu verdienen, fügt er hinzu, dass ich pro Monat 20 Rupien (34 Francs) zu zahlen habe, in denen Unterkunft und Verpflegung für meinen Diener bereits enthalten sind. Wenn das kein billiges Leben ist!

Bis es so weit ist, fahre ich diese Woche noch nach Sikkim. Heute Nachmittag habe ich an einer Versammlung in der Sanskrithochschule teilgenommen. Es bot sich mir ein aufschlussreiches Sittengemälde. Man beglückwünschte den Vizekanzler der Universität, Sir Astushoh Mukerjee, der eine Auszeichnung erhalten hatte. Die Lobredner waren äußerst eloquent, sie redeten auf Sanskrit und vor allem endlos lang. Ihre Ansprachen waren gespickt mit Wortspielen und etwas respektlosen Anspielungen auf die Götter, mit denen man den Geehrten verglich. Auf dem Sessel des Präsidenten saß ein Maharadscha, der wie ein hässlicher Schimpanse aussah; sein schwarzes Haar reichte ihm in seltsam kindlicher Tolle bis zum Hals, und er trug eine ausgefallene Goldhaube, in deren Spitze ein winziger Federbusch, nicht größer als ein Spielzeugstaubwedel, steckte. Er war mit einem zartblauen Seidenanzug bekleidet. Ein weiteres Ungetüm war in goldbestickten Brokat gehüllt und trug einen gold- und rosafarbenen Turban auf dem Kopf... Neben diesen Karikaturen saßen einige schöne Hindus, in weißen Tüchern und mit Gesichtern wie auf alten Münzen; einen von ihnen hatte ich am Morgen predigen hören; einen anderen, der ungewöhnlich hübsch war, kannte ich nicht. Mit nacktem Oberkörper und in antiker Schlichtheit hielt ein uralter Brahmane eine lange Sanskritansprache. Diese Leute sind die geborenen Redner, und wie die Griechen, wie alle Völker der warmen Zonen, berauschen sie sich an ihren Reden. Es dauert eine Ewigkeit; wer einmal angefangen hat, findet kein Ende mehr. Und dann sind da natürlich noch die tausend kleinen Zwischenfälle jener gutmütigen orientalischen Ungezwungenheit, die mit der abendländischen Etikette und Förmlichkeit gänzlich unvereinbar sind. Es werden Lampen herbeigeschafft, die auf das Rednerpult gestellt werden sollen; man reicht die Glasglocken von Hand zu Hand und zündet genau vor der

Nase des Präsidenten die Streichhölzer an. Dann schickt man nach ein paar großen Palmwedelfächern mit langem Griff, denn die Hitze ist unerträglich; die Professoren, die auf dem Podium sitzen, schwenken diese Wedel sogleich heftig über den Köpfen des Radschas und des Trägers der Auszeichnung. Ich warte die ganze Zeit schon darauf, dass sie diesem eins auf den Federwisch geben; es passiert jedoch nicht.

Alles hat glücklicherweise einmal ein Ende. Man hängt dem Vizekanzler und dem Radscha breite Blumengirlanden um den Hals. Dieser sieht jetzt noch mehr wie ein Affe aus; man ist darauf gefasst, dass er jeden Augenblick auf den Tisch springt und dort herumturnt; der Gefeierte dagegen ist stark beleibt und ähnelt einem fetten, für den Opfergang geschmückten Ochsen. Nehmen wir an, es handele sich um den Ochsen Naudi, und das ist einer der Namen des *Mahadewa.* Ob nun Naudi oder nicht Naudi – der Ochse hält jedenfalls seinerseits eine Rede, und als er fertig ist, näselt eine von zwei Tamtams begleitete Harmonika, und die Anwesenden strömen zum Büfett.

18. März 1912

Ich weiß jetzt, weshalb Sylvain Lévi[8] die »Oriental soaps« aus Kalkutta als »master pieces« (Meisterwerke) bezeichnet: Er ist mit dem Direktor der Fabrik befreundet. Er hat ihm geschrieben, er solle mich besuchen, was dieser auch getan hat. Es ist ein junger Chemiker, der in Paris sein Diplom erworben hat und mit meiner lieben Mabel Bode befreundet ist. Wir waren uns sofort sympathisch, obwohl uns die gemeinsamen Freunde eigentlich schon zur Genüge verbinden. Der arme Junge führt das traurige Leben derer, die aus ihrer religiösen Kaste ausgeschert sind. Er ist von Geburt Brahmane, hat es aber bei seiner Rückkehr aus Europa abgelehnt, die widerlichen Reinigungen

8 Sylvain Lévi (1863-1935), französischer Indologe.

über sich ergehen zu lassen, bei denen einem sogar die Zunge mit Kuhmist beschmiert wird. Er hat sich der fortschrittlichsten Kirche, den Brahmos, angeschlossen; allerdings ist diese Kirche nur in sozialer Hinsicht am fortschrittlichsten, nicht aber in ihrer religiösen Anschauung … Selbst seine Brüder können nicht mehr mit ihm essen, denn er ist ein Kastenloser und »unrein«. Er würde gern heiraten, bloß wie? Ich glaube, ich sollte einige Damen auf sein Los aufmerksam machen, damit man ein junges Brahmomädchen für ihn findet, nach Möglichkeit ein gebildetes, denn er ist Feminist und wünscht eine wirkliche Gefährtin, nicht bloß eine Gebärmaschine … Wir haben uns gemeinsam den Tempel der *Dschainas* angeschaut, der ganz aus Glas, Porzellan und weißem Marmor besteht, das lustige und glitzernde Werk eines Zuckerbäckers inmitten von Gärten in chinesischem Stil! Ich habe auch seine Fabrik besichtigt und dabei einen Vorrat an Seife geschenkt bekommen, der lange vorhalten wird. Dann wollte er mir unbedingt noch seine kleine Wohnung zeigen, seine Bücher … Das Ganze ist recht traurig, wenn man bedenkt, dass selbst hinduistisches Dienstpersonal mit diesem Einzelgänger nichts zu tun haben will, weil er seinen Lebensunterhalt damit verdient, aus Fett Seife herzustellen, und es abgelehnt hat, sich mit Kuhmist einreiben zu lassen. Zwar hat er muslimische Boys, aber ist dieses Scherbengericht nicht schrecklich?

Wir sind auch zusammen am »burning ghat«, dem Verbrennungsplatz am Ganges, gewesen. Ein Hindu wird unrein, wenn er dort hingeht, er jedoch hat nichts mehr zu verlieren und seine heilige Brahmanenschnur weggeworfen. Drei Scheiterhaufen flackerten vor dem grauen Abendhimmel; zusammengekauert warteten Leute, die Angehörigen, in einiger Entfernung darauf, die verkohlten Gebeine aufsuchen und zusammen mit der Asche in den Fluss werfen zu können. Zwei Männer hatten auf einem Stein eine Art Damebrett eingeritzt und spielten, um die Zeit herumzubringen. Ein Mann mit einer langen Stange schürte das Feuer der fast erloschenen Scheiterhaufen. Die Asiaten legen dem Tod nicht so viel Bedeutung bei wie wir. Ich musste daran denken, dass ich, falls ich hier stürbe, auf dieses wenig feierliche Gelände geschafft würde, dass mein junger Freund Punnananda Sami den *Sallasutta* rezitieren und, da ich keine Verwandten in der Stadt habe, als Glaubensgenosse den Holzstoß anzünden würde; dann würde er sich in eine Ecke setzen, über seine Geschäfte nachdenken und nicht wissen, was er mit meiner Asche anfangen soll; denn wahrscheinlich würde er nicht das Beispiel der Hindus nachahmen wollen, die an die Heiligkeit des Ganges glauben, andererseits könnte er sie aber auch nicht in die Tasche stecken.

Mehr unter die Haut ging es mir zu sehen, wie Leute, die in der Nähe des bewussten Platzes auf der Straße im Sterben lagen, auf den Augenblick warteten, an dem man sie dort hintrüge. So etwas kann man sich bei uns gar nicht vorstellen … einen Sterbenden ans Friedhofstor zu schaffen! Allerdings nimmt in bestimmten Gegenden der Schreiner beim Kranken für den Sarg Maß, wenn er noch am Leben und sogar bei vollem Bewusstsein ist. Meine Mutter und meine Tante Justine haben ihre Trauerkleider sowie die für mich und meine Kusinen noch vor dem Tode meiner Großmutter anfertigen lassen. In diesem Fall wusste die Betroffene nichts davon; trotzdem ist man über solch ein Vorgehen schockiert. Hier, in der Nähe des Ganges zu sterben, garantiert die Wiedergeburt in einem Paradies voller Freuden, und manchmal bitten Kranke von selbst darum, hierher geschafft zu werden … Es gibt allerdings auch welche, die man schreiend und gegen ihren Willen herbeibefördert. Aber warum nur muss man sie ausgerechnet im Vorhof der Verbrennungsstätte unterbringen, von wo aus sie das Holz knistern hören und das verbrannte Fleisch riechen können? … Die Kranken, die wir neulich sahen, schienen sehr ruhig. Die Vorstellung einer Reinkarnation macht es möglich, sich ans Sterben zu »gewöhnen«. Man redet sich ein, man sei schon so oft gestorben, dass diese »Formsache«, die man halt hinter sich bringen muss, viel von ihrer Schrecklichkeit verliert.

Lopchoo, 11. April 1912

Ja, mein Lieber, ich bin heute Morgen mit meinen Leuten aufgebrochen. »Hoch zu Ross«, im rosa Morgenlicht, drängte sich mir der Gedanke an Don Quijote auf, wie er auszieht, Abenteuer zu bestehen. Ich halte freilich keine Lanze in der Hand; ein einfacher Stock, den mein Boy aus einem Busch geschnitten hat, ersetzt sie mir. Hoffen wir, dass auch die »Windmühlen« verhältnismäßig bescheiden ausfallen.

Es herrscht dichter Nebel ... dicke Schwaden ziehen durch die Wälder und verwandeln die Bäume in fantastische Riesen. Hier ist nichts mehr indisch, weder die Vegetation noch der Geschmack der Luft noch die Farbe, die auf den Dingen liegt. Hier beginnt das mongolische Asien, das gelbe Asien. Das gleiche oder doch fast das gleiche Bild böte sich in Transbaikalien oder in der Mandschurei. Eine Natur, die ihre Geheimnisse nicht preisgibt, ein ewiger Schleier, hinter dem sich etwas ganz anderes ahnen lässt als das, was man tatsächlich sieht ... ein Land, dessen bizarrer Reiz mit dem Zauber Indiens nichts gemein hat. Man fühlt sich weit weg, wenn man diese Himalajawälder durchquert; die riesigen Bäume sind oft altersschwach, morsch, hohl und bis zum Wipfel mit lang herabhängendem Moos überzogen. Auf manchen wächst einfach alles: Lianen, andere Bäume, die einem Samenkorn entsprossen sind, das sich in der rissigen Rinde festgesetzt hatte; auf ihnen wächst alles, nur keine eigenen Blätter. Der eigentliche Baum nämlich ist – geplagt von so vielen Parasiten – längst abgestorben. Wir sind im Dschungel; er ist nicht so dicht und flößt nicht solchen Schrecken ein wie in Ceylon; er ist rätselhaft, jedoch auf sanftere Art, ohne Grauen. Einmal drang aus der Tiefe des Dickichts ein so befremdliches Geheul, dass ich mich fragte, von welchem Tier – Vogel oder Vierfüßler – es wohl stammen könnte. Man begegnet von Zeit zu Zeit Reitern in tibetischer Kleidung und mit mongolischer Peitsche; die zu Fuß Gehenden tragen ein riesiges Krummmesser im Gürtel, das zu unhandlich ist, als dass man es zum Töten gebrauchen könnte.

Kalimpong, 14. April 1912

Ich habe Lopchoo (oder Lapchao?) am Morgen des 12. verlassen, um hierher zu gelangen; die Reise war schön, aber sehr anstrengend. Man nähert sich zunächst einer Hügelgruppe, die mit eibenähnlichen spitzen Bäumen bewachsen ist wie auf Schweizer Almen oder den Darstellungen mittelalterlicher Mystiker. Plötzlich muss ich an eine »Reise hin zum Stern«, wie auf dem Bild über meinem Schreibtisch, denken. Aber ich fühle mich überhaupt nicht wie einer der Heiligen Drei Könige, die nach Bethlehem ziehen. Ich besuche einen siebenunddreißigjährigen Papst, einen Herrscher im Exil, und nicht Christus in seiner Krippe, und so ergreift denn, als ich mein Reittier besteige, keinerlei Rührung das, was die gewöhnlichen Sterblichen ihre »Seele« nennen. Es geht fort … wegen der wunden Stellen an meinem natürlichen Sitzkissen erscheint mir der Sattel immer etwas härter als am Vortage. Das Land ist schön, liegt offen da; wir durchqueren große Teepflanzungen. Es geht bergab, immer nur bergab: vom 2400 m hoch gelegenen Dardschiling zu einem Fluss in 241 m Höhe, den wir durchqueren müssen. Ich habe den Weg über die Bergkämme gewählt, obwohl er etwas länger ist; so kann ich einen beträchtlichen Teil der Strecke in großer Höhe zurücklegen und brauche nicht, am Fluss entlang, den Dschungel von Terai zu durchqueren. Je weiter man hinabsteigt, desto näher glaubt man sich einem offenen Backofen; überall sind Wasser und üppige Vegetation. Die Gegend ist ihrer Fieberkrankheiten wegen berüchtigt. Gegen Mittag gelangen wir an den Fluss »Tista«. Die Schlucht ist sehr schön. Aber man sieht anderswo ähnliche. Ich habe zuvor an einer Stelle Rast gemacht, wo man einen einfachen Unterstand errichtet hat, von dem aus man den

Zusammenfluss von Tista und Randschit überblicken kann. In die Dachbalken haben fromme Christen Bibelverse eingeritzt. Wir kommen durch den Ort Tista und über eine zweite Hängebrücke. Früher gab es hier chinesische Bambusbrücken. Dann beginnt der Aufstieg. Kalimpong liegt 1360 m hoch. Der Aufstieg durch diese eintönigen Wälder kommt mir sehr lang vor. Die Gedanken versacken allmählich in jener langsam aufsteigenden Übelkeit, jenem Druck auf den Schläfen, wie ungeübte Seefahrer ihn kennen. In meinem Bewusstsein bleibt nur der lebhaft empfundene Eindruck zurück, den ich am Morgen, kurz vor der Abreise, an einem kleinen, neben einer Wegkreuzung gelegenen Friedhof hatte, der nur aus vier oder fünf unter Laub versteckten Gräbern bestand. Auf dem ersten las ich »Padaram Sadhu«; es folgten Sanskritinschriften. Ich habe nicht angehalten, mein Pony war schneller als mein Gedanke, und ich war bereits weit weg, als ich den Wunsch verspürte, die Inschriften abzuschreiben. Der dort ruht, ist ein *Sannjasin*, inmitten anderer Leute, wahrscheinlich seiner Schüler. Einer jener Hindus, die der uralten Tradition gemäß in der Einsamkeit des Himalaja *»Brahma* suchen« wollten, die Befreiung, das erlösende *Mokscha.* Ich versuche mir diesen *Sadhu* vorzustellen: in seinem Gewand, das nach Gerua-Art mit etwas Alaun getönt ist, damit der Farbton kräftiger wird, wie es mich ein ehrwürdiger *Sannjasin* gelehrt hat, ein guter Alter, der mir große Zuneigung entgegenbringt. Durch den Wald hindurch richte ich meine Gedanken auf ihn; vielleicht antwortet er mir, wer weiß. Nur Kinder und Menschen roher Denkart glauben, dass man Visionen und geistige Begegnungen mit dem Auge wahrnehmen kann, dass sie körperliche Gestalt haben. Dieses im Gebirge verlorene Grab hat in mir all die Gedanken geweckt, die die *Sadhus* in den Himalaja begleiten, und das bereits ist die Vision, die Begegnung. Aber lassen wir dieses für dich uninteressante Thema.

Der Bungalow in Kalimpong kam mir wie ein Paradies vor. Man hatte mir ein Zimmer reserviert, das etwas abgelegen ist, weil es im rückwärtigen Teil des Gebäudes liegt; aber diese »Rückseite«, dem Wald gegenüber, ziehe ich der Fassade vor, von wo aus man die Küche, den Stall und andere Gebäudeteile sieht. Laden La ließ es mir freihalten. Das Zimmer ist sehr groß, sehr hoch, sehr sauber; nebenan habe ich ein großes Badezimmer, das ich zweigeteilt habe. Ich habe einfach die wasserdichte Hülle meines Feldbettes aufgespannt und konnte so in einer Ecke eine Art Küche einrichten. Mein neuer Boy kann trotz guter Zeugnisse nichts kochen. Ich schicke ihn zum Wasserabkochen in die Küche und bereite mir meine Mahlzeit auf einem Kocher selber zu. Ich werde jedenfalls den Boy wechseln – der jetzige ist unfähig – und mir einen nehmen, der weniger bäuerlich ist als der Tölpel, der die Kulis unterwegs beaufsichtigt. Dieser dicke Schwachkopf ist ansonsten guten Willens, aber so abscheulich dreckig, dass ich ihn nicht bei mir behalten kann; er verpestet die Luft im Zimmer. Der »Sais«, der das Pferd begleitet, also gar nicht in meinen Diensten steht, sondern nur das Tier zu versorgen hat, macht sich nützlich, wo er nur kann; desgleichen der »sweeper« mit seinem dunkelhäutigen Gesicht. Welch sonderbares Land, wo man so viele Diener braucht, um dann doch schlecht bedient zu sein!

Der Maharadscha war gerade vor mir im Bungalow eingetroffen; er hat mir gleich seine Karte geschickt und ich habe ihn besucht. Man hat einen ganzen Gebäudetrakt für ihn reserviert. Dieser Maharadscha Kumar ist der Sohn des wirklichen Maharadschas. Es ist ein liebenswürdiger junger Mann, der einen sehr intelligenten Eindruck macht. Er war in herrlichen alten Goldbrokat gekleidet. In sehr freundlicher Art bestellte er den Direktor der Lehranstalt in Gangtok zu mir, einen gebildeten Mann, der mir hochinteressante Dinge erzählt und einige seiner Arbeiten zugänglich gemacht hat. Er hat eine Biographie über den ganz vorzüglichen tibetischen Dichter *Milarepa* verfasst. Ich will versuchen, sie irgendwo zu veröffentlichen, und zwar Milarepa zuliebe, von dem ich einige entzückende Gedichte kenne. Ich war begeistert über all das, was er mir vom tibetischen Buddhismus berichten konnte. Ich hatte tatsächlich auch früher schon ein gutes Gespür für diese Dinge, und als ich darüber schrieb und sagte, man müsse sie »wahrscheinlich« so oder so interpretieren, war ich auf dem richtigen Wege.

Morgen werde ich dem Dalai Lama[9] vorgestellt; das ist natürlich ein Ereignis für mich, denn vom »Papst« Asiens empfangen zu werden, ist für eine Europäerin noch viel weniger alltäglich, als im Vatikan empfangen zu werden. Auch für ihn ist es ein Ereignis, denn ich bin die erste Frau aus dem Abendland, die zu empfangen er eingewilligt hat. Wie bei den Römern wurde deshalb auch ein besonderer Tag und ein günstiges Datum ausgewählt. Ich habe eine Reihe von Fragen vorbereitet, die ich an ihn richten will. Was für einen Menschen werde ich vorfinden? Man hat bei mir vorfühlen lassen, ob ich als Europäerin Wert darauf lege, auf einem Stuhl zu sitzen, oder ob ich mich als Buddhistin, wie in Asien üblich, auf einem Kissen auf dem Teppich niederlassen will. Ich sagte, solche Einzelheiten kümmerten mich nicht, ich sei viel mehr gekommen, um so viel wie möglich über den Lamaismus zu erfahren, und da der Premierminister sich auf den Teppich setze, fühlte ich mich überhaupt nicht gedemütigt, mich ebenfalls nach Landessitte dort niederzusetzen. Ich glaube, er legt Wert darauf, mich zu segnen, denn gleich zu Anfang hatte Laden La zu mir gesagt: »Die Gläubigen knien vor ihm nieder, damit er sie segnet«, und wir waren übereingekommen, dass ich nur einen Hofknicks machen würde, denn ich wollte mich nicht hinknien, und … dass ich auf den Segen verzichten würde. Gestern jedoch sagte Laden La zu mir, nachdem er noch einmal mit dem Dalai Lama und seiner Umgebung gesprochen hatte: »Wenn Sie Seine Heiligkeit begrüßt haben, gehen Sie zu ihm hin; er wird seine Hand auf Ihren Kopf legen, um Sie zu segnen«; und rasch fügte er hinzu: »Sie brauchen sich zum Zeichen des Dankes

9 Der Dalai Lama befand sich damals als Flüchtling in Indien. (Anm. d. Übers.)

nur zu verbeugen.« Natürlich haben ihn der Papst bzw. seine Leute veranlasst, das zu sagen. Doch ob mit oder ohne Segen: Ich bin entzückt, so viel Glück zu haben. Mit einer beim Dalai Lama selbst angefertigten Studie über den Lamaismus zurückzukehren – das wäre doch wirklich eine tolle orientalistische Arbeit! Leider ist jedoch Seine gelbe Heiligkeit von politischen Sorgen sehr in Anspruch genommen und hat wahrscheinlich für philosophische Diskussionen wenig Zeit übrig. Wir werden ja sehen.

15. April 1912

Das wär's also gewesen, mein Lieber: Heute Morgen habe ich den gelben Papst gesehen. Ein herzlicher Empfang, so weit es so etwas wie Herzlichkeit zwischen Leuten so unterschiedlicher Kultur und Mentalität geben kann.

Bei Nebel, der sich in Regen auflöst, mache ich mich in einer leichten Sänfte auf den Weg; meinen Regenmantel habe ich sorgfältig zugeknöpft, die Kapuze hochgeschlagen. Ohne Handschuhe und ohne Hut, aber mit Schleier, als ob es zum römischen Papst ginge; allerdings ist der Schleier nicht schwarz, sondern blass lachsfarben. Am Hofe des Lamas hat man es vorgezogen, mich statt in europäischer Kleidung in meinem morgenrotfarbenen Gewand zu empfangen, um jenen *Ladys* von vornherein keine Hoffnungen zu machen, die sich auf diesen Empfang berufen könnten, um sich selbst zum Großen Lama Zugang zu verschaffen, und wohl auch, um zu zeigen, dass ich nur als außergewöhnliche Europäerin vorgelassen werde. Meine vier Träger befördern mich über schlammige Wege. In der vergangenen Nacht hat es in Strömen geregnet. Wir kommen an den »Basar«; die Leute treten auf die Schwelle ihrer Haustür, um mir nachzusehen. An einer Biegung hat man einen kleinen Unterstand errichtet; er ist blau, gelb und hellrot angepinselt, ganz in mongolischem Stil, und beherbergt eine kleine, melancholische Büste der verstorbenen Königin Victoria. Die Inschrift auf dem Sockel lautet, sie sei »a true woman« (eine wirkliche Frau) gewesen. Auf denn, umso besser! Dann sind wir wieder im aufgeweichten Gelände.

Man nähert sich der Wohnstätte des Pontifex nicht im Tragstuhl; meine Träger setzen mich daher am Anfang einer Art Allee ab, die mit hohen, Darani-Spruchbänder tragenden Stangen abgesteckt ist. Es hat aufgehört zu regnen. Zwei städtische Polizeibeamte stehen vor dem Haus Wache. Ärmliche Ehrenwache! Das Haus? ... Es ist ein einstöckiges Gemäuer, nicht sehr groß, in verschiedenen Farben gestrichen; es wirkt reinlich ... wie ein Landhaus. Ich werde mit viel Neugier empfangen und aus einer Anzahl schwarzer Schlitzaugen angestarrt. Auf der Schwelle wartet ein Kammerherr auf mich: Begrüßung. Er ist ein wenig schmutzig, der gute Kammerherr.

Das Wohnungsinnere indes sieht sauber aus, es kommt mir freilich ärmlich und kahl vor. Ich gelange ins Wartezimmer, das wohl manchmal auch für Audienzen benutzt wird, denn dort steht eine Art angepinselter Thron, der einem Jahrmarktspodium ähnelt; dahinter ist an der Wand eine Leinwand mit unbeschreiblicher Farbzeichnung aufgespannt ... Zwei Japaner gehen zur Audienz, und da sie selbstverständlich nicht lange bleiben, kommen sie vor mir dran. Sie werden tatsächlich schnell abgefertigt. Wir gehen hinauf. Laden La öffnet eine Tür und plötzlich stehe ich vor dem Großen Manitu. Das ging so rasch (ich hatte mit einem Vorzimmer gerechnet), dass ich einen Augenblick lang zögere, der auf einem einfachen Stuhl neben dem Fenster sitzenden Person meinen Gruß zu entbieten. Aber da ich sein Porträt bereits gesehen habe, erkenne und grüße ich ihn. Man legt mir übrigens die berühmte protokollarische Schleife in die Hände, und ich gehe auf den Dalai Lama zu, um sie ihm zu überreichen. Ein wie ein großer Teufel aussehender Minister oder Kammerherr nimmt sie mir hastig ab. Ich habe den Segen vergessen! ... Aber Laden La flüstert mir bereits ängstlich zu: »Wollen Sie sich nicht segnen lassen?« Ich spürte, dass ich die Leute kränken würde, falls ich sagte, mir läge nichts daran. Ich neigte also meinen Kopf, denn der Dalai Lama sitzt und ist nicht groß. Ziemlich kräftig – wirklich! – legt er mir die Hand auf die Haare. Doch nun bin ich gesegnet und seine Eigenliebe ist zufrieden gestellt.

Unterdessen beginnen wir, oder beginnt er, zu reden. Er stellt mir natürlich die unvermeidliche Frage, seit wann ich Buddhistin bin, und wie ich es geworden sei. Aber sein tibetisches Gehirn dürfte schwerlich verstehen, dass man auf europäischen Universitätsbänken, als Studentin orientalischer Philosophie, Buddhistin werden kann. Dass ich keinen Guru, keinen Lehrer, gehabt habe, übersteigt seine Begriffe. Seinen Äußerungen entnehme ich auch, dass er den Buddhismus der südlichen Schule kaum kennt. Er ist ganz durcheinander, als ich ihm sage, dass ich bereits den Grundsätzen des Buddhismus folgte, als ich noch gar keinen Buddhisten kannte und vielleicht sogar die einzige Buddhistin in Paris war. Immerhin lacht er und meint, dies sei in der Tat ein ausgezeichneter Grund, auf einen Lehrmeister zu verzichten.

Wir plaudern über dieses und jenes. Er scheint recht fröhlich veranlagt zu sein. Natürlich ist er kein Trottel, aber nach unseren Maßstäben eben doch kein Intellektueller; der lange Lulatsch von Kammerherr oder Minister, der ununterbrochen schwatzt, wirkt geistig viel aufgeweckter. Er bildet sich natürlich auf seine »Größe« etwas ein, umso mehr, als die Chinesen diese »Größe« stark beschnitten haben. Einmal habe ich gesagt, der nördliche Buddhismus und besonders der Buddhismus Tibets würden im Abendland wahrscheinlich nur deshalb gering geschätzt, weil man sie kaum verstünde, und ich hätte mir deshalb vorgenommen, mich an das Oberhaupt des nördlichen Buddhismus zu wenden, um Auskünfte über die Theorien der tibetischen Schule zu erhalten, die dann als maßgebend auf diesem Gebiet zu gelten hätten. Ich habe aus Höflichkeit Oberhaupt des »Nördlichen Buddhismus« gesagt, in Wirklichkeit ist er natürlich nur das Oberhaupt der lamaistischen Kirche. Er aber erwidert rasch: »Da Sie nun einmal zu mir als dem Oberhaupt der Buddhisten gekommen sind, ...« Als wir schließlich eine Dreiviertelstunde geplaudert haben, gelangen wir zu folgender Lösung, die mir sehr zupass kommt: Ich bereite Fragen vor, leite sie ihm in tibetischer Übersetzung zu, und er beantwortet sie mir. Ich werde damit Dokumente besitzen, die in orientalistischer Hinsicht von größtem Wert sind. So viel hatte ich gar nicht erwartet.[10]

Ich verabschiede mich, mache meinen Knicks. Es ist wie bei Hof, man darf sich nicht umdrehen und seinen Rücken zeigen. Man hat uns das im Schülerinnenheim beigebracht, und ich habe es bei der verstorbenen belgischen Königin praktiziert. Man braucht dabei übrigens nicht zu befürchten, irgendwo anzustoßen, denn es sind keine Möbel da. Lediglich zwei hölzerne Pendeluhren thronen auf dem Kamin. Ich beginne mit dem Rückwärtsgehen, vollführe es als Geübte ohne Unterbrechung und verneige mich an der Tür noch einmal, wie es das Protokoll an den Höfen des Abendlandes vorschreibt; dann gehen wir wieder hinunter. Die Mannschaft des Pontifex schaut mich respektvoll und verdutzt an, weil ich so lange mit der Inkarnation des *Tschenresi* geplaudert habe. Ich denke ... dass das einen hübschen Artikel für den *Mercure* geben wird.

Bei der Rückkehr in meinen Bungalow treffe ich den netten kleinen Maharadscha Kumar. Er ist auf ganz andere Art intelligent und versessen darauf, in seinem Zwergstaat nützliche Arbeit zu leisten. Armer kleiner Kronprinz mit gestutzten Flügeln ... Er ist in Paris und Peking gewesen, hat alle Länder Europas besucht. Er hat eine englische Universität absolviert und trägt ganz vergebens einen Anzug im selben Schnitt und der gleichen Farbe wie der Papst aus Lhasa; seine Mentalität ist grundverschieden. Wir können uns fast wie Freunde unterhalten. Oh, wenn ich Dalai Lama wäre, sagt er zu mir, wenn ich mächtig genug wäre, den Buddhismus zu reformieren! Und ich

10 Diese Unterlagen werden im Archiv der Stadt Digne aufbewahrt.

entgegne ihm lachend: »Wenn Sie Dalai Lama wären, dächten Sie nicht so, wie Sie denken, wären nicht gereist, hätten nichts gesehen, nicht studiert, wie Sie es getan haben; und Sie wären genauso, wie er ist.«

Pedong, 20. April 1912

Ich habe im Augenblick mein Quartier im Bungalow für Öffentliche Arbeit, auf einem kleinen, von hohen Bergen umgebenen Hügel. Ich habe Kalimpong heute Morgen verlassen und bin kurz vor drei Uhr nachmittags hier angekommen, nach einem Marsch – oder genau genommen: Ritt – von etwa fünfeinhalb Stunden; aber es ging schnell und ich fühle mich überhaupt nicht zerschlagen.

Ich habe auf dieser dreitägigen Reise von Kalimpong nach Gangtok einen Begleiter. Der Maharadscha hat den Direktor der Schule in Gangtok mit mir ziehen lassen, und wir sind gemeinsam aufgebrochen. Er ist recht beschlagen in tibetischen Dingen, hat mehrere Werke übersetzt, und seine Begleitung ist sehr lehrreich für mich. Vielleicht kann ich in Gangtok mit ihm zusammen für das Jahrbuch des Museums Guimet einen Artikel über *Padmasambhawa* verfassen. Es war schon immer mein Wunsch, über diese sonderbare Persönlichkeit etwas zu schreiben.

Ich überschreite nicht die Linie, die die Grenze des britischen Herrschaftsbereiches bezeichnet; der politische Beamte hat mir die Genehmigung zwar noch nicht endgültig verweigert, mir jedoch zu verstehen gegeben, dass er keinen Wert darauf legt, sie mir zu erteilen, und dass er, selbst wenn er noch weiter darüber nachdenkt, kaum eine positive Entscheidung treffen wird. Es hat in den letzten Tagen nach Gjangtse zu heftige Gefechte gegeben. Kalimpong ist voll von chinesischen Soldaten, die von den Tibetern besiegt und auf englisches Gebiet getrieben worden sind. Viele andere scheinen unterwegs zu sein. Ich habe schon Verständnis dafür, dass der offizielle Vertreter Englands nicht gern die Verantwortung dafür übernehmen will, dass sich eine Europäerin ins Kampfgebiet vorwagt. Ohne Genehmigung aufzubrechen ist ausgeschlossen. Noch bevor ich zwei Meilen zurückgelegt hätte, hätten ein paar Reiter mich und meine vielen Bündel eingeholt und würden mich – höflich, aber bestimmt – zurückgeleiten. Heute Morgen bin ich an der Gabelung vorbeigekommen, wo die Straße nach Sikkim von der nach Tibet abzweigt. Straße bedeutet hier so viel wie unbefahrbarer Weg … Dies war eine der Hauptverkehrsverbindungen von Lhasa nach Indien; ein Wegweiser nannte auf dem einen Arm Jalapuri, die erste Etappe nach Tibet, und auf dem anderen Pedong, die erste Station auf dem Wege nach Gangtok, der Hauptstadt, und danach noch zu anderen Dörfern, bis hinauf zu den Schneemassen in 8000 m Höhe. Ich bin der zweiten Strecke gefolgt. Von Gangtok allerdings führt ein anderer Weg nach Gjangtse, der bei einem etwas höher als der Mont Blanc gelegenen Pass auf die Straße, an der ich vorbeigekommen bin, einmündet. Ich rechne damit, dass ich bei günstiger Witterung in drei Tagen oben angelangt bin und mir einige Dörfer auf der anderen Seite der Grenze ansehen kann, was man mir erlauben wird, falls ich verspreche, mich nicht weiter als ein oder zwei Tagesmärsche zu entfernen.

Pakyong, 21. April 1912

Welch ein Tag, mein Lieber! Heute Morgen um acht Uhr habe ich Pedong verlassen und bin nach vier Uhr hier angekommen; von einer Rast, bei der meine Leute Tee getrunken haben, abgesehen, sind wir die ganze Zeit marschiert. Jawohl, zu Fuß gegangen, denn wir mussten des Öfteren vom Pferd absteigen, weil das Gefälle wirklich gefährlich wurde. Das Tal des zweiten Flusses, der Rischikola, ist sehr schön, ich möchte fast sagen: heiter, doch im Himalaja ist die Natur immer ernst. Nachdem mein armes Reittier unzählige Male abgerutscht war, empfand ich es geradezu als Vergnügen, eine Zeit lang im Tal einem ebenen, mit Gras bewachsenen Weg zu folgen. Wir kamen etwas schneller voran, und das war entzückend … aber von kurzer Dauer, denn der Aufstieg über Geröll und unsicheres Gestein begann bald von neuem. Hinauf geht es jedoch leichter als hinunter und mein wackeres Tier hat mich die sechs Meilen der letzten Kletterpartie mit wirklich erstaunlicher Ausdauer getragen. Nie habe ich es so mutig gesehen. Das letzte Stück des Aufstiegs ist sehr malerisch, man kommt ganz nahe an Wasserfällen vorbei, die unter erheblichem Getöse neben dem engen Pfad aufprallen.

Mein »Schullehrer« erzählt mir von der Kindheit seines Lieblingsdichters Milarepa, danach einiges aus seinem Leben. Alles ist reich an wunderbaren, übernatürlichen, geheimnisumwobenen Dingen. Daneben werden auch viele andere Geschichten heruntererzählt, etwa die von einem leichtgläubigen Menschen, dem ein Zauberer in böswilliger Absicht versprochen hatte, er könne das Heil in einem einzigen Leben erlangen, falls er einen Rosenkranz aus 1000 Mittelfingern der rechten Hand zusammenbrächte. Das schwachsinnige Ungeheuer setzt natürlich alles daran, 1000 Menschen zu überfallen, um ihnen einen Finger abzuschneiden; um leichter zu Werke gehen zu können, tötet er sie in der Regel. Und als bereits 999 Finger beisammen sind, als nur noch ein einziger fehlt, da ist der letzte Reisende, der ihm begegnet, Buddha. Wie es weitergeht, ahnt man schon: Er wird überzeugt, bekehrt, aufgeklärt, beklagt seinen Wahn und wird ein Heiliger! … Dann der Schlächter, der die Schafe im Schlachthof haufenweise getötet hat, und der, als er gerade sein Tagespensum voll machen will, sieht, wie das letzte Tier mit seinen kleinen gefesselten Füßen versucht, das am Boden liegende Messer beiseite zu schieben und in einem kleinen Sandhaufen zu verbergen, wobei ihm Tränen aus den Augen fließen. Der berufsmäßige Schlächter ist bestürzt, begreift, dass das Tier ein fühlendes und denkendes Wesen ist.

Selbstverständlich wird das Schaf verschont, und der Mann, der jetzt Abscheu vor seinem Beruf empfindet, ohne doch von ihm loszukommen, will sich lieber umbringen und stürzt sich von einem Fels in die Tiefe; aber anstatt ins Bodenlose zu fallen, wird ihm ein *Siddhi* (eine wunderbare Kraft) zuteil, und er fliegt durch die Lüfte.

Ein Einsiedler, der sich jahrelang darum bemüht hat, diese Zauberkraft zu erlangen, zeigt sich von der Ungerechtigkeit des Schicksals befremdet, das ein solches *Siddhi* einem Schlächter zukommen lässt. Und die Moral: Ihm wird gesagt, dass ein einziger Gedanke der Barmherzigkeit für die übrigen Lebewesen mehr wiege als alles Wissen. Dies ist eine für den »Buddhismus der nördlichen Schule« typische Lehre. Der Süden legt größeren Wert auf den Verstand und hat für rührselige Geschichten wenig übrig. Interessanterweise ist jedoch festzustellen, dass der nüchtern denkende Süden sich im Allgemeinen tierischer Nahrung enthält, um kein Leid zu verursachen, und sogar fordert, im Umgang mit Pflanzen umsichtig zu sein und sie nur dann zu zerstören, wenn es unbedingt notwendig ist; der rührselige Norden dagegen verzehrt trotz seiner zu Herzen gehenden Geschichten von weinenden Schafen kräftig Fleisch und Fisch.

Gangtok, 22. April 1912

Eine unvergessliche Ankunft in der Hauptstadt Sikkims, mein Lieber! Nachdem ich einen Brief an dich zur Post gebracht hatte, habe ich Pakyong heute Morgen verlassen. Der Himmel war bedeckt, aber wir hatten bald schönes Wetter, und der Vormittag war herrlich, die Strecke ebenfalls. Sie führt fast die ganze Zeit durch Wälder, und man muss durch vier schöne Gebirgsbäche hindurch, von denen einer einen malerischen Wasserfall bildet. In diesen Wäldern wimmelt es von Blutegeln; die Füße meines Pferdes sind ganz blutig, obwohl der Sais aufpasst und von Zeit zu Zeit nachschaut. Besagter Sais hat auch mir eines dieser kleinen Tiere vom Hals gerissen, als es sich dort gerade festsaugen wollte. Die Steine sind nass, und ich glaube, an den Hufen meines Pferdes ist etwas nicht in Ordnung, denn es rutscht dauernd aus. Ich bin auf irgendein Unglück gefasst. Und pardauz, da strauchelt es auch schon so heftig, dass ich beinahe mit der Nase seinen Hals berühre; es richtet sich jedoch rasch wieder auf, und ich finde mein Gleichgewicht wieder. Ich begreife, weshalb alle Frauen hier rittlings zu Pferde sitzen und weshalb mir in Dardschiling jeder dazu riet, einen Herrensattel zu benutzen. Man findet sehr viel mehr Halt darin.

23. April 1912

Ich sagte bereits, dass die Strecke zu drei Vierteln sehr angenehm war. Besonders erwähnenswert ist noch die Begegnung mit einem herrlichen Jak, der, von zwei halb nackten Männern an der Leine geführt, in der feurigen Gangart vorzeitlicher Tiere den steilen Abhang herunter uns entgegenkommt. Wir rufen den Männern zu, mit ihrem Jak auszuweichen, denn auf dem schmalen Pfade sei für uns und das temperamentvolle Tier nicht genügend Platz, und der Jak wird tatsächlich beiseite gezerrt. Mein Schulleiter erklärt mir, dass der arme Jak seine letzte Reise mache und irgendeiner Familien- oder Ortsgottheit geopfert werde. Manche dieser Götter fordern jährlich ein oder zwei Jaks, und so ziehen die armen Tropfe in den Norden des Landes, wo es große Jakherden gibt, kaufen einen und schlachten ihn vor ihrem Götterbild. Übrigens ist er nicht völlig für sie verloren, denn sie essen ihn anschließend auf. Diese Begegnung mitten im Wald, dieses schöne Tier mit dichtem Pelz und langen spitzen Hörnern, die beiden Männer mit bräunlicher Haut … all das erinnert an längst vergangene Zeiten: an Gallien zur Zeit der Druiden oder Germanien unter den Hunnen.

Und nun zum Drama … gemeint ist ein furchtbares Gewitter, das rings um uns her zur gleichen Zeit losbricht, über uns und unter uns; es blitzt unter unseren Füßen und über unseren Köpfen – und der Regen – welch ein Regenguss! Doch was tut's; ich habe einen guten Regenmantel an, und mein Tropenhelm ist groß genug, um als Regenschirm dienen zu können. Wir ziehen also weiter, ohne uns vom Unwetter allzu sehr beeindrucken zu lassen, und erreichen Gangtok; als wir jedoch unterhalb des Hügels, auf dem Sikkims Hauptstadt liegt, angekommen sind, fällt nicht mehr Regen, sondern ich weiß nicht was vom Himmel. Wir erreichen das Plateau und geraten in eine Bö, die uns nicht nur den niederprasselnden Regen, sondern Äste und andere losgerissene Gegenstände ins Gesicht schleudert. Einen Augenblick lang glaube ich, mein armes Pony würde mit mir und dem gesamten Gepäck ins Tal gefegt. Man kann weder sehen noch atmen, und plötzlich geht, wohl um uns den Rest zu geben, in haselnussgroßen Körnern Hagelschlag auf uns nieder. Mein Helm, den ich mit einer Hand fest halte, schützt mir das Gesicht, die arme Hand aber – zum Glück habe ich Handschuhe an – wird arg zerschunden. Das Pferd, das keinen Helm trägt, wird unruhig und scheut; ich halte es, so gut ich kann, im Zaum. In dieser schwierigen Lage ein mindestens dreihundert Meter tiefer Abgrund klafft zu meiner Rechten – bin ich wirklich irgendwie mutig. Ich überlege mir, wo bloß meine frühere Nervosität geblieben ist. Macht vielleicht Kräfteverschleiß oder Umsicht meine Nerven so ruhig? ... Ich stelle mir diese Frage inmitten des Unwetters, finde jedoch keine Antwort. Nur mit Mühe kann ich verstehen, dass mir mein Begleiter zuruft: »Wir sind am Bungalow«, solch einen Heidenlärm macht das Gewitter. Ich treibe mein Pferd in Richtung auf ein Wohnhaus an, das ich undeutlich erkenne; aber wir müssen das Gesicht dem Hagel zuwenden, um dorthin zu gelangen, und das arme Tier knurrt und wiehert vor Schmerz und Angst. Mein Sais, der sich selbst kaum auf den Beinen halten kann, stürzt herbei, um den Zügel zu fassen. Da packt uns der Sturm und wirft uns alle drei gegen einen Schuppen. Ich bleibe im Sattel und kann auch danach nicht absteigen, weil sich das Pferd wie wild gebärdet. Schließlich taucht der Schulleiter mit einem Regenschirm auf, den er wie durch ein Wunder hat aufspannen können; er kommt zu mir und hebt mich, wobei er mir die Stangen besagten Regenschirmes ins Haar drückt, vom Reittier, das der Sais am Kopf fest hält. Durch die Hagelkörner hindurch sehe ich ganz verschwommen eine Frau unter einer Veranda stehen, die mir zuruft: »Come in, come in.« Vornübergebeugt und aneinander geklammert gelingt es dem Schulmeister und mir, die kurze Strecke, die uns noch von unserer Zufluchtsstätte trennt, zurückzulegen; einen Augenblick später sitze ich schon, vom triefenden Regenmantel befreit, vor einem wärmenden Feuer, und die liebenswürdige Frau sagt zu mir: »Sie sind die französische Dame, die hier erwartet wird, nicht wahr?« Ich bin in der Tat die erwartete Person; meine Gastgeberin ist die Frau eines englischen Hauptmanns ... Man kocht Tee für mich und lädt mich zum Abendessen ein, damit ich mich nach den Aufregungen dieser bühnenreifen Ankunft nicht auch noch um Küchendinge kümmern muss. Einmal mehr erlebe ich hier englische Liebenswürdigkeit.

Einen Augenblick lang befürchtete ich, mich bei dem Abenteuer erkältet zu haben, denn ich fühlte mich fiebrig und wie gerädert. Ich ließ in meinem Zimmer Feuer machen und nahm am Abend eine heiße Wärmflasche mit ins Bett. Mir träumte, der Dalai Lama wäre – nach europäischer Art – schwarz gekleidet und gäbe mir seinen Segen. Vielleicht wirkte sich das positiv für mich aus; ich kam jedenfalls ohne Erkältung davon und das Abenteuer hatte keinerlei böse Folgen. – Der Bungalow in Gangtok ist hässlich und sehr unbequem.

26. April 1912

Gestern habe ich bei dem kleinen Maharadscha den Tee genommen; er hat eigens für mich ein Mitglied des Staatsrats seines Vaters kommen lassen, einen – zumindest dem Ruf nach – sehr gebildeten Lama. Der junge Thronfolger, der noch knabenhafter wirkt als der tunesische, hat ein Haus für sich, das Stilelemente des englischen Cottage mit denen des chinesischen Wohnhauses vereinigt. So etwas hätte durchaus abscheulich wirken können, aber ein gewisses Etwas nahm dieser unpassenden Mischung alles Hässliche oder Groteske. Der Gesamteindruck war interessant und ansprechend. Rundherum war ein herrlich gepflegter Garten, reich an Rosenbüschen, von denen jeder eine kleine Matte als Dach hatte, zum Schutz gegen den in dieser Jahreszeit häufigen Hagelschlag … Das gibt dem Rosengarten etwas Melancholisches, und die chinesischen Ungeheuer auf Türschwelle und -pfosten zeigen krampfhaft ihre Fratzen.

Ich schaue mir das alles an und übersehe meinen Gastgeber, der mir unter der Veranda entgegengekommen ist. Ich drehe mich erst um, als ich seine Stimme höre. Hier herrscht keine Etikette wie am Hofe des Dalai Lama; der junge Prinz ist in Europa erzogen worden. Ich rede ihn in meinen Briefen mit »Hoheit« an, weil er Anspruch auf diesen Titel hat; aber wir setzen uns auf dasselbe Sofa, und er lässt mir immer den Vortritt.

Die Wohnung ist geschmackvoll in unauffälliger Eleganz eingerichtet. Er hat europäische Möbel aufgestellt; angesichts der vielen Kunstgegenstände und asiatischen Nippsachen merkt man jedoch, wie sehr er von der Kultur seiner Vorfahren durchdrungen ist. Von seinen Reisen nach Japan und China hat der Maharadscha herrliche Sachen mitgebracht…

Obwohl der Lama dem Staatsrat angehört, darf er sich in Anwesenheit seines Prinzen nicht setzen. Er bleibt also hinter einem Sessel stehen – groß und in seinem dunkelgranatfarbenen tibetischen Gewand wie jene erhabenen Geister dreinblickend, deren Bilder man auf den Wänden der Pagoden sehen kann. Der kleine Maharadscha ist seiner Aufgabe als Dolmetscher nicht so recht gewachsen, denn meine Fragen sind einigermaßen knifflig und vertrackt. In seinen Erläuterungen bringt er die englischen Ausdrücke durcheinander und gebraucht sie in ganz anderer Bedeutung als der, die sie wirklich haben. Ich glaube, ein frisch in Asien eingetroffener christlicher Missionar könnte sich freuen, wenn er sähe, wie sehr die mir hier vorgestellte Religion dem Christentum ähnelt. Aber ich bin auf der Hut: »Was meinen Sie damit, wenn Sie ›Gott‹ sagen?« Die Antwort lautet ohne Zögern: »Einen *Bodhisattwa*.« »Was bezeichnen Sie als Seele?« »Die innere Kraft, die weder Geist noch Verstand ist.«

Ich bin sehr froh darüber, dass diese beiden Anhänger der »Roten Sekte« ihrerseits bestätigen, was ich in meinem Buch vorweggenommen habe: »*Nirwana* bedeutet, dass die Vorstellung von einer gesonderten, eigenständigen und dauerhaften Persönlichkeit aufgehoben ist.« Ich habe das, glaube ich, als Erste in Europa so niedergeschrieben; niemand hatte diese Lehre entdeckt, die doch so offensichtlich im Buddhismus enthalten ist. Oldenberg hat mich dafür gelobt, dass ich in diesem Punkte so klar gesehen habe. Mein letztes Buch hat in der Presse großen Widerhall gefunden, und die Wut, die die Kleriker an den Tag gelegt haben, beweist mir, dass sie das Werk nicht für einen belanglosen Schmöker halten, den man rasch vergessen kann. Du nimmst im Augenblick ein wirkliches Opfer auf dich, mein treuer Freund. Es wird nicht umsonst sein, glaub mir. Natürlich hättest du eine andere Art von Partnerin vorgezogen, aber wenn man sich die Koketten, Dümmlichen und … die vielen Hausmütterchen anschaut, die den größten Teil der Ehefrauen ausmachen, dann hast du's gar nicht so schlecht getroffen. Und dann weißt du ja auch, Mouchy, dass ich dich gern habe um all dessentwillen, was du für mich tust.

Gangtok, 1. Mai 1912

Ich bin in Hochstimmung, denn als ich heute Morgen beim jungen Maharadscha war, sagte er zu mir: »Heute ist Vollmond und der Jahrestag, an dem Buddha für die Erlangung von *Bodhi* und *Parinirwana* gefeiert wird; ich möchte Ihnen deshalb ein sehr altes *Kakemono* aus Tibet schenken; ich selbst besitze keins, das ebenso alt wäre.« Und er überreichte mir ein sehr altes Tempelbanner, ein wirkliches Museumsstück, das Buddha auf seinem Thron darstellt, wie es tibetischer Vorstellung entspricht. Für Liebhaber dieser besonderen Art fernöstlicher Kunst ist es ein äußerst wertvolles Stück. Wir haben uns lange in seiner Betstube aufgehalten, aus der er, wie er mir versprochen hat, die symbolischen Gottheiten mit vielfarbig bemalten Gesichtern entfernen will. Diese kleine »Inkarnation« wäre ein gelehriger Schüler und wir sind enge Freunde. Bei ihm daheim ist es ebenso sauber und reinlich wie in einem japanischen Haus. Sowohl in der Vorhalle als auch am Altar in seinem Betzimmer hat er die berühmten Ungeheuer selbst gezeichnet. Alles ist nach chinesischem Muster gestaltet.

Ich breche übermorgen in Richtung Tibet auf und werde am ersten Tag in mehr als dreitausend Metern, am zweiten in viertausendfünfhundert und am dritten in noch größerer Höhe kampieren. Ich nehme nur ein paar Träger und sehr wenig Gepäck mit, da die Strecke stellenweise schwierig sein soll. Was werde ich dort oben wohl vorfinden? Schnee, Unwetter, Hagel? … Spätestens wenn wir dort sind, werden wir's sehen. Es ist geplant, dass der Ausflug acht Tage dauert.

Karponang, 4. Mai 1912

Meine Reise beginnt mit einer Panne. Nach einem fünfstündigen Marsch durchs Gebirge auf einem entzückenden Pfad, der allerdings schmal und »precipitous« ist, wie die Engländer sagen, gelange ich gestern zum Bungalow. Ich treffe früher als meine Träger dort ein, weil ich eines drohenden Regenschauers wegen mein Pferd zu einer schnelleren Gangart angetrieben habe. Kaum bin ich in der Zufluchtsstätte, da setzt auch schon ein heftiger, mit Hagel vermischter Regenguss ein. Ungefähr anderthalb Stunden später kommen meine Leute an; sie sind ebenso durchnässt wie ein paar andere Eingeborene in ihrer Begleitung. Mein Boy bringt mir einen Brief vom »Ingenieur«. Von welchem Ingenieur? So etwas wächst doch nicht etwa in diesem abgeschiedenen Gebirgswinkel? Und wenn einer gerade auf einer Spazierfahrt unterwegs wäre, dann müsste er hier bei uns im Bungalow sein, dem einzigen Unterstand weit und breit. Ich nehme den Brief und stelle fest, dass er mich schon in Gangtok hätte erreichen sollen und mir nachgeschickt wurde. Man teilte mir mit, dass der Verkehrsweg mehrfach unterbrochen sei und eine Instandsetzungskolonne sich gerade auf den Weg mache. Man wolle mich aber auf jeden Fall informieren, damit ich eventuell mein Programm umstellen und die Reihenfolge meiner Ausflüge ändern könne. Natürlich hätte ich nach Lachen gehen können, aber die Nachricht erreichte mich ja erst unterwegs … Ich spürte nicht die geringste Lust umzukehren, denn das hätte bedeutet, dass ich entweder den bisherigen Weg noch einmal zurücklegen oder aber darauf verzichten müsste, zu den Nathu-La-Pässen hinaufzusteigen, was überhaupt nicht infrage kam. Mir blieb also nichts weiter übrig, als hier zu warten – was ich gerade tue.

Ich befinde mich auf einem wichtigen Verkehrsweg, einer der Hauptverbindungsstraßen zwischen Indien und Tibet; nur ist diese Verkehrsader nichts weiter als ein einfacher Gebirgspfad, der auf chinesische Art instand gehalten wird, und das heißt, man schlägt aus der Felswand ein paar Gesteinssplitter heraus und bepflastert damit die Stellen, die am ehesten ausgewaschen zu werden drohen. Sie sind kleiner oder größer, rund oder spitz ... aber die spitzen überwiegen. Einige Abschnitte des Weges könnten durchaus von irgendwelchen Barbaren als Folter erdacht worden sein. Man macht sich gar keine Vorstellung davon, wie schwierig es ist, auf diesen scharfkantigen, spitzen Steinen zu gehen und dabei das Gleichgewicht zu halten. Wie die Pferde das schaffen, wird mir wohl immer ein Rätsel bleiben ...

Ich kann also nicht weiter. Der Bungalow ist eine Bretterbaracke. In meinem »Schlafzimmer« kann man die Finger zwischen die Ritzen dieser Bretter stecken. Ich verstehe einfach nicht, weshalb man in einem Land, wo man die Steine nur vom Boden aufzuheben braucht, nicht ein stabileres Haus gebaut hat. Zugegeben, die jährliche Besucherzahl ist niedrig, und es ist bereits ein Vorteil, dass man kein Zelt mitzuschleppen braucht. Mein kleiner Boy hatte mir nicht zu folgen vermocht, und ich war völlig durchgefroren, als ich hier ankam. Wir haben dann ordentlich Feuer gemacht, aber ich habe trotzdem vor Kälte kaum schlafen können. Auch der Regen, der schrecklich viel Lärm machte, hielt mich wach ... woran übrigens auch die Höhe (ungefähr 3200 Meter) schuld gewesen sein dürfte.

Nachts hat ein Tier an meiner Tür geschnuppert und ist heulend um die Baracke gelaufen; nach dem Geräusch zu urteilen, war es ein Schakal. Sicher ist dies ein erbärmlicher und ordinärer Verschlag, der den Arbeiterhütten auf Baustellen ähnelt; aber auf dem rauchgeschwärzten Brett, das als Kaminsims dient, steht eine winzige Altarlampe, wie sie vor den *Bodhisattwas* brennen; ich benutze sie als Nachtlampe und sie verbreitet den eigentümlichen Duft der violetten Duftstäbe, die in Gjangtse hergestellt werden und ein völlig anderes Aroma haben als etwa die indischen oder japanischen. Und schon kann von Baustellen oder Arbeitertrupps keine Rede mehr sein! Flüsternde Geister huschen herein, reiten auf einer Wolke, die durchs Fensterkreuz schwebt; die ganze fremdartige Welt der Himalajalegenden hüllt einen hier ein; das Gebirge bietet ganz eigentümliche Farben; die in Moosgewänder gehüllten Bäume winken einem zu; man fühlt sich an der Schwelle von etwas »Unsagbarem«, und das ist genauso Schwindel erregend und anziehend wie der Abgrund neben dem Pfad, den man entlangzieht.

9. Mai 1912

Ach, was sind schon Pläne! Changu und sein See Nathu-La! Sie thronen in einsamer Höhe und spotten meiner. Am 6. bin ich von Karponang nach Changu aufgebrochen; man hatte mir versichert, die Strecke sei frei, und zwei Meilen vor Changu stehen wir vor einer mannshohen Schneedecke, die den Weg unter sich begraben hat. Wir mussten wieder hinab nach Karponang. Natürlich bedauere ich, dass die Strecke blockiert war, aber es reut mich nicht, trotz des Misserfolges, diesen Pfad hinaufgeklettert zu sein. Ich wäre nicht imstande, den Eindruck zu schildern, den diese unberührte Natur auf mich gemacht hat. Ich bin ja auf meinen Reisen recht weit herumgekommen, aber ich habe nichts gesehen, was sich mit diesen Hochgebirgslandschaften vergleichen ließe. Da gibt es etwa einen Pass, auf den ein breiter Gebirgsbach herabstürzt; er ist dicht bewaldet, doch die Bäume sind abgestorben, geborsten und zersplittert; Äste sind herabgestürzt, morsche Kronen abgeknickt, und alles bleibt an Ort und Stelle liegen. Das Ganze wirkt wie der Schauplatz eines stummen Gemetzels, wie das Schlachtfeld unbekannter Wesen; die Wirkung ist außerordentlich.

Und über allem liegt dieses eigentümliche, einzigartige Himalajalicht, das bei Sonnenschein am beeindruckendsten ist. Alles wirkt dunkel, wie unter einem Nebelschleier, und doch hüllt – es mag unwahrscheinlich klingen – ein weißer Lichtschein die Dinge ein; die Schatten erstrahlen geheimnisvoll in einer Helligkeit, die weder von Sonne oder Mond noch überhaupt vom Himmel zu stammen scheint, sondern gleichsam aus den Gegenständen selbst hervortritt oder, genauer, aus etwas, das hinter ihrer körperlichen Gestalt in ihrem Innersten verborgen ist. Welch ein Land!

Ich werde versuchen auf einem anderen Weg hinaufzugelangen; er ist zwar länger, aber dafür bestimmt frei von Hindernissen. Zuvor jedoch will ich nach Lachung.

Ja, es stimmt, die Reise zieht sich in die Länge. Und glaube nicht, bester Freund, dies sei ein Zeichen von Gleichgültigkeit dir gegenüber oder dafür, dass es mir in unserem Zuhause nicht gefällt. Nein … aber irgendetwas hat mich in seinen Bann gezogen, und dieses Etwas ist deshalb so stark, weil sich darin die Wünsche so vieler Jahre zusammengeballt haben. Ich erlebe Stunden, von denen ich weiß, dass ich sie nie wieder erleben werde, Stunden der Arbeit, wo das Studium etwas ganz anderes ist als die Lektüre toter Texte: etwas Lebendiges, Ergreifendes, unendlich Berauschendes.

Toang, 18. Mai 1912

Ich bin wieder unterwegs – wenn schon nicht auf normalen Straßen, so doch auf Pfaden. Ich habe Gangtok vor drei Tagen in Richtung Nordsikkim verlassen. Das erste Stück war ein einziger Abstieg, wir haben in 600 m Höhe übernachtet. Das kommt mir jetzt wie im Keller vor. Wir sind ungefähr 1100 m talwärts gestiegen, und zwar auf sehr abschüssigen Wegen voller Steine! Ich habe von den dreizehn Kilometern der Etappe acht zu Fuß zurückgelegt; je tiefer wir kamen, desto stärker wurde die Hitze, und ich war ziemlich erschöpft, als wir unser Tagesziel erreichten. Die Landschaft ist herrlich und unterscheidet sich sehr von allem, was ich bisher gesehen habe. Man folgt Tälern, die von riesigen Bergen eingeschlossen sind; der Dschungel ist wie in den Tropen, es hängen Orchideen von den Bäumen herab, alle möglichen Begonienarten und riesige Lianen lassen vermuten, man befände sich in dem weitläufigen Gewächshaus einer Gartenbauausstellung. Doch welche Ausmaße hat diese Ausstellung! Als ich einen Gebirgsbach durchquere, bemerke ich einen riesigen Berg, der mindestens doppelt so hoch ist wie unser Bu Kurmin und dessen Steilhang bis zum Gipfel mit wilden Bananenstauden bedeckt ist. Unser Rastplatz heißt Dikchu: ein Bungalow am Rande eines Flusses, der rauschend durch die Felsen strömt. In dieser engen Schlucht zwischen senkrechten Bergwänden fühlt man sich wie auf dem Grunde eines tiefen Schlundes. Kurz nach unserer Ankunft bricht heiß und schwül die Nacht herein, eine richtige Tropennacht, die mich an Ceylon erinnert: 28 Grad in meinem Schlafzimmer. Draußen spielt sich in tiefschwarzer Nacht das lustige Feuerwerk der Leuchtfliegen ab, die zu tausenden durch das dichte Blattwerk des uns umgebenden Dschungels schwirren. Der Wärter (in der Landessprache: Chowdikar) bringt mir zwei prächtige blaue Hortensien und schmückt den Tisch damit; man trägt für mich auf, und ich esse irgendeinen Brei, den Sophie bestimmt zum Heulen fände. Anschließend spaziere ich ein wenig umher, kehre auf dem Pfad zurück und gehe rasch zu Bett. Meine Leute schlafen unter der Veranda, vor meiner Tür. Ich bitte um Ruhe, denn diese Naturburschen sind sehr geschwätzig … schließlich will ich schlafen. Sie sind folgsam … und vor allem, wie ich glaube, ebenfalls müde. Die Maultiere jedoch, die noch ihre Schellen umhaben, sind unruhig und bimmeln ohne Unterlass; ich kann nicht einschlafen; im Wachtraum spüre ich, dass ich etwas Fieber habe, sicher eine Folge der Strapazen des Tages, der ganz unerwartet vorgefundenen schwülen Hitze und auch wohl des Leichtsinns. Am Nachmittag nämlich, als mir vom Wandern auf den Steinen bereits die Füße wehtaten und ich außerdem schon einen leichten Sonnenbrand hatte, kam ich an einen Sturzbach. Der Boy, der Sais, das Pony – alles stürzte heran, trank, wusch sich … welch eine Wohltat! Und auch ich erfrische mich und trinke.

Oh, nur ganz wenig. Eigentlich pflege ich unterwegs weder etwas zu essen noch zu trinken. Diese alte und sehr bewährte Angewohnheit verdanke ich meinem Vater. – Rings um uns her wächst so viel leckeres Grünzeug … Der Sais, der sehr an seinem Tier hängt, schlägt mit seinem Säbelmesser etwas ab, und mein Pony verschlingt es mit dem größten Vergnügen. Es ist angenehm kühl, das Plätzchen ist reizend, alle sind erschöpft … Also setze ich mich, mitten im Wasser, auf einen breiten Felsen. Man möchte nur zu gerne hier einnicken; doch auch ohne zu dösen beginnt man zu träumen … Geflügelte Träume, wie es bei den Griechen heißt – und aus der Tiefe des Dschungels stammende Geister nähern sich, schauen durch Zweige und beobachten einen aus dem Bambusdickicht… die Gottheiten dieses Ortes … Ich schüttele mich, denn ich kenne diese Geister; sie heißen Fieber. Ein Kenner heißer Länder wie ich sollte sich nicht in einer waldigen Schlucht mitten in einen Gebirgsbach setzen. Das ist verrückt! Aber wie köstlich ist es doch, wenn einen die Mattigkeit langsam mit ihren fantastischen Traumbildern übermannt! Ich sage mir: Heute Abend wirst du einen hübschen Fieberanfall bekommen, aber du steigst ja bald wieder in die Berge hinauf, und in der Höhenluft gehen die Mikroben schon zugrunde … und so nehme ich denn den Fieberanfall in Kauf und koste diesen einzigartigen Augenblick voll aus. Plötzlich fällt mir jedoch der junge Boy ein, den mir der Maharadscha Kumar überlassen hat. Ihn, der bestimmt die Najaden und Dryaden des Ortes gar nicht wahrnimmt, darf ich nicht ebenfalls der Gefahr des Fiebers aussetzen. Ich rufe also: »Let us go.« Trotzdem muss ich am Abend dafür büßen. Am nächsten Tag nehme ich gleich nach dem Aufstehen eine Chinintablette, und als wir gegen Mittag ein paar hundert Meter hinaufgeklettert sind, ist alles vergessen. Wieder ist alles ganz herrlich und dieser zweite Teil des Weges ist sogar noch herrlicher. Die Strecke ist viel besser. Unterwegs begegnet uns ein kleiner Junge mit buschigem Haar, der mit zwei Stofffetzen bekleidet ist und so drollig dreinschaut, dass ich ihn fotografiere. Ich schenke ihm zwei Rupien (ungefähr fünf Centimes) und lasse ihn fragen, was er damit anfangen will. Er denkt nach und antwortet: »Ich werde mir Kleider dafür kaufen.« Der Sais und der Boy bringen ihn zum Reden; er ist vielleicht sechs oder sieben Jahre alt und wirkt sehr intelligent. Wir folgen in großer Höhe einem Flusslauf. Nur einmal wechseln wir den Fluss, ansonsten geht es bis Lachung so weiter. Die Landschaften hier sind unbeschreiblich. Während dieser beiden Tage war das Land von völlig anderer Beschaffenheit als etwa bei Karponang oder Changu. Die Lokalgottheiten meinten es gut mit mir und passten das Wetter der Landschaft an. Hatte ich in der Gegend der moosbewachsenen Tannen und Birken geheimnisvollen Nebel, so liegen hier die aufgeblühten Begonien in strahlendem Sonnenschein. In diesem Licht flattern rote und blaue Vögel sowie andere mit sonderbaren Schwänzen und herrliche Schmetterlinge, von denen einige ihrerseits so groß wie Vögel sind. Am Abend machen wir in Singhikh Station. Der Bungalow steht frei an einer erhöhten Stelle, und es bietet sich ein großartiger Blick auf die Berge, die sich im bläulichen Abendlicht langsam hinter einer Wolkenschicht schlafen legen. Alles ist so maßlos groß! … Oh, man versteht schon, warum so viele Weise aus Indien oder Tibet sich hierher zurückgezogen haben, um zu meditieren und bei jener Weisheit und Gelassenheit in die Lehre zu gehen, die hier spürbar in der Luft liegt und die sich die ernsten Berggipfel im blauen Abendlicht und in der rötlichen Morgendämmerung gegenseitig ins Ohr raunen. Wie soll man in die Städte zurückkehren, sich wieder mit geschäftigen, rastlosen Sterblichen zusammensetzen können, wenn man hier ein paar Stunden dieses beredte Schweigen erlebt hat …

Lachung/Sikkim, 23. Mai 1912

Mein Aufenthalt in Sikkim geht langsam zu Ende. Ich will noch, wie ich dir bereits gesagt habe, nach Lachen. Danach will ich nach Thangu hinauf und von dort aus einen Abstecher in den Schnee machen. Das wird bestimmt nett, wenn das Wetter es zulässt. Der Schnee bleibt dieses Jahr ziemlich lange liegen. In der Umgebung von Lachung, in weniger als 3000 m Höhe, ist alles weiß. Lachung-Stadt liegt etwas über 2600 m hoch, Thangu über 3700 m. Auf dieser Straße sind Leute aus Tibet gekommen und sagen, sie sei frei. Ich will bis in 5000 m Höhe hinauf eine Klettertour unternehmen. Man hat mir versichert, dort oben gebe es eine Stelle mit sehr schöner Aussicht. Ich habe kein Zelt, und das ist höchst ärgerlich. Wenn es nicht regnet oder schneit, kann man dort oben nämlich eine oder zwei Nächte im Zelt verbringen, wie es die Einheimischen machen; sie bringen Decken mit und zünden im Schutz eines Felsens ein mächtiges Feuer an.

In Gangtok habe ich nette Leute getroffen und bin in dieser winzigen Gemeinschaft von Europäern Mitglied geworden. Es sind der Regierungsvertreter mit Frau, sein Stellvertreter mit Frau, der Hauptmann der Sepoy mit Frau, der Arzt und ein Leutnant, beide ebenfalls mit Frau. Dies ist bereits die ganze weiße Sippschaft, denn der Ingenieur ist gerade nach England gereist. Ich verdanke dem herzlichen Entgegenkommen dieser »Officials« eine Menge kleiner Vorteile und Erleichterungen, und ich erwähne besonders eine Portion köstlichen, ganz frischen Teekuchens, den man mir am Abend vor meiner Abreise mit den besten Wünschen für mein Unternehmen gebracht hat. Ich war natürlich schon bei allen zum Tee, beim Regierungsvertreter habe ich bereits geluncht und auch des Öfteren den Tee genommen. Ich bin der festen Überzeugung, dass die Engländer, die du immer so schlecht machst, viel freundlicher sind, als man es bei uns ist.

Heute Morgen habe ich das Kloster (auf Tibetisch *Gömpa*) besucht. Der oberste, zweit- und dritthöchste Lama sowie alle

Übrigen empfingen mich freundlich. Man begann sogleich, die große, in chinesischem Stil bemalte Trommel zu drehen, auf der *Om mani padme hum* geschrieben steht, und man öffnete den Altarraum. Er ist erst kürzlich erbaut worden und nicht weiter interessant. Mitten auf dem Altar steht eine schauderhafte Statue des *Padmasambhawa*, rechts daneben eine grüne Person mit riesigen Augen. Ich erkundige mich mithilfe meines neuen Boys und erfahre, dass es sich um den Dichter-Asketen Milarepa handelt. »Er hat so lange von wilden Kräutern gelebt, dass er ihre Farbe angenommen hat«, erklärt der Abt. Oje, das ist ja nun wirklich beunruhigend! Werde also auch ich, wenn mein Gemüsevorrat aufgebraucht ist und ich Brennnesseln essen muss, grün nach Gangtok zurückkehren? … Die Legende, die mir übrigens bekannt war, lautet nun einmal so; die Lamas indessen lächeln, sie glauben davon nicht mehr als unbedingt nötig.

Chunthang, 24. Mai 1912

Ich bin bei schönem Wetter wieder hierher herabgestiegen. Unterwegs habe ich sehr viele schöne Vögel gesehen, es gibt sie in diesem Land in allen möglichen Farben. Heute Morgen habe ich sogar einen gesehen, der mikroskopisch klein war, eine gelbe Brust und einen roten Rücken hatte; ein Vogel aus dem Land der Zauberfeen. Auch die Schmetterlinge sind entzückend; von ihnen gibt es ebenfalls viele Arten. Einige sind ganz klein und blau und ähneln Blumen; andere sind schwarz und haben breite, blau geränderte Flügel; einer hat fast die Größe eines Vogels, sein langer spindelförmiger Körper ähnelt einem tiefrotweiß geriffelten Zeppelin mit durchsichtigen schwarzen Gazeflügeln. Ja, all dies ist sehr schön, aber eines Abends, als ich bereits in Chunthang war, habe ich am Flussufer nach nichts anderem ausgespäht als dem Postbeamten; ich sah ihn voller Hoffnung vorbeikommen … Und dann teilt mir der »post master« mit, dass er nichts für mich habe. Wieder nichts! …

Lachen, 28. Mai 1912

Lieber Freund, »realize« (wie die Engländer sagen) folgende höchst sonderbare Szene – falls es dir gelingt. Sie spielt in einer lamaistischen Betstube; auf dem Altar stehen *Tschenresi*, *Buddha* und *Padmasambhawa*, der große Apostel Tibets. An den Wänden hängen Darstellungen, auf denen die symbolischen Gottheiten, in Furcht einflößender Gestalt, den Eingeweihten an drei Dinge gemahnen: Das Leben ist rastlos; Zerstörung erzeugt wieder Leben; Leben entsteht nur, um dem Tode anheim zu fallen. Paare in schauderhafter Gestalt vereinigen sich, tragen dabei Girlanden aus Totenköpfen um den Hals und stehen mit ihren Füßen auf Leichen; dies sind … nun ja, es ist die bestürzende Symbolik des *Tantrismus*, der so total von Mr. Woodroffe Besitz ergriffen hat. Alte Kirchenfahnen hängen von der niederen Decke herab, zwei Dämonenmasken schmücken die gedrungenen Pfeiler, die in grellem Rot angemalt sind und deren blaugrüne Kapitelle Zeichnungen in chinesischem Stil aufweisen. Ein eigentümliches Licht tritt durch das enge Fenster mit bunten Scheiben. In dieser Umgebung sitzt eine seltsame, zugleich faszinierende Person in »Lotosposition« auf mehreren Teppichen: der Abt des Klosters *(Gömpa)* in Lachen, ein außerordentlich berühmter Mann. Er erinnert an *Siddhiuruscha*, jenen Zauberer und Heiligen, der eine Hälfte des Jahres außerhalb seines Klosters lebte, ganz allein in einer Grotte oder im Schutze irgendeines abgelegenen Felsens meditierte, genau wie die großen *Yogis*, von denen die Geschichte und vor allem Legenden berichten. Die Leute aus der Gegend schreiben ihm Zauberkräfte zu, vor allem das klassische Vermögen, durch die Luft zu fliegen. Er hat mit dem Menschenschlag dieser Gegend nichts gemein, ist ein Hüne von Gestalt, schlank, aber kein Knochengestell; sein Haar ist zu einem langen Zopf geflochten, der ihm bis auf die Fersen reicht. Er trägt ein rotgelbes tibetisches Gewand, das sich von dem der sikkimesischen Lamas deutlich unterscheidet. Seine Gesichtszüge wirken äußerst intelligent, kühn, entschlossen und hell, denn sie werden von jenen besonderen Augen überstrahlt – Augen, aus denen ein Licht, eine Art Funke hervorsprüht –, die ein Ergebnis langjähriger Yogaübung sind. Vor ihm sitzt auf einem Stuhl Reverend Owen. Ich selbst habe neben dem Reverend auf einem längs der Wand aufgestellten Holzbänkchen Platz genommen und auf den mit einem Teppich belegten Stuhl, den man eigens für mich vorbereitet hatte, verzichtet. Auf dieser niederen Sitzgelegenheit fühle ich mich wohler und, meinem Gastgeber gegenüber, der auf dem Fußboden sitzt, weniger als Fremde. Wir plaudern. Der Lama stellt mir seinerseits ein paar Fragen und sagt schließlich zu mir: »Sie haben das letzte und höchste Licht erblickt; zu den Anschauungen, die Sie äußern, gelangt man nicht nach ein oder zwei Jahren Meditation. Jenseits davon gibt es nichts weiter.«

Der arme Herr Owen hat sich bestimmt nicht wohl gefühlt zwischen zwei Wesen, die so weit von ihm entfernt waren, die plötzlich verstummten und sich in eine Welt begaben, zu der er keinen Zutritt hatte. Nach unserem Besuch eilte der treffliche Mann nach Hause, wo er eine Versammlung oder Bibelstunde für die Damen der Mission und zwei oder drei Einheimische, wohl Prediger, abhielt. Wie klein und kindisch war doch, was er dort vorbrachte, nachdem wir gestreift hatten, was im *Mahajana* »Schunjata«, die große Leere, heißt: leer und somit ohne das Trugbild des vielfach unterteilten Lebens, des unendlichen, ewigen Daseins.

29. Mai 1912

Heute Morgen ist der junge Thronfolger des Maharadschas hier eingetroffen. Eine malerische Abordnung von Lamas, die ihrer roten Spitzhauben wegen wie Inquisitoren aussahen, ging ihm bis zum Ortseingang entgegen. Mit großer Mühe hatte ich zuvor im Bungalow ein wenig sauber gemacht; wir teilen ihn uns und jeder bewohnt einen Flügel des Hauses. Wir verfügen beide über eine einzige Lampe – man kann es fast nicht so nennen, es ist eher eine Laterne – sowie meine Reiseleuchte. Ich hatte zwar eine richtige Lampe, der Koch hat mir jedoch das Glas zerbrochen. So haben wir also nur Kerzen und müssen im Übrigen mit dem Licht unseres Verstandes vorlieb nehmen, das zum Glück recht hell leuchtet – so glauben wir zumindest …

Die Ankunft des kleinen Prinzen hat mich erneut in Versuchung geführt. Er wird nämlich übermorgen über Thangu zu den hohen Pässen der Straße nach Tibet hinaufziehen und sich über Phari Dsong nach Gjangtse begeben, um einen seiner Brüder zu besuchen. Ich träume davon, ja fiebere geradezu danach, ihn über die Grenze zu begleiten. Wir sind gute Freunde, interessieren uns für die gleichen Werke, und ich glaube, ich könnte ihn dazu überreden, mich mitzunehmen. Aber der arme, von England gegängelte Zwergstaatenfürst müsste für diese Torheit vielleicht teuer bezahlen, denn ich habe keine offizielle Erlaubnis die Grenze zu überschreiten. Über ein paar kleinere Streifzüge wird man hinwegsehen, aber Gjangtse ist einfach zu weit entfernt und eine zu bedeutende Stadt. Wenn ich die Entwicklung hätte vorhersehen können, hätte ich mich um eine Regelung bemüht; es kam jedoch alles ganz unerwartet.

Am nächsten Tag hatte ich die gesamte Mission zum Tee in meinem Bungalow. Man bat mich, von der Sahara und den Oasen zu erzählen, und meine Worte ließen wieder unser – trotz allem unvergessenes – Afrika vor mir erstehen: die großen, je nach Tageszeit rosa oder malvenfarbenen Sandflächen, über denen – wie in der Genesis – »der Geist Allahs schwebt«. Niemand vermag meinen Traum zu teilen, denn nur ich weiß, wie berauschend die Wüste sein kann; allerdings erkundigt sich der Reverend, wie es um die Möglichkeiten einer Reise dorthin steht. Trotzdem – diese Blinden halten einen solchen Gegenstand für profan; sie glauben, das Sein zwischen den Blättern eines Buches zu finden und haben keine Ahnung von dem Großen Leben, das hinter den Dingen verborgen liegt. Auf dem Kamin steht das Foto unseres großen Buddhas, das in unserem

Innenhof aufgenommen ist. Die Finnin will es unbedingt aus der Nähe betrachten und versucht es mit einer hinterhältigen Frage. Da es sich um keinen Fetisch handelt, der tabu wäre, nehme ich es und gebe es ihr. Bei dieser Gelegenheit muss ich ihnen natürlich mein maurisches Haus schildern. Die blaugoldenen Gitter der Innenfenster, die Türen mit Beschlägen in arabischem Stil … Und schon bin ich wieder dort, in dem großen, fernen und geliebten Haus, dem Haus meiner Wünsche, und ein schwer beschreibbares Gefühl überkommt mich … Heimweh nach der geliebten Wohnstätte? … Heimweh nach dem großen schlanken Herrn, der nach Hause kommt, wenn die Ecklampen dem »Home« den Anstrich einer Kapelle geben … Guten Abend, Mouchy! … Ja, es ist ohne Zweifel Heimweh, und das Gefühl einer Umarmung, eines liebevollen Kusses und die Erinnerung an altvertraute Dinge durchziehen die karge Einsamkeit im Lande der *Yogis* … Oh, ich träume mit offenen Augen, während die Missionarin spricht …

30. Mai 1912

Es ist wie im Märchen, mein Lieber. Die *Dewas* lächeln schalkhaft über mein fröhliches Erstaunen. Ich werde bis zum Pass hinaufsteigen, die 5000-Meter-Linie überschreiten und richtig zelten. Der junge Prinz sagte heute Morgen zu mir: »Sie brauchen sich um nichts zu kümmern, ich habe alles vorbereitet: die Zelte für Sie und ihre Leute, die Träger und die Jaks.« Und es handelt sich nicht um ein oder zwei Tage, wie ich geglaubt hatte, sondern sicher um eine ganze Woche zwischen Schneemassen und trostlosen Hochebenen, über die nur der raue Wind der Himalajahochlagen hinwegfegt. Keine Touristenroute, sondern ein Fleckchen, wo nur wenige Europäer hingekommen sind. Glaub mir, es ist wie im Märchen. Ich fürchte allerdings, dass es grimmig kalt sein wird. Ich verfüge nicht über die für solche Höhen nötige Ausrüstung, doch einerlei, ich bin guten Muts und habe eine gesunde Lunge. Seit Wochen bin ich abrupten Witterungs- und Höhenunterschieden ausgesetzt, und es macht mir nicht zu schaffen. In meinem Zimmer sinkt die Temperatur von 28 Grad am Abend auf 9 Grad am kommenden Morgen, und das trotz eines prasselnden Feuers im Kamin. Dennoch geht alles glatt.

Da Vollmond und somit der große monatliche Sonntag der Buddhisten war, hielten wir am Abend zusammen Andacht, das heißt, wir lasen im *»Dhammapada«* und unterhielten uns über philosophische Fragen. Wir erörterten verschiedene nützliche Reformen bezüglich der Lamas, des Religionsunterrichtes etc. Ich glaube, mein Aufenthalt in diesem Land war im Hinblick auf Fortschritt und Ausbildung der Bevölkerung nicht ohne jeden Nutzen. Die ganze Nacht hindurch spielten die Lamas auf melancholischen, lärmenden Musikinstrumenten unterschiedlichster Art, sodass ich kaum schlafen konnte. Um drei Uhr morgens hebe ich den Vorhang etwas hoch; es fällt dichter Regen, dicke Wolken ziehen vor dem leuchtenden Mond vorüber und droben auf dem Hügel erfüllen die Musikanten die beeindruckende Nebellandschaft mit ihren klagenden Melodien und singen – ja was eigentlich? … Dinge vom Jenseits und vom Innersten des Menschen – wenn man den Eingeweihten glauben darf. Man hatte mir anvertraut, diese Musik gebe die Klänge wieder, die von unserem eigenen Organismus ausgehen; in völliger Stille oder wenn wir uns die Ohren zustopfen, könnten wir das Betriebsgeräusch unserer inneren Maschinerie hören. All dies ist recht befremdlich! Der große Lama mit den langen Haaren war heute Morgen in seinem Prunkgewand im Bungalow; ich sah ihn kurz, und er hat mir freundlich zugelächelt. Gleich werde ich mit dem Maharadscha zusammen zum Kloster hinaufgehen; die Lamas mit ihren Spitzhauben werden in voller Montur sein. Wir werden wohl mehrere Stunden dort verbringen. Ich werde den Lama-Asketen bestimmt in ein Gespräch ziehen können, und wir werden tibetischen Tee trinken … Nicht wahr, mein Lieber, dies ist keine Cook-Touristenreise? Ist da nicht ein wenig Schwärmerei angebracht? …

Aber noch immer keine Nachricht von dir; auch von sonst niemandem eine Zeile. Kein Brief! Ich bin total isoliert.

Mein Lieber, ich hatte den Brief bereits beendet, doch jetzt will ich ihn fortführen, um dir meine noch ganz frischen Eindrücke vom Besuch im Kloster zu schildern. Mein junger Freund (beinahe Jünger) und ich machen uns auf den Weg, um den steilen Hang zur *Gömpa* hinaufzuklettern. Kaum haben wir den Bungalow verlassen, beginnen die Lamamusikanten, die auf dem Vorsprung der Klostermauer Position bezogen haben, zu spielen. Die unterschiedlichsten Trabanten folgen uns in großer Zahl und respektvollem Abstand; an der Spitze des Zuges geht, in sehenswerter Aufmachung, eine Art Leibwache. Auf der gesamten Wegstrecke tauchen immer wieder Leute auf, die sich nach chinesischer Art flach auf den Boden legen. Diese Kniefälle gelten auch mir, denn ich gehe vor dem Prinzen. Am Eingang des Klosters empfangen uns die roten Lamas, an ihrer Spitze der Abt. Musikanten, Schirm- und Kirchenfahnenträger usw. haben sich in einer Reihe aufgestellt. Einige blasen tibetische Trompeten, die so lang sind, dass das Ende auf dem Erdboden aufliegt. Das Ganze ist außerordentlich malerisch. Wir befinden uns auf einer Art Terrasse, von der aus man das Tal überblicken kann; ich komme mir vor wie auf einer Theaterbühne. Leider nieselt es, ich möchte jedoch unbedingt ein Foto knipsen; selbst wenn es flau ausfällt, hat es doch einen Erinnerungswert. Angesichts der schlechten Lichtverhältnisse rät mir der Maharadscha, eine sehr lange Belichtungszeit zu wählen; ob sich sein Rat wohl als gut erweisen wird? … Auch er fotografiert. In unseren beigen Regenmänteln sehen wir in dieser bunten Menge wie zwei Reporter aus. Als die Aufnahmen gemacht sind, gehen wir zum Kloster. Wir ziehen die Mäntel aus und treten in den Altarraum. Der Prinz wirft sich dreimal zu Boden. Meine Anwesenheit ist ihm unangenehm, denn er weiß, was ich von solchen Zeremonien halte. Ich begnüge mich damit, *Tschenresi-Awalokiteschwara*, der übrigens den schönsten östlichen Gedanken versinnbildlicht, mit dem üblichen Hindugruß zu ehren. Die Lamas singen unterdessen die Formel der »dreifachen Zuflucht«, die sich in tibetischer Sprache und in dieser besonderen Chorform von der Textrezitation auf Ceylon stark unterscheidet. Man bringt dem Maharadscha die Reisschale, die er anschließend an mich weiterreichen lässt. Der Maharadscha nimmt auf einer Art kleinem Pontifikalsessel zur Linken des Altars Platz. Für mich hat man, ihm gegenüber und rechts neben dem Altar, einen mit einem Teppich belegten Stuhl vorbereitet. Wenn du mich nur sehen könntest! … Die Lamas bleiben an der Wand stehen, sie dürfen sich in Anwesenheit des Pontifex-Fürsten nicht setzen. Kaum haben wir Platz genommen, strecken sie sich wieder und wieder vor uns auf den Boden hin. Der Maharadscha hält jetzt eine Ansprache, die er mir kurz zusammengefasst übersetzt, und auch ich sage ein paar Worte, die er ebenfalls übersetzt … Der Abt stellt sich schließlich ins Mittelschiff, setzt die Mitra ab und kniet vor dem Prinzen nieder. In den gefalteten Händen hält er eine Schleife, und wenn er auch vor seinem Oberhaupt ein wenig zittert, so redet er doch sehr, sehr lange und andächtig. Schließlich ist es vorbei, und ich kann meinen Bischofsstuhl verlassen. Der Abt bittet uns, mit in sein Betzimmer zum Tee hinaufzukommen. So bin ich denn erneut in der Betstube, in der ich jenes Gespräch führte, von dem ich dir berichtet habe. Diesmal sitzt der Lama allerdings nicht auf seinem alten Platz, denn dort steht heute ein kleiner Thronsessel für den Maharadscha. Auch ich muss, der Etikette wegen, auf einem Prunkstuhl sitzen, wo ich mich sehr unwohl fühle. Der Lama bleibt zunächst stehen, aber der Prinz ordnet an, man solle ihm einen Teppich bringen; in »Lotosposition« kauert er sich sogleich in respektvoller Entfernung vor dem kleinen Thron nieder. Doch zum Tee: Es ist Tee mit Butter, Salz und einer Spitze Gerstenmehl. Ich bin ganz verrückt nach diesem Gebräu und trinke drei Tassen davon … Womit ich denn feierlich das tibetische Bürgerrecht erworben hätte! Und so plaudern wir also – der Lama und ich – wieder über die Lehren jener Schule, der er angehört.

Draußen wartet das Orchester auf uns, die Musikanten steigen wieder auf die Mauer und blasen in ihre Instrumente. Als wir den Weg hinabgehen, werfen sich die Leute noch immer vor uns auf den Boden; einige brennen am Wegrand Weihrauch ab. Der *Tulku* Sidkeong lässt alles mit der Gelassenheit des Asiaten über sich ergehen, sagt aber gleich wohl zu mir: »Man beweihräuchert uns wie Götter!« Das Ganze macht uns Spaß. Die Zeit, die er an der Universität Oxford zugebracht hat, hat ihn doch etwas europäisiert... allerdings nur wenig, denn wenn er auf dem Thron des obersten Lamas sitzt und Trommel, Glöckchen und Dordsche[11] vor sich stehen hat ... dann ist Oxford doch sehr weit! Im »Gefolge« bemerke ich den Chinesischlehrer des Prinzen: Groß, schlank, gepflegt, zurückhaltend, schweigsam und mit überlegen aristokratischer Miene wirkt er wie ein Himmlischer unter den Tibetern, jenem Gemisch aus Sikkimesen, *Leptscha* und Bhutanern. China! ... die ganz große Nation der Zukunft!

Thangu/Sikkim, 9. Juni 1912

Ich steige jetzt wieder aus den Wolken hernieder, mein Lieber. Ich habe den Himalaja von Süden nach Norden ganz durchquert, fast in gerader Linie von Indien nach Tibet. Ich bin in mehr als 5000 m Höhe hinaufgeklettert, und dennoch wäre es übertrieben, ein solches Unternehmen als schwierig zu bezeichnen. Man muss lediglich kerngesund sein und über genügend Geld verfügen, um die – übrigens bescheidenen – Reisekosten zu bestreiten. Andererseits würde ich die Unwahrheit sagen, wenn ich behauptete, dass es sich dabei um einen einfachen

11 Das Glöckchen (ghanta) wird immer zusammen mit dem Donnerkeil-Diamantzepter (vaira) benutzt.

Spaziergang, wie ihn jedermann unternehmen könnte, handelt. Nein, es ist gewiss kein Kinderspiel, auf Wegen ganz besonderer Art nach Hochsikkim zu reiten, anschließend in den Tälern an der Grenze zu zelten und in dieser beträchtlichen Höhe dem Wind der tibetischen Hochebenen zu trotzen. Ich bin zwar abgehärtet, neulich aber glaubte ich, sterben zu müssen. Es war an dem Tage, als ich den nach Gjangtse weiterziehenden Maharadscha verlassen hatte; bereits lange vor meinen Trägern und Zelten war ich am Etappenziel angekommen und musste drei Stunden ungeschützt in eisigen Windböen und pausenlosem Schneetreiben warten. Mein Koch meldete sich krank, als er eintraf; erst viel später bekam ich etwas heißen Tee. Die Nacht verbrachte ich selbstverständlich ohne Feuer; zu allem Übel war mein Zelt nicht recht dicht. Am Morgen lag ein dicker Schneeteppich über dem Tal und bedeckte auch das Zelt. Ich konnte mich nicht rühren, atmete schwer und hörte ein leises Pfeifen in der Brust, was mir kein gutes Zeichen zu sein schien. Ich sagte mir: »Da hast du nun eine Lungenentzündung oder eine Angina. Bei dieser Kälte und ohne Pflege wirst du nicht lange durchhalten.« Ich überlegte einen Augenblick und fand dann, dass es – inmitten der majestätischen Einsamkeit und auf einer Reise wie der meinen – letztlich ein schöner Tod wäre und ich der Sache nur die beste Seite abgewinnen müsste. Dies gelang mir denn auch relativ leicht. Ich erhob mich mit großer Mühe und dachte an den Brief, den ich dir schreiben wollte. Du wirst lachen, aber ich glaubte, du würdest vielleicht gerne den Ort kennen lernen, wo du eine Frau meines Schlages verloren hättest – oder sollte ich lieber sagen: losgeworden wärest? Ich nahm also meinen Fotoapparat und kroch auf dem Bauch unter der Plane durch, da ich zum Öffnen des Zeltes zu schwach war. Ich glaubte, ich könnte mich niemals wieder auf den Beinen halten. Es war kalt. Alles war verschneit und es wehte ein scharfer Wind. Ich machte ein paar Aufnahmen und ließ mich anschließend im Zelt wieder auf eine meiner Kisten fallen. Ich nahm ein heißes Getränk zu mir und verlangte nach heißem Wasser für ein Fußbad … Gegen Mittag fühlte ich mich etwas besser, jedoch immer noch sehr beklommen. Ich ließ das Pony satteln und brach auf. An diesem Nachmittag sah ich eine Traumlandschaft … ein Land, das unserer Sahara ähnelt. Orangefarbene Berge hoben sich scharf gegen einen tiefblauen Himmel ab und trugen eine Schneehaube auf ihrem Gipfel; in engen Tälern schlummerten kleine Seen mit Eiswasser. Von Zeit zu Zeit fiel halb gefrorener Schnee, eine Art von italienischem »gelato«, und machte uns schrecklich zu schaffen. Die Leute, die ich bei mir hatte und die kein Organ für die Landschaft besaßen, stöhnten, als litten sie Höllenqualen. Dass ich deshalb meine Rückkehr beschleunigt habe, bedauere ich jetzt sehr.

Ja, alle diese Tage, die ich bei schrecklichem Wind und einer Mittagstemperatur von drei bis vier Grad im Zelt verbrachte, waren gewiss hart. Doch dafür kenne ich jetzt die Wonnen, die das Kochen über einem Feuer aus Jakmist bereitet. Es gibt in Tibet keinen anderen Brennstoff. Ich weiß jetzt auch, wie verdrussreich Expeditionen dieser Art ohne passende Ausrüstung und geeignete Leute sein können. Einige Männer schlugen sich um einen Platz am Feuer, das im Zelt der Träger brannte, und die ganze Zeit über musste ich gegen die Verdrossenheit leistungsunwilliger Leute ankämpfen, die um jeden Preis in weniger raue Zonen hinabsteigen wollten. Mein Sais verließ mich genau an dem Tage, als ich nach Koru La und Sepo La (der berühmten 5000-m-Grenze) aufbrach, und ich musste ohne ihn mit meinem Pferd zurechtkommen, das übrigens seinerseits keine rechte Lust hatte. Das Wetter war nicht günstig und die Rückkehr ins Tal war bei Gegenwind außerordentlich mühsam. In meinem Kopf drehte sich alles im Kreis, und ich hatte das Gefühl, meine Knochen würden festfrieren. Von Zeit zu Zeit gab ich das Pferd meinem jungen Boy und ging zu Fuß, um mein erstarrtes Blut wieder zum Zirkulieren zu bringen; dies freilich war eine arge Belastung für meine arme

Brust. Die Nacht brach herein, und ich dachte bei mir: Du musst diesen Jungen (er ist 16 Jahre alt) unbedingt ins Lager zurückbringen. Wäre ich allein gewesen, so hätte ich mich wahrscheinlich hinter irgendeinen Felsen sinken lassen und wäre nicht wieder aufgestanden. Vor uns lag ein unerbittliches Schneegebirge, der 7000 Meter hohe Chumiumo, der uns auf den Kopf zu fallen drohte. Ich hätte einen dicken Pelzmantel gebrauchen können, um diesen Winterstürmen zu trotzen. Doch nun bin ich auch ohne Pelz zurückgekommen, meines Erachtens sogar zu früh, denn mit anderen Dienern hätte ich noch weitere Ausflüge in dieses Land unternommen, in das ich bestimmt nie zurückkehren werde. Nur habe ich leider keine Haut mehr im Gesicht; meine Augen sind völlig verbrannt, auf den Lidern habe ich dicke rote Polster; meine aufgeschwollene Nase bedeckt mir das ganze Gesicht, von dem sich überall die Haut ablöst; meine Lippen sind von einem Ende zum anderen eine riesige Blase, ähnlich einer Fiebergeschwulst. Das Ganze ist trotz einiger Schichten Glyzerin und Stärkemehl äußerst schmerzhaft. Es macht außerdem sehr hässlich; ich sehe aus, als wäre ich gerade einer Feuersbrunst entronnen. Es ist mir nur recht, dass du mich in diesem Zustand nicht sehen kannst.

Wenn auch Mitte und Ende meines Hochgebirgsausfluges qualvoll gewesen sind (in körperlicher Hinsicht, versteht sich), so war doch der Anfang umso köstlicher. Der Maharadscha und ich verließen Lachen in einer bunten Prozession, die uns eine Weile das Geleit gab. Rote Lamas, Frauen, die Gebetsmühlen drehten, Fahnen, Sonnenschirme zu unseren Ehren und auf der Klostermauer die Musikanten, die so lange spielten, bis wir außer Sicht waren. Der Abt begleitete uns bis zur ersten Rast, und zwar auf Anordnung seines Prinzen, der mich mit etwas landesüblicher Pracht erfreuen wollte. Und wirklich, mein Lieber, ich wollte, du sähest uns vorüberziehen: den Maharadscha in goldenem Satin, mich abendländischen Kauz in einem dunklen Mantel über der Hose und vornweg diesen Lama mit rotgelber Mitra und schimmerndem Gewand, der ein Pferd mit roter Decke reitet und unermüdlich seine Gebetsmühle dreht. Wo wir vorbeikommen, werfen sich die Leute auf den Boden und brennen Weihrauch ab. Reinstes Asien! Und das Netteste an allem ist die Herzlichkeit des jungen Prinzen; welch liebenswürdiger Reisegefährte! Dank ihm kam auch ich in den Genuss jener Einrichtungen, die man für ihn vorbereitet hatte. »Sie sind bei mir zu Besuch und werden selbstverständlich bestens versorgt und untergebracht«, sagte er zu mir.

Im Laufe unserer Reise hat er mich fotografiert, wie ich nach tibetischer Art auf einem Jak reite; hoffentlich ist die Aufnahme trotz des ungünstigen Lichts etwas geworden. Die Tunesier würden gewiss staunen, wenn sie mich auf diesem einzigartigen Tier sähen.

Am Morgen unserer Abreise aus Thangu kehrte der Lama um und schenkte dem Prinzen, der zugleich sein kirchliches Oberhaupt und eine »Inkarnation«, ein *Tulku*, ist, dem Ritus entsprechend ein Stück Musselin. Dann streckte er sich am Straßenrand dreimal vor dem Maharadscha auf den Boden nieder, und dieser legte ihm die Schleife um den Hals. Danach sagte der Lama zu ihm, dass er mich zu sprechen wünsche. Ich trat zu ihm, und er sprach lange, schien dabei äußerst bewegt und legte mir, als er fertig war, die Schleife auf die Schulter, die er selbst gerade erst erhalten hatte. Dies ist so etwas wie Segnung und Ehrung zugleich. Aus der Übersetzung ging hervor, dass er mir Recht gibt, dass die Lehre Buddhas tatsächlich ziemlich heruntergekommen ist, dass man die verschiedenen Formen von Aberglauben, die sich aus ihr entwickelt haben, beseitigen muss usw. Ist es nicht wirklich ein schöner Erfolg, wenn man in der blühenden Umgebung eines Himalajapfades feststellen kann, dass sich eine hoch angesehene Persönlichkeit aus der Sekte der Roten Lamas den Argumenten einer Anhängerin des ursprünglichen Buddhismus beugt! Der Maharadscha sagte zu mir: »Behalten Sie die Schleife als Andenken …« Der Lama hatte unter anderem gesagt: »Als eine Folge unseres guten

Karmas (glücklicher Umstände, eines Ergebnisses ferner und sogar vor unserem jetzigen Dasein liegender Ursachen) sind wir drei uns begegnet und haben uns zusammengesetzt, um gemeinsam über die Reform und weitere Ausdehnung des Buddhismus nachzudenken und uns dafür einzusetzen.« Daran, so wünscht mein junger Freund, soll ich mich erinnern. Ich habe in der Tat versprochen, mit ihm zusammenzuarbeiten und verschiedene Sachen zu schreiben, die ins Tibetische übersetzt und im Lande – sehr wahrscheinlich auch in Tibet – verbreitet werden sollen.

11. Juni 1912

Ich habe damit begonnen, mit einer Schere die Haut von meinen Lippen und meiner Nase abzuschneiden. Es heilt langsam schon wieder. Auf meinem Rückweg war ich jedoch in einem solchen Zustand, dass ich bei den Tibetern, die mir begegneten, Mitleid erweckte. Oh, und Mouchy liebt hübsche Frauen! Die seine ist es im Augenblick mitnichten.

Du weißt gar nicht, wie mir vor der Rückkehr graut. Ich wäre gerne weiter ins Innere Tibets vorgedrungen, aber da das nun einmal nicht möglich war, kommt mir jetzt auch alles andere uninteressant vor. Dies ist bestimmt ein vorübergehender Eindruck, und wenn ich erst wieder in Indien bin, werde ich mich schon wieder fangen. Im Augenblick jedoch bin ich verzaubert; ich stand am Rande eines Geheimnisses ... Oh, jene letzte Himalajakette, der letzte, sehr breite Pass, der über einen Abhang zur unendlich weiten, wüsten Steppe hinabführt, wo sich als kindischer, aber ergreifender Wachtposten das Befestigungswerk der ersten tibetischen Stadt erhebt ... und manchmal spüre ich das schier unwiderstehliche Verlangen, ein paar Jaks zu mieten, zwei oder drei tibetische Diener mitzunehmen, die kräftiger sind als meine, und erneut hinaufzusteigen, um mir noch einmal – und besser, länger – anzuschauen, was ich nie wieder sehen werde … Ich bin nicht die Einzige, alle Europäer hier erliegen der eigentümlichen Faszination. Man spricht das Wort »Tibet« beinahe leise und, wie einen religiösen Namen, mit etwas Furcht aus. Ja, ich werde lange, mein ganzes Leben davon träumen, und es wird mich etwas mit dieser Region der Wolken und des Schnees verbinden, denn meine ins Tibetische übersetzten und gedruckten Gedanken werden irgendwo in diesem Lande lebendig sein.

Weshalb nur, mein Lieber, beunruhigt dich allem Anschein nach, was du als »meine wachsende Mystik« bezeichnest? Bestehen die große Freude, das große Licht, die unserem Leben etwas Glanz verleihen, nicht gerade darin, dass wir über unsere enge und kümmerliche Persönlichkeit hinauszublicken vermögen? Oh ja, Gedankenspiele und Geistesakrobatik eines Verstandes, der analysiert, seziert und forscht – dies ist das größte Vergnügen für die »Nur-Gehirn-Menschen«; glaub mir, ich habe es nicht verlernt, und es reizt mich noch immer. Es kommt jedoch der Augenblick, wo Spielen nicht mehr so wichtig erscheint. Man hat von etwas anderem gekostet, die Tür zu etwas anderem halb aufgestoßen … Gewiss, dies ist wieder nur ein Kindergarten voller Märchen und kindlicher Bilder für die »ganz Kleinen«, die wir noch immer sind; aber wir nähern uns doch schon der Schwelle, jenseits von der sich Glaube, Hoffnung, Ängste und Wünsche in nichts auflösen … und dies ist fast schon alle Weisheit. Aber weißt du, es ist jedenfalls besser als die seelische Grausamkeit der meisten Christen. Meine lieben Nachbarinnen, die mich wirklich verwöhnen und mir eine Unmenge von Gerichten aus ihrer Küche anbieten – sie ist nur leider widerlich und ein ärgerliches Gemisch aus Englischem und Finnischem –, ermüden mich etwas mit ihrer Bekehrungswut. Ich spreche ihnen gegenüber nur dann vom Buddhismus, wenn ich auf ihre Fragen antworte. Als sie es jedoch neulich mit ihrem »Loving God« (dem Gott der Liebe und der Güte) allzu weit getrieben haben, konnte ich einfach nicht umhin ihnen zu sagen: »Ich habe in Edinburgh bei großer Kälte eine Unzahl von Kindern, ja Babys, ohne Kleider oder Schuhe gesehen, und ihre vom Frost rissigen Füße hinterließen Blutspuren auf dem steinernen Bürgersteig. Und denke ich an die Katastrophen von Messina, dem Mont Pelé oder, erst neulich, der Titanic, so sehe ich ebenfalls nicht viel von Ihrem ›Loving God‹.« Da schrie eine von ihnen: »Die Kinder in Edinburgh litten der Sünden wegen.« »Aber einige waren erst zwei oder fünf Jahre alt!« »Sie büßten für die Sünden ihrer Eltern, und die Leute auf der Titanic waren gottvergessen; sie tanzten im Augenblick des Unglücks!« Das ist es ja gerade! Wie verdorben ist doch eine Phantasie, die sich einen »Himmlischen Vater« ausdenkt, der sich an Unschuldigen rächt und 1500 Menschen ertrinken lässt, nur weil sie sich zur Musik im Kreise drehen.

Pakyong, 23. Juni 1912

Du, mein Lieber, scheinst ebenfalls das »Trugbild« der Gläubigen, wie du dich ausdrückst, zu bedauern; und das Ende erscheint dir eine schmerzliche Aussicht. Was ist das Ende, Mouchy? Gibt es ein Ende, einen Anfang? Das Ende wovon? – Glaub mir, man kann über diese enge Anschauung hinausgelangen, indem man die »weitsichtige Analyse« seines »Ich« betreibt. Man befürchtet doch vor allem, dass dieses »Ich« verschwindet, vernichtet wird; aber was ist denn das »Ich«? – Eine Luftspiegelung, ein unsteter Strom, der aus Millionen verschiedener Teilchen besteht, die von mannigfachen Orten und mannigfachen Organismen stammen. Unsterblichkeit, Ewigkeit gibt es im universalen, unendlichen Dasein. – »Redensarten«, wirst du sagen, »nicht diese Art von Dauer, sondern die des Herrn Néel suche ich.« Doch, mein Lieber, glaubst du denn, dass so etwas wie Herr Néel existiert? In welchem Alter, in welcher geistigen Verfassung möchtest du ihm denn Dauer verleihen? Herr Néel war auch einmal ein Neugeborener, weißt du das noch? – Nein. Und seither war dieses Etwas eine Unzahl von Lebenslagen, Gedanken, Handlungen. Herr Néel – das ist gleichbedeutend mit Ausdruck und Ergebnis vielfältiger Ursachen, mit Wiederverkörperung von Leben und Substanzen in unzählbarer Menge. Du bist aus dem Denken eines anderen hervorgegangen, bist ein Ergebnis des Lebens der Nahrungsstoffe, die du zu dir genommen hast und die in deinem Körper bestimmte Antriebe bewirkt haben. Welch eine Torheit ist es, wenn wir, die es zuhauf gibt, »ich« sagen oder von Anfang und Ende sprechen. Redensarten! … Es sind nicht bloße Redensarten; für die, die nachdenken, die meditieren, ist es die lebendige Verwirklichung dieser Wahrheit. Dies ist nicht das durch die Gnade eines Gottes gestiftete Paradies; es ist das selbsttätig erworbene Wissen vom ewigen Leben, und das heißt, wie Buddha es seinen Jüngern versprochen hat, dass man in eben diesem Leben in die Ewigkeit eintritt und den Tod nicht kennt.

Eine Predigt? Einmal nur, weil es sich so ergeben hat; du wirst mir verzeihen.

Während ich dir schreibe, haben die Hindus im kleinen Tempel von Pakyong den Abendgottesdienst gefeiert. In diesem Ort ist das Orchester dürftig; Becken und Glocken machen mehr Lärm als Musik. Es regnet; bei schönem Wetter hätte ich mir angeschaut, wie die vielen kleinen Lichter vor den Götterbildern flackern. Man hat mich dort vor kurzem herzlich empfangen, oder besser: Man hat mein Gewand geehrt und sich höflich angehört, was ich an der schockierenden Zusammenstellung von Götterbildern und Damen im Mehrfarbendruck, die von Rosinenschachteln oder der Verpackung anderer Nahrungsmittel stammen, auszusetzen habe. Das heißt natürlich nicht, dass man sich daraus etwas gemacht hätte.

Rhenok, 24. Juni 1912

Es ist wie in »Tausendundeiner Nacht«, mein guter Mouchy … Nein, kein Glanz; alles schlicht, eher ärmlicher Trödelkram. Du kennst ja das Leben im Orient gut genug, um dir so etwas wie den Bei auf Reisen vorzustellen – nur noch etwas archaischer und malerischer.

Zunächst einmal habe ich in der Nacht wenig Ruhe gefunden. Ich hatte Fieber und wurde plötzlich aus dem Schlaf gerissen. Man hatte wahrscheinlich den jungen Bären im Nachbarzimmer schlafen gelegt, und mitten in der Nacht passte ihm irgendetwas nicht. Er gab jedenfalls seltsame Laute von sich und kratzte an der Tür zu meinem Zimmer. Einen Augenblick später hörte ich Stimmen. Wahrscheinlich hat man das Bärenbaby beruhigt oder fortgeschafft, denn danach war nichts mehr zu hören. Das Tier sieht wirklich wie ein Spielzeugbär aus, weißt du? Wenn es an der Leine etwas schneller laufen soll, fällt es hin, und wenn es auf dem Rücken liegt, kommt es nicht mehr von allein hoch. Es ist noch ganz, ganz klein.

Ich schlafe wieder ein, doch zwischen zwei und drei Uhr morgens beginnt ein Orchester zu spielen. Welch eine Überraschung! Dieses nächtliche Konzert ist sehr schön … aber ich bin müde. Nach einer halben oder Dreiviertelstunde hört die Musik auf. Ich döse etwas ein, doch noch vor vier Uhr beginnen die aufgeregten Vorbereitungen für den Aufbruch. Ich stehe auf; es regnet in Strömen. Ich schaue zum Fenster hinaus, habe aber keine Lust, mich so früh bei diesem Wolkenbruch auf den Weg zu machen. Um Viertel vor fünf ist die Leibwache mit ihren kleinen Karabinern angetreten; die Männer tragen kurze rote Jacken sowie Tirolerhüte aus Bambus mit einem hohen Pfauenfederbusch. Die ganz in Blau gekleideten Träger der Sänfte stellen sich um ihr Gerät herum auf, und der Maharadscha steigt ein. Sein Umhang ist mit gelbem Brokat besetzt, er hat die Kapuze hochgeschlagen, und ich kann ihn nicht erkennen. Dann setzt sich der Zug in Bewegung. Die Musiker gehen voran und spielen, dann kommt die Leibwache und schließlich, zu Pferd, folgen die Hofleute. Zum Klang dieser eigentümlichen Musik ziehen sie alle im Regen und grauen Morgennebel den Pfad entlang. Es ist ein Schauspiel aus einer anderen Zeit und, vor allem, einer anderen Kultur.

Ich selbst mache mich um sieben Uhr auf den Weg. Es regnet nicht mehr, aber die Straßen sind glitschig und voller Schlamm – du erinnerst dich doch, dass es sich bei diesen Straßen um Gebirgspfade handelt! Zuerst kommt eine steile, ununterbrochene Gefällstrecke von mehr als zehn Kilometern. Mir tut schon bald der Arm davon weh, mein Pferd, das dauernd wegrutscht, im Zaum zu halten. Wenn du mich auf diesen steilen, steinigen und von Sturzbächen durchzogenen Abhängen sehen könntest, würdest du mir ein gewisses Maß an Wagemut bestimmt nicht absprechen. Und dies, mein Freund, ist ein »Sieg des Geistes über die Materie, des Willens über das Fleisch«, wie man früher sagte. Von Geburt an bin ich, was das Denken und den Willen angeht, mutig, aber schrecklich feige, was den Körper betrifft. Diese Feigheit besteht nicht darin, dass ich mich im Dunkeln fürchte, denn das wäre Feigheit des Geistes. Ich befürchte ganz einfach, »mir wehzutun«; diese instinktive Ängstlichkeit, die schneller ist als alle Überlegung, ließ mich beispielsweise vor Turnübungen zurückschrecken, denn ich befürchtete, meine Zellen könnten gequetscht werden oder sonst wie Schaden nehmen.

Doch zurück zur Reise. Auf der Strecke hat man Triumphbögen aus Grünzeug mit rotweißen Bändern (den Farben Sikkims) errichtet. Alles in ganz kleinem Maßstab. Ich treffe auf Leute unterschiedlicher Rasse: *Leptschas*, Tibeter, Bhutijas und Inder. In den kleinen Ortschaften ziehe ich an geneigten Häuptern vorüber und fühle mich beinahe wie Fallières.[12] Vollends wie unseren Herrn Fallières behandelt man mich, als ich am Ufer eines Flusses angelangt bin, wo man mit Baumwolle geschmückte Bambushütten und eine Art Allee mit Bögen aus

12 Clément Armand Fallières, 1906-13 Präsident der französischen Republik.

Laubwerk errichtet hat. Der Grundbesitzer, ein hohes Tier in der Gegend, bittet mich, abzusteigen und mich auszuruhen. Natürlich hat ihm der Maharadscha mitgeteilt, dass ich komme, und ihm aufgetragen, mir diese Ehrung zuteil werden zu lassen. Neben der Hütte für Seine Hoheit ist auch für mich eine vorbereitet. Ein mit gelbem, rosenübersätem Kattun bezogener Sessel steht vor einem Tisch, der mit allen möglichen, nach Hindu-Art in Stücke geschnittenen Früchten sowie Kuchen und Milch gedeckt ist. Der Teufel mag es fertig bringen, all die geschälten und aufgeschnittenen Früchte auseinander zu halten. Ich esse etwas Banane, Papaya, Zuckerrohr und Kuchen. So weit, so gut. Doch welcher boshafte Schalk brachte mich nur auf die Idee, auch von einer köstlichen Wassermelone (dafür hielt ich es zumindest) eine Scheibe zu versuchen! In Wirklichkeit war es nämlich ein Stück Gurke. Dieser Irrtum scheint nicht gerade tragisch gewesen zu sein, aber iss du einmal ein kürbisgroßes Stück Gurke! Oder sollte ich es vielleicht wieder hinlegen oder gar wegwerfen? … Bedenke Folgendes: Vor mir befanden sich der Besitzer und sein Gehilfe, beide mit gefalteten Händen und in der Haltung, in der *Ardschuna* vor *Krischna*, dem Herrn, auf jenem klassischen Bilde dargestellt ist, das die erste Seite der *Bhagawadgita* ziert. Auf meinem Ehrenplatz war ich nicht mehr nur ein Präsident der Republik, sondern gleichsam eine Gottheit, die von diesen beiden braven Männern in ihrer Nische angebetet wurde … und so habe ich denn die Gurke restlos aufgegessen. So weit dieses Kapitel aus den »Misslichkeiten der Größe«! …

Der große Lama kommt wahrscheinlich morgen früh um sechs Uhr hier vorbei. Vielleicht regnet es, und man wird, wenn er in seiner Sänfte sitzt, nicht einmal seine Nasenspitze sehen können. Der Maharadscha wird ihn bis Ari geleiten, wo er einen Tag und eine Nacht verbringen wird. Sein Sohn, glaube ich, wird sich dem Zug anschließen, denn er legt Wert darauf, ihm bestimmte Dinge mitzuteilen, und möchte ihn deshalb in Ari sprechen. Die Mühe, die sich mein junger Freund gibt, ist wahrscheinlich vergebens. Immerhin wird er später ein ruhiges Gewissen haben, wenn er jetzt zu der Überzeugung gelangt, dass man auf das asiatische Papsttum genau so wenig Hoffnung setzen kann wie auf das römische.

25. Juni 1912

Ich wache auf … Doch immer der Reihe nach! Gestern Abend kommen zwei Männer, die Seiner Hoheit sehr ergeben sind, und überbringen mir ein Geschenk ihres Herrn. Errätst du, was? … Es ist eine junge Eule in einem Korb. Solche Geschichten kommen eigentlich nur im Traum vor! Aber ich träume nicht und bin um eine junge Eule reicher, die mich übrigens dauert und deshalb bei der erstbesten Gelegenheit ihre Freiheit erhalten wird.

Ich wache um fünf Uhr auf, es gießt in Strömen. Gestern Abend hat der junge Prinz seinen Vater besucht und sich anschließend mit mir unterhalten. Es wird vereinbart, dass auch ich mich nach Ari begeben soll, denn der Dalai Lama wird später als ursprünglich angenommen eintreffen. Ich lasse den Maharadscha um Viertel vor sechs ziehen und reite selbst um halb acht los. Es hat aufgehört zu regnen, aber ich muss mich beeilen und lege die fünf Kilometer auf stark ansteigender, unvorstellbar schlechter Wegstrecke in rascher Gangart zurück. Mein Pony ist ein ausgezeichneter Kletterer. Am Wegrand stehen hier und da Leute; sie haben Kupfervasen mit Blumensträußen aufgestellt und brennen auf kleinen Holzhaufen statt Weihrauch eine im Lande sehr verbreitete grüne Pflanze ab, die ein wenig wie Pyrethrum riecht. Das ist nicht teuer und erzeugt viel Rauch. Ich reite mit etwas Geringschätzung durch die Rauchschwaden hindurch, schließlich duftete es in Lachen auf meinem Wege nach Weihrauch und Sandelholz. Und dann bin ich an jenem Bungalow, der des Pontifex harrt. Man lädt mich ein hereinzukommen, und ich schaue zu, wie man sein Schlafzimmer zurechtmacht. Viele Reporter wären sicher gern an meiner Stelle gewesen, aber sie hätten nicht hereingedurft. Anschließend gehe ich ein wenig umher und betrachte mir den orientalischen Krimskrams und die vielen Leute, die aus der Umgebung gekommen sind – unter ihnen sehr hübsche Tibeterinnen. Nach einer Stunde wird der Zug angekündigt. Ich glaubte, der Dalai Lama reise in der Sänfte, doch heute Morgen ist er zu Pferde, und ich erkenne ihn erst, als er ganz nahe ist. Er sieht eher wie d'Artagnan als wie ein Papst aus. Seine Porträts vermitteln einen völlig unzutreffenden Eindruck von seinen harten, unnachgiebigen, autoritären Gesichtszügen. Man bezeichnet ihn als grausam und er sieht wirklich danach aus. Der Maharadscha überreicht ihm die traditionelle Schleife und er segnet ihn. Dann reitet er zum Bungalow und steigt vom Pferd. Man sagt, er sei ein guter Reiter und er erweckt durchaus den Eindruck. Nach der Art zu urteilen, wie er in diesem Gebirgsland mit seinem Reittier umgeht, scheint er oft Pferde zuschanden zu reiten; seine Leute können ihm jedenfalls nur mit Mühe folgen. Hinter dieser Hast scheint allerdings sehr viel Nervosität zu stecken; die Nachrichten, die ihn aus Lhasa erreichen, sind wieder einmal schlecht. Die Chinesen haben neue Truppen geschickt, die Stadt steht in Flammen, und die Straßen sind von Leichen verstopft.

Ich irre erneut durch die Menschenschar.

Allmählich formiert sich die Reihe derer, die gesegnet werden wollen. Männer mit langer Tataren- oder Mongolenpeitsche bringen sie in Reih und Glied und erheben ihr Arbeitsgerät gegen diejenigen, die widerspenstig sind oder sich zu langsam an ihren Platz begeben. Man begnügt sich hier mit der bloßen Drohung; in Lhasa jedoch bekommen die Gläubigen manch hübschen Peitschenhieb zu spüren. Laden La, der es miterlebt hat, hat mir bedauernswerte Szenen geschildert.

Jedem Einzelnen fährt der Dalai Lama mit einer Art Staubwedel aus Stoffstreifen über den Kopf. Dies ist der Segen fürs gemeine Volk. Wichtigen Leuten, zu denen ich gehöre, legt er die Hand auf den Kopf.

Ich spaziere noch immer ziellos durch die Menge. Ein solches Schauspiel bekommt man nicht jeden Tag geboten. Schließlich holt mich ein Lama ein. Was sagt er? Mein Boy stammelt etwas. Was? Ach so! Der Dalai Lama will mich in Privataudienz empfangen. Eine ganz besondere Ehre! Er empfängt ansonsten nur die beiden Maharadschas, Vater und Sohn. Doch nicht sofort, Asiaten haben es nie eilig. Die Maharadschas, die ihrerseits der Ansicht sind, ich sei jetzt genug umherspaziert und wolle mich sicher etwas ausruhen, schicken nach mir.

Im Nu bin ich in ihrem Zelt, entbiete Hoheit in aller Form meinen Gruß, wofür mir der Sohn, wie ich seinem Blick entnehmen kann, sehr dankbar ist. Diese Leute sind in so aufrichtiger Weise gütig und herzlich, und die Europäer bemühen sich so oft in schäbigster Weise, sie spüren zu lassen, sie seien nichts, dass ich mich genötigt fühle, diesen alten gelben Fürsten besonders zuvorkommend zu behandeln; schließlich hat er mich in einer so treuherzigen Art mit einer Eule beehrt und nimmt erhebliche Unbequemlichkeiten in Kauf, um mir einen der beiden Räume des Bungalows in Rhenok zu überlassen, weshalb er selbst in einem einzigen kleinen Zimmer essen, schlafen und Audienz halten muss. Ich finde das sehr nett und sehe darin ein Zeichen seiner Gutherzigkeit.

Schließlich ist es Zeit, dass ich mich zum Dalai Lama begebe. Der Prinz begleitet mich als Dolmetscher. Ich spreche mit dem Dalai Lama über das Manuskript, das er mir geschickt hat, über ein paar Unklarheiten, die es enthält. Er macht mir ein Angebot, mit dem ich nicht gerechnet habe: »Verlangen Sie ruhig alle Erläuterungen, die Sie wünschen; Mr. Bell (das ist der englische politische Kommissar) wird es übernehmen, mir Ihre Anfragen nach Tibet weiterzuleiten, und ich werde Ihnen auf alles eine Antwort geben.« Das ist nett von ihm, und um das Glück, mit einem Dalai Lama in ständiger Verbindung zu sein, wird mich mancher Orientalist beneiden. Trotzdem ist mir dieser Mann nicht sympathisch, ist mir höchstens im allgemeinsten Sinne von Menschlichkeit ein Bruder. Ich schätze die Päpste nicht und mir missfällt die Art von buddhistischem Katholizismus, dessen Oberhaupt dieser hier ist. Alles ist gekünstelt an ihm, er kennt weder Herzlichkeit noch Freundlichkeit.

Die Heiligen Schriften berichten uns, dass die Leute, die Buddha besuchten, ihn grüßten und sich dann einfach zu ihm setzten. Einer alten Überlieferung zufolge kam, als Buddha bereits in den letzten Zügen lag, ein Mann des Weges, hörte, Er sei da, und wollte ihn sprechen. Doch die Jünger sahen, dass ihr Meister im Sterben lag, wollten ihm jede Anstrengung ersparen und schickten den Fremden fort. Buddha jedoch hatte die Stimmen gehört und auch die Worte, die gewechselt worden waren, verstanden. Er rief seinen Vetter Ananda zu sich und trug ihm auf, er solle den unbekannten Reisenden vorlassen. »Er ist mit dem Wunsch zu lernen hergekommen, ich muss also auf seine Fragen antworten, Ananda.« Dieser Mann wurde sein letzter Jünger, denn wenige Stunden später war Buddha tot! … Glaubst du nun, ich sei völlig in meiner Mystik verloren, mein Freund, wenn ich hinzufüge, dass er für uns, die wir tatsächlich seine Schüler sind, noch immer lebendig und gegenwärtig ist? Einen Buddha macht nämlich nicht der Körper, sondern das Dharma (die Lehre) aus.

Nun ja, der Dalai Lama scheint nicht so veranlagt zu sein wie der, den er seinen Lehrer nennt. Er ist allerdings viel gebildeter und in philosophischen Dingen beschlagener, als man im Abendland annimmt; in dieser Hinsicht ist man ihm bisher noch nicht gerecht geworden.

Als die Begegnung beendet war, kehrte ich zum Maharadscha zurück. Ich musste erneut durch die Menge der Einheimischen hindurch, die verwundert die »Mem sahib« anstarrten (dieser Titel, den in Indien die Damen führen, heißt soviel wie »weiblicher Herr« oder, wenn dir das lieber ist, »Frau aus der Herrenkaste«), die der Dalai Lama gesondert empfangen hatte.

Ja, und weißt du, der kleine Bär … das war ein Geschenk für den Dalai Lama; ich sah, wie er inmitten eines ganzen Haufens von Kisten, Körben und Geschenkpaketen fortgeschafft wurde.

Wenn er dem Dalai Lama einen jungen Bären schenkt, kann er ja auch wirklich mir eine junge Eule schenken! Ich habe in diesem Zusammenhang übrigens etwas Schreckliches erfahren: Meine Eule kann noch nicht fliegen. Ich muss sie also aufziehen, bis sie groß genug ist. Die Eule stellt mich vor ein noch viel größeres Problem, wenn man bedenkt, dass diese Tiere ausschließlich Fleisch fressen; da ich streng vegetarisch lebe und folglich nie welches habe, kann es ja heiter werden. Doch was soll's? Die Götter haben mir dieses Lebewesen geschickt; ich weiß zwar nicht, zu welchem Zweck, doch die Götter sind groß! Und die Eule ist im Übrigen eine reizende kleine Eule, ein allerliebstes Tierchen.

Gangtok, 30. Juni 1912

Ich hatte mich in Rhenok, inmitten meiner Maharadscha-exotik, von dir verabschiedet. Am folgenden Tag kehrte ich nach Pakyong zurück, wo der Thronfolger des Maharadschas kurz nach mir, von einer nepalesischen Musikkapelle begrüßt, eintraf.

In Pakyong stellen sich alsbald Hindus, die Grundeigentümer der Ortschaft, ein; sie machen ihre Aufwartung und bringen Geschenke wie im Altertum mit: Reis, Gemüse, Früchte, Gurken. Auch ich, obwohl ich keine Hoheit bin, bekomme etwas überreicht: herrliche Mangos. Es macht mir Spaß, einen der Hindus ins Gespräch zu ziehen; der Prinz ist mein Dolmetscher. Der Ausgangspunkt der Unterhaltung ist, dass mein Besuch im Hindutempel, zwei Tage zuvor, im Dorf Aufsehen erregt und der Hindu Kumar davon berichtet hat. Es zeigt sich, dass dieser hinduistische Grundbesitzer ziemlich gebildet ist und Sanskrit kann. Das ist wirklich erstaunlich.

Heute Morgen habe ich im Kloster gepredigt, wie ich es dir bereits angekündigt hatte. Oh, es gibt gewiss viele Leute, die über die asiatischen Religionen mehr wissen als ich; aber nur wenige dürften mit ihnen so innig vertraut sein. Der Prinz nimmt auf seinem – ihm als Oberhaupt der Landeskirche gebührenden – kleinen Thron Platz, ich selbst setze mich ihm gegenüber auf einen anderen, etwas niedrigeren kleinen Thron. Anschließend setzen sich auch alle anderen entsprechend der Rangfolge hin, was hier nicht weniger kompliziert ist als in China. Vorher jedoch legen sie sich noch unzählige Male vor dem Prinzen auf den Boden, denn er ist für diese Leute nicht bloß Thronfolger, sondern ein Halbgott, eine »Inkarnation« wie der Dalai Lama, wenn auch keine ganz so bedeutende. Es befremdet mich immer aufs Neue zu sehen, wie bisweilen hochbetagte Männer vor meinem jungen Freund so eingeschüchtert und fassungslos sind, dass sie kein Wort mehr herausbringen. Übrigens, habe ich dir jemals gesagt, wie alt er ist? Du glaubst vielleicht, er könnte so sechzehn Jahre alt sein; doch nein, er ist dreiunddreißig. Aber er ist so jungenhaft, außerdem klein und ohne Bartwuchs, er hat ein so absolut jugendliches Wesen, dass man gar nicht umhinkommt, ihn als einen ganz jungen Menschen zu behandeln.

Ich beginne mit meinem Vortrag.

Ich habe einen kurzen historischen Überblick über die europäische Orientalistik gegeben, wie der Buddhismus dort bekannt wurde, welche Bücher übersetzt wurden usw. Ich sprach über die Datierung der Bücher des *Mahajana*, über die Zeit, in der die großen, in der lamaistischen Sekte verehrten Doktoren lebten, und über die Zeit, in der die Vorstellung aufkam, die Wiederverkörperung des *Tschenresi* vollziehe sich im Dalai Lama. Alles Dinge, die den Glauben meiner Zuhörer unmittelbar betreffen. Danach habe ich über die Darstellung des Buddhismus in europäischen Büchern, Zeitschriften, Gesellschaften usw. gesprochen.

Anschließend habe ich dargelegt, dass es gerade jetzt notwendig sei, sich über die Unterschiede von Schule und Sekte zu erheben und sich wieder der ursprünglichen philosophischen Lehre anzuschließen. Dann habe ich kurz an die grundlegende Rede Buddhas in Isapatana erinnert, habe Textabschnitte zitiert, erläutert und an die Missionstätigkeit der ersten Jüngergenerationen erinnert usw.

Der satzweisen Übersetzung wegen hat das Ganze sehr lange gedauert. Es ist kaum zu glauben, dass der Dolmetscher zehn Minuten spricht, wenn ich ganze drei Worte gesagt habe. Das war übrigens nicht nur heute Morgen so, mit meinem Personal ist es ganz das Gleiche. Wenn ich Kartoffeln oder Sellerie für die Suppe verlange, so gehört das immerhin nicht der philosophischen Sprache an; trotzdem dauert auch hier die Übersetzung übertrieben lange.

Inzwischen hat man dem Prinzen und mir Tassen gebracht und serviert uns tibetischen Tee. Dabei wird folgendermaßen verfahren: Alle fünf Minuten stellt sich der Diener mit seiner riesigen Teekanne, die er sehr hoch, fast in Schulterhöhe, hält, vor einen hin; man trinkt die Tasse halb leer, er schenkt nach; man trinkt wieder, er kommt erneut und schenkt wieder nach … und das geht ohne Unterbrechung stundenlang so weiter; man trinkt auf diese Art mehrere Liter und würde immer weitertrinken … Unterdessen habe ich meinen Vortrag fortgesetzt. In Tibet, wo Gottesdienste und Schriftlesungen lange dauern, ist es üblich, den Lamas im Tempel Tee zu servieren. Viele Autoren haben dieses endlose Teegetrinke in den tibetischen Tempeln beschrieben, folgten dabei jedoch bloßen »Gerüchten« oder hatten es allenfalls vom Portal aus gesehen. Wie viele Europäer wohl unter Lamas gesessen und mit ihnen Tee getrunken haben? – Falls überhaupt welche, so gewiss wenige und bestimmt keine Europäerin. Und gewiss – absolut gewiss – kein einziger Abendländer hat am Altar einem großen Kirchenfürsten, einer »Inkarnation«, gegenübergesessen und von diesem Platz aus, eine schöne Tasse aus Silber und Porzellan vor sich, eine Ansprache gehalten.

Gangtok, 7. Juli 1912

Zunächst Folgendes, mein Mouchy: Dein letzter Brief, der von einem schwermütigen Sonntagsspaziergang am Meer berichtet, hat mich zutiefst betroffen. Siehst du, mein Lieber, wenn dir meine Abwesenheit wirklich so zu schaffen macht, werde ich zurückkehren. Es kommt nicht infrage, dass du dich in Tunis elend fühlst, und was ich in meinem letzten Brief gesagt habe, galt natürlich nur für den Fall, dass du mit der augenblicklichen Lage einverstanden bist.

Ich bin ja schließlich nicht dumm und merke sehr wohl, dass deine Beschäftigung, so sehr sie dich in Anspruch nehmen mag, nicht so packend ist wie meine und kaum geeignet ist, ein Dasein ganz auszufüllen. Und dann leben ja auch – zumindest für denjenigen, der daran glaubt, dass in unserem Leben sehr weit zurückliegende Ursachen ihre Folgen haben – in unserer Existenz zahlreiche andere Leben; sie wirken in dem jeweiligen Menschen, geben Impulse, Befehle oder gewinnen gar die Oberhand. Der *Lalitawistara*, dieses Werk eines genialen Dichters, umgibt Buddha mit unsichtbaren Gottheiten, die ihm ins Ohr flüstern. Erinnere dich an deine Wünsche, deine Sehnsüchte, deine Gebete und Gelübde in Aberjahrhunderten von Existenzen; erinnere dich, wie oft du brennend gewünscht hast, derjenige zu sein, der das erleuchtende Licht entdeckt und es in die Finsternis bringt, wo die Lebewesen sind; wie oft du dich darum bemüht hast, die Lebewesen ans andere Ufer zu führen, wo es kein Fieber, keine Unrast, keinen Tod gibt …

Der Dichter sagt damit eine tiefe Wahrheit. Wie vielen Gedanken, Wünschen, Bestrebungen sind wir im Augenblick gerade eine Wohnstätte! Wie viele sind mit den unaufhörlich wechselnden Zellen unseres Organismus durch uns hindurchgegangen! Und was soll ich tun, wenn dieser maßlose Traum, der die Buddhas und so viele andere in seinen Bann geschlagen hat, auch an mir in seiner gebieterischen, unwiderstehlichen Herrlichkeit vorübergezogen ist? Es gibt Formen des Denkens, die alles andere beiseite wischen, die sich sogar über das Selbst, das man im Innersten hat, hinwegsetzen. Das indische Denken, sei es in den *Upanischaden* oder im Buddhismus, ist ein solches Denken …

Glaub nun aber trotzdem nicht, bester Freund, ich säße – unbeweglich wie eine Mumie – als ekstatischer *Yogi* an den Ufern des Ganges. Buddha war ein energischer Charakter, ein Mann der Tat, in der umfassendsten Bedeutung dieses Wortes, und er predigte seinen Jüngern nicht die Erstarrung.

Ich denke schon an die Bücher, die ich nach meiner Rückkehr schreiben werde. Ich mache mir gerade Aufzeichnungen für eins mit dem Titel »Im Lande der Lamas«, das mit Illustrationen herauskommen soll. Ich sammele Fotografien und Unterlagen. Ich habe bereits die neuen Fragen, die ich dem Dalai Lama schicken will, aufgesetzt und auch jene anderen, die ich an den Taschi Lama in Schigatse richten will, über den du in dem interessanten Buch Sven Hedins gelesen hast.

Jetzt komme ich auf das zurück, was ich gesagt habe, mein lieber Alusch: Wenn es dir allzu schwer fällt, mich weiterhin diese abenteuerreichen Studien betreiben zu lassen, komme ich zurück.

Gangtok, 21. Juli 1912

Ich sitze lange mit dem Schuldirektor zusammen, der mir aus tibetischen Büchern vorliest und übersetzt, während ich notiere, was mir nützlich sein könnte. Dann trage ich das Ganze in meine Unterlagen ein, um es auch wieder zu finden, wenn ich es einmal brauche. Mein Kopf ist etwas matt. Ich habe für einige gebildete Sikkimesen recht umfangreiche Abschnitte aus den Schriften der Schule des Südens übersetzt. Ich hätte große Lust, mich für eine Weile in eine Höhle zurückzuziehen und nichts zu tun, so wie mein Freund, der »große Yogi«, an der tibetischen Grenze … Aber der »heilige Mann« lebt von

Gerstenmehlbrei, den er sich selbst kocht und auch gleich aus dem Napf isst, in dem er ihn zubereitet. Bei ihm geht es recht einfach zu, er braucht kein Hauspersonal. Er fürchtet weder Stechfliegen noch Blutegel und kommt, als wackerer Tibeter, ohne Badewanne aus. Diesen Punkt habe ich noch nicht erreicht – oder bin schon darüber hinaus. Was soll man von Entwicklung und Fortschritt halten? Jener Weise aus den Höhlen des Himalajas hat tiefsinnige philosophische Gedanken geäußert und sich anschließend höchst einfältig gefreut, als er durch den Sucher meines Fotoapparates schaute ... Wir stammen aus verschiedenen Welten, das ist sicher, außer wenn wir philosophieren, denn mit unterschiedlichen – gar nicht einmal sehr unterschiedlichen – Begriffen haben wir die gleichen Gedanken und die gleichen Träume. Trotzdem sind wir, wenn wir wieder zum körperlichen Leben hinabgestiegen sind, sehr weit voneinander entfernt, und seine Einsiedelei wäre für einen zivilisierten *Yogi*, wie ich es bin, zu kümmerlich und beschwerlich.

Das wichtigste Gesprächsthema sind hier immer noch die Ereignisse in Tibet. Es hat den Anschein, als hätte die Lamaregierung allen Frauen die Nase abschneiden lassen, die in den letzten beiden Jahren Chinesen geheiratet haben. Diese nun hat die Maßnahme natürlich ihrerseits in Wut versetzt. Ein Befehl lautet, jedem, der über die Vorgänge im Lande berichtet, solle die Zunge herausgeschnitten werden. Reizend, nicht wahr?

Gangtok, 27. Juli 1912

Ich habe ein schönes Zimmer, das auf ein hübsches Gärtchen geht, und bin im Großen und Ganzen für die kurze Zeit, die ich hier bleiben will, optimal untergebracht. Es hat auch nicht an Angeboten gefehlt. Der Maharadscha und sein Sohn haben mir alle beide ihre Gastfreundschaft angeboten. Hätte ich mich frei entscheiden können, so hätte ich lieber die Einladung eines dieser beiden angenommen. Es wäre mir dann sogar möglich gewesen, die Gebräuche, Zeremonien und mancherlei interessante Dinge zu beobachten, und ich hätte mich mit den Leuten bei Hof unterhalten können; auf diese Art kann man viel über das Leben und die Sitten in einem Land erfahren. Aber ach, ein Europäer und mehr noch eine Europäerin gehören in Indien den »Weißen«. Sie sind sehr freundlich zu einem, aber nur unter der Bedingung, dass man im Rahmen der Verhaltensvorschriften für Angehörige der »höheren Rasse« bleibt. Ich verstoße bereits allzu oft dagegen. Meine Beziehungen zu den »natives« scheinen, obwohl es sich um Personen aus fürstlichem Hause handelt, zu sehr von der Idee der Gleichheit geprägt zu sein. Ich sollte den guten alten Maharadscha deutlicher spüren lassen, dass er nur ein Gelber, ein Tibeter ist und das »blaue Blut« in Wirklichkeit in meinen Adern fließt. Aber dieser gute, einfache, etwas naive Mann, der mir wie in uralten Zeiten Gemüse und Früchte aus seinem Garten schenkt, ist mir nun einmal sympathisch, und ich hielte es für ebenso töricht wie boshaft, ihm nicht die Freude zu gönnen, als Fürst behandelt zu werden. Der junge Maharadscha ist für mich ein ausgezeichneter Begleiter und Glaubensgefährte; keiner der hiesigen Weißen ist auch nur annähernd so intelligent wie dieser Junge. Ich nehme hierbei lediglich den Regierungsvertreter aus, der ein gebildeter Mensch ist.

Je mehr man mit den Lebensverhältnissen in Asien vertraut wird, desto mehr packt einen die Tragik, die davon ausgeht. Indien ist in grauenvoller Weise tragisch. So etwas lässt sich nicht beschreiben, man findet keine Worte dafür; doch auf den Straßen der Eingeborenenviertel Kalkuttas oder in den Dörfern auf dem flachen Land – da spürt man, wie etwas das Schweigen brechen will, einem etwas zu sagen hat, wie jedes Haus, jeder Blick eines Vorübergehenden beredt wird, wie er von der leidvollen Geschichte dieses Landes erzählt und Zeugnis ablegt von dem Verhängnis, das auf seinen Bewohnern lastet. Und plötzlich wirkt diese Atmosphäre bedrückend, erstickend … Was wissen schon die Touristen davon! Eines Tages, das ist gewiss, wird sich das Blatt wenden, und das Christentum wird viel dazu beigetragen haben. So wie es die Kirchen verstehen – abweichend vom Evangelium, denn das Evangelium ist selbst ein Traum des Orients –, ist das Christentum eine Religion, die materialistisch und in ihrem Positivismus äußerst kurzsichtig ist. Es bläst wie ein Windstoß über die Ekstasen der Hindus und treibt den Wolkenschleier ihrer Träumereien, die der Duft der Unendlichkeit durchzieht, hinweg, und es redet ihnen ein, die Zeit dränge, man müsse sich regen, handeln … was in der Sprache des Abendlandes »kämpfen« bedeutet. Und all diese Gelben, all diese Arier, deren Haut nicht richtig weiß ist, alle Drawiden mit dunkler Gesichtsfarbe, sie alle werden eines Tages kämpfen, und an diesem Tage werden die Weißen bezahlen … Das wird dann endlich die Streitereien unter den »Mächten« beenden.

Einstweilen jedoch fressen sich die Chinesen noch gegenseitig auf, und man darf sicher sein, dass die so genannten »Mächte« bei all diesen Zwistigkeiten die Hand im Spiel haben. England ist gerade dabei, ganz Tibet heimlich, still und leise zu kassieren. Es hat eine telegrafische Verbindung nach Gjangtse eingerichtet und hält in der ganzen Gegend Soldaten, militärische Telegrafenbeamte und so genannte Handelsvertreter, die in Wirklichkeit politische Bevollmächtigte sind. Die Niederlage der Chinesen in Tibet dient den englischen Plänen. Die Dummheit ist die große Gottheit auf dieser Welt. Buddha und andere haben das schon vor Jahrhunderten gesagt. Man kann diesem Menschheitsschauspiel nicht zuschauen, ohne – je nach Temperament – von Zorn, Verachtung, Überdruss oder grenzenlosem Mitleid gepackt zu werden. All diesen Zorn, diese Verachtung, diesen Überdruss begraben die *Sannjasins* unter ihrem morgenrotfarbenen Gewand; gemäß der Sanskritwurzel ihres Namens haben sie alles, was das menschliche

Leben ausmacht, von sich abgeworfen: Brauchtum, Vorurteile, Gesetze, Religionen. Oh, in dem heiligen Gewand stecken durchaus auch überzeugte Anarchisten – *echte* Anarchisten, also solche, die zu denken verstehen und nicht bloß in ihrer Einfalt glauben, eine Bombe oder ein Dolchstoß könnte in den langsamen Gang der Dinge eingreifen. Ich denke hierbei an Bhartrihari, den geistigen Bruder des Yang Tschu, und an die *Rischis*, die Verfasser der *Upanischaden*. Welch herrlich zerstörerische Naturen! Sie machten nicht so viele Worte wie Nietzsche oder Schopenhauer, hatten aber auf ihre Art gedankliche Tiefe. Wie viele Modephilosophen – etwa Bergson und seinesgleichen – nehmen sich neben ihnen wie unscheinbare Marionetten aus! Sie hatten *Schiwa* tatsächlich von Angesicht zu Angesicht gesehen, und ich glaube durchaus, dass *Mahadewa*, der große Gott, wie ihn die Gläubigen nennen, mir günstig gestimmt war während meines Aufenthaltes in dieser Gegend, die ihm heilig ist. Alle Menschen, alle Dinge – ob Sonnensysteme, Gedanken oder Gefühle – sind nichts weiter als Pilze, die in einer feuchtheißen Nacht während der Regenzeit emporgeschossen sind … Ganz einfach Pilze … ein klein wenig Staub mit organischer Struktur, der in wenigen Stunden wieder zerfällt, um in anderen Pilzen erneut Gestalt anzunehmen.

Doch genug mit dem Philosophieren über eine Beinahe-Politik; es erinnert mich an Kalkutta und den Ganges, zu denen ich bald wieder hinabsteigen werde. Allerdings wird es mir etwas weh ums Herz, wenn ich an den allzu kurzen Ausflug in die Steppen von Khampa-Dsong zurückdenke … Irgendetwas Unbekanntes in der Ferne, das man noch erkunden möchte, bleibt immer übrig … Die Erde ist rund – und nach diesem »Unbekannten in der Ferne« sehnt man sich eben. Gibt es etwas Faszinierenderes als zwei Eisenbahnschienen, die sich am Horizont verlieren, eine Straße, die weiter und weiter führt … Oh, ich bin ein unsteter Wanderer! Und ich bin sicher, dass mir die guten Geister, die an meiner Wiege standen, jenes schicksalhafte Wort ins Ohr flüsterten, das Richepin so schön ausgedrückt hat: »Auf denn, Wanderer, geh deinen Weg!«

Gangtok, 5. August 1912

Es ist klug von dir, Mouchy, dass du einsiehst, dass jedes Lebewesen sich in bestimmten Bahnen bewegt und man nur Leid ernten würde, wollte man von ihm etwas verlangen, wofür es nicht geschaffen ist. Im Abendland will man das nicht so recht begreifen. Wir sind Menschen, die der Moral und einer für alle geltenden Pflicht gehorchen. Indien glaubt an die Moral der Kirche oder Gesellschaft, desgleichen an religiöse Reformen und Praktiken nur dann, wenn es um die Masse geht. Man glaubt hier nämlich, bestimmte Einzelne ständen über oder doch außerhalb von Moral, Pflicht, Vorschriften der Kirche oder Gesetzen der Gesellschaft. Man verlangt freilich ungeheuer viel von solchen Entpflichteten, und sie müssen den Vorzug, außerhalb von allem oder über den Dingen zu stehen, mit großen Opfern bezahlen.

Haben wir denn jemals eigene Ideen, die nicht von irgendwoher übernommen wären? Wie unser Fleisch und Blut sowohl von unseren Eltern stammt, die unsere Erzeuger sind, als auch von der Nahrung, die wir zu uns genommen haben, so ist auch unser Denken etwas, was wir übernehmen. Bestimmte Gedanken entsprechen einigen Fasern unseres Seins, versetzen sie in Schwingung; diese Gedanken, die wir mit vielen anderen gemeinsam haben, sind *unsere* Gedanken; andere wieder sagen und bedeuten uns überhaupt nichts. Trommele vor einem Tauben, es wird nichts dabei herauskommen. Sag bestimmten Leuten bestimmte Worte, und sie werden sie verstehen und sich dafür umbringen lassen. Dieser Mechanismus ist jedoch ein klein wenig komplizierter, als es sich ein einfacher Leichensezierer vorzustellen vermag. Es gibt da noch etwas, was er in der sich zersetzenden Materie nicht entdecken kann: das Leben, den Geist, um einen alten Begriff zu gebrauchen … und mit dem Geist ist es wie mit dem Wind, »man weiß weder, woher er kommt, noch, wohin er geht«.

Gangtok, 11. August 1912

Teile mir bitte alle Einzelheiten deines Frankreichaufenthaltes mit, du weißt, wie sehr ich mich dafür interessiere. Glaub bitte nicht, mein Lieber, dass ich, obwohl ich fern von dir bin und, ich verhehle es nicht, sehr viel Freude an meinem Studienaufenthalt in Asien habe – glaub bitte nicht, dass du mir gleichgültig bist oder ich dich nicht gern habe. Dies mag oberflächlichen Geistern paradox erscheinen, aber wirklich nur denen.

Wir haben alle beide, und ich wahrscheinlich noch mehr als du, eine starke Neigung zum Junggesellenleben. Mit mir fühlst du dich wahrscheinlich *nicht genug* verheiratet, mit einer anderen hättest du dich vielleicht *zu sehr* verheiratet gefühlt. Das Zweite wäre, so wie du beschaffen bist, mein Lieber, noch hundertmal schlimmer gewesen; dann wärest bestimmt du »von zu Hause ausgerückt«!

Gangtok, 19. August 1912

Neulich habe ich beim Prinzen ein sehr angeregtes Gespräch mit seinem Chinesischlehrer geführt. Wenn ich bei ihm den Tee nehme, lädt er fast immer interessante Leute ein, und es werden recht angenehme Stunden für mich.

Der Chinese ist ein Tao-tse, das heißt, er hängt einer der beiden Lehren des *Lao-tse* an. Er ist keineswegs ein großer Gelehrter und gehört der am weitesten heruntergekommenen der beiden Sekten an; er ist jedoch klug, geistig beweglich und ein aufschlussreiches Beispiel für einen gelben Materialisten.

Ich frage ihn nach den wichtigsten religiösen Vorschriften … Er antwortet mir mit einigen Betrachtungen über Moral und Gesellschaft, denen ich unter anderem entnehmen kann, dass Minister unbescholten und ohne Furcht zu sein haben, dass sie den Herrscher ohne Scheu darauf hinweisen sollen, wenn er einen Fehler macht oder mutwillig das Wohl des Volkes vernachlässigt, und dass sie schließlich vor den Augen des Monarchen Selbstmord zu begehen haben, falls er sie nicht anhört. Er spricht voller Respekt und ohne Prahlerei darüber, als handelte es sich um ein unumstößliches Naturgesetz, dessen Berechtigung nicht infrage gestellt zu werden braucht, und ich zweifle nicht daran, dass sich das Ganze auch wirklich hunderte von Malen in seinem Lande so abgespielt hat.

Der Chinese ist in dunkelblaue Seide gekleidet, er hat schöne Augen – Augen, auf deren Grund eine kleine Flamme züngelt und aus deren Mitte heraus jemand einen zu betrachten scheint. Über diesen geheimnisvollen Bewohner des Augapfels ist in Indien viel geschrieben worden. Der Prinz sitzt neben mir in einem granatfarbenen Brokatgewand, an der Brust und den Enden der langen Ärmel guckt ein Unterkleid aus resedagelber Seide hervor. Ein blauer Farbton im Saum des granatfarbenen Kleidungsstückes vervollständigt die eigentümliche, aber harmonische Farbzusammenstellung. Wir trinken unzählbar viele Tassen tibetischen Tees und der Chinese erzählt uns vom »Ursprung der Welt«.

»Man darf nicht etwa glauben, ein Gott habe die Welt geschaffen, wie es die Europäer behaupten.« Wie viel Verachtung er in das Wort »die Europäer« hineinlegt! Jene Europäer haben zwar Kanonen, »denken jedoch wie Wilde«, so meint wenigstens Frau Wang-Ki-Tseng von der chinesischen Botschaft in Paris.

»Die Welt ist von selbst entstanden und sie vergeht und entsteht wieder von selbst. Eine Drehbewegung in der flüssigen Materie hat dazu geführt, dass sich diese verfestigt hat.« Ich muss an eine riesige Menge Mayonnaise denken! »Dann kam es im Inneren des zusammengepressten Materieballes zu einem Knall und die auseinander fliegenden Teile bildeten die verschiedenen Himmelskörper.«

Der Prinz, dessen Wissen nicht übermäßig umfangreich ist – oder genauer: der von allzu vielen Wissenschaften etwas mitbekommen hat (von denen in Oxford ebenso wie von denen der Zauberlamas), blickt mich fragend an und möchte wissen, was ich von der Mayonnaisetheorie der Sonnensysteme halte.

Mein lieber Alusch, du scheinst dringend meine Rückkehr zu wünschen.

Es kann natürlich keine Rede davon sein, dass ich, wie es mit einigen Europäern geschehen ist, im treibsandartigen religiösen Leben des Orients versinke. Ich kenne diesen Untergrund seit langem und habe gelernt, auf ihm zu gehen, ohne aus dem Gleichgewicht zu geraten. Es kann auch nicht von »rauschhafter Begeisterung«, wie du schreibst, die Rede sein, und das orangefarbene Gewand ist ganz einfach ein Schleier, den man – bei sehr klarem Verstand übrigens – zwischen sich selbst und den Abscheulichkeiten des Daseins aufspannt… Abscheulichkeiten, die in einem selber stecken. In Indien kennt man nicht unsere Form des Klosters, in das man sich einmauert und wo man vom Leben der übrigen Menschen völlig isoliert ist. Hier haben die Heiligen, die Denker, lediglich den – moralischen – Schutzwall aus einem Stoff mit besonderer Farbe erfunden; diese Farbe ist lebhaft und strahlt wie das Licht des Himmels, sie erinnert an Sonnenaufgang und blühende Gärten. Und das genügt. Es mag banal klingen, aber sind wir denn mehr als ewige Kinder? … Meine Pläne kennst du: Ich möchte die Orientalistik auf eine gelehrtere Art betreiben als in der Vergangenheit. Ich möchte schreiben, an der Sorbonne eine Vorlesung halten. Die Vorbereitungen dazu lassen sich hier, wo ich mich mitten unter den Vorkämpfern für eine Kirchenreform in Asien befinde, sehr gut treffen.

Ich bin nie auf den Gedanken gekommen, dass meine Pläne mich davon abhalten könnten, nach Hause zurückzukehren –

falls auch du kein Hindernis siehst. Was jedoch eine sofortige Rückkehr betrifft, so will ich dir nicht verhehlen, dass ich das für wenig wünschenswert hielte. Ach, weißt du, auch ich gerate manchmal ins Schwanken. Besonders wenn ich sehr erschöpft bin, kommt es mir vor, dass ich davon träume, wie wir beide auf dem Diwan im Wohnzimmer unseren Kaffee schlürfen. Ich führe ein Leben mit wenig Annehmlichkeiten, vor dem viele Leute zurückschrecken würden. Es gibt in Gangtok kein Gemüse mehr. Ich habe nur noch Kartoffeln und Reis … Sophies Küche ist weit! Und fast schon wie den Einsiedlern in der Wüste passiert es mir manchmal, dass ich mir einbilde, ein schmackhaftes Mahl vor mir zu sehen. Ich kann dir versichern, dass es ein hartes, arbeitsreiches Leben ist … Diese Reise ist vielleicht meine letzte. Soll ich sie unterbrechen … obwohl ich sie wahrscheinlich nie fortsetzen könnte? … Wenn ich weitermache, so bedeutet das ohne Zweifel erhebliche moralische wie materielle Opfer für dich.

Willst du sie bringen, kannst du das für die kleine, gelehrte Alte mit Brille, die du einmal in einem prophetischen Traum bereits vor dir gesehen hast, tun? Die Antwort darauf musst du finden.

Gangtok, 1. September 1912

Ich will dir von meinem Ausflug berichten, den ich in meinem letzten Brief angekündigt habe: Er ist in diesem Asien, das ich kenne und das mich kennt, wieder wie ein Traum. An einem sonnigen Morgen sind wir losgezogen: der Prinz, der Schuldirektor, ich, eine Art Kammerherr und ein Tross von etwa zwölf Leuten. Die Träger der zahlreichen Gepäckstücke und die Diener gehen vornweg.

Wir (das sind wir drei Hauptpersonen!) unterhalten uns unterwegs über Fragen der Religion, Philosophie, Soziologie, wirtschaftliche Probleme und über die Wissenschaften. Ihrem

Denken nach sind meine beiden Begleiter zwar von unserer Kultur weit entfernt, sie stehen jedoch in ihrer Mentalität hoch über den Engländern, die sich in diesem Lande aufhalten. Beide sind weder Gentlemen noch »Leute von Welt«, auch der kleine Prinz nicht. Es sind Tibeter, und die Lackschicht abendländischen Bildungsgutes ist bei ihnen so dünn, dass sie im Dschungel schnell wieder abblättert. Sie sind auch nicht genial veranlagt, aber doch imstande, in natürlicher Art und Weise über natürliche Dinge nachzudenken, und sie sind moralisch völlig unverdorben.

Der Weg ist lang, wir sind sechs Stunden ohne Rast unterwegs. Die Ankunft im Kloster ist köstlich. Noch eine halbe Meile von ihrer Wohnstätte entfernt, treffen wir bereits auf die Lamas, die uns entgegengekommen sind. Sie bilden eine lange Reihe granat- bis purpurfarbener Gewänder, die sich über einen Bergrücken schlängelt. Den höchst majestätischen Hintergrund bildet eine unvergleichliche Gebirgslandschaft. Zur Begrüßung Prostration und Weihrauch; anschließend setzen wir unseren Weg fort, angeführt von der Prozession aus roten Farbnuancen. Und da liegt auch schon, auf einem Gebirgskamm mit senkrechtem Einschnitt, das Kloster. Das weitläufige, elegante Gebäude wirkt in dem herrlichen Rahmen, der es umgibt, sehr beeindruckend. Der Prinz steigt von seinem Pferd auf einen viereckigen, teppichbedeckten Sockel; man wirft sich erneut vor ihm auf den Boden. Da ich nicht glaube, den Sockel gleichfalls in Anspruch nehmen zu dürfen, springe ich vom Pferd und betrachte hingerissen diese im Abendland unvorstellbare Szenerie. Ich halte mich so lange mit Staunen und Schauen auf, dass mir der Prinz schließlich lachend von der Türschwelle aus zuruft: »Was ist? Wollen Sie nicht kommen?« Ich eile ihm nach, und wir steigen eine breite, aber so steile Treppe hinauf, dass man sie nur mit einer Leiter vergleichen kann. Als wir oben angekommen sind, führt man uns zunächst in den oberen Tempel. Alle Klöster in Sikkim haben zwei übereinander liegende Altarräume. Ich schaue mir alles an, dann gehen wir wieder hinaus; der Prinz zeigt mir ein sehr großes Zimmer gegenüber der Tür zum Tempel und fragt mich, ob es mir zusage. Es gefällt mir ausgezeichnet, denn die Aussicht vom breiten Balkon ist herrlich. Nur ist in den Fenstern, die so groß wie vier normale Fenster sind, das anstelle von Scheiben eingespannte Papier zerrissen, und das hübsche Zimmer, das an einer Ecke des Gebäudes liegt, hat deshalb eine stärkere Frischluftzufuhr, als mir lieb sein kann. Es werden Tücher vorgehängt. Man sollte schon eine gesunde Lunge haben, wenn man den Himalaja bereist. Dann zeigt mir der Prinz sein Zimmer. Ich habe dir, glaube ich, schon gesagt, dass er Abt dieses Klosters ist. Er hat somit ein ständiges Gemach. Oh, es ist recht bescheiden. Auf einem Altar thront *Padmasambhawa* neben *Amitabha*; vor beiden Götterbildern brennt eine große silberne Lampe. Seitlich vom Altar stehen eine Art Sofa und ein Tisch, der den Lamas zum Abstellen der Kultgeräte dient. Mein allzu moderner Freund, der *Tulku*, hat ohne jede Ehrfurcht eine Klingel hinzugefügt, mit der er seine Diener ruft. Außerdem ist da noch ein Diwan, der als Bett dient, ein Tisch, zwei einigermaßen ramponierte Sessel und an der Wand sargförmige Truhen, in denen Geschirr, Wäsche und ein paar andere Sachen, die der Maharadscha-Abt stets hier im Kloster lässt, verstaut sind. Das Badezimmer … ist der Balkon; vor neugierigen Blicken, nicht aber vor Wind und Kälte, schützt es ein Tuch, und ich denke mit leichtem Schaudern daran, dass mich in meinem Zimmer, das auf der anderen Seite des Gebäudes liegt, aber ansonsten genau wie dieses ist, das gleiche Badezimmer erwartet.

Die Reise hat uns hungrig gemacht und der tibetische Tee sowie Speisen sind uns willkommen.

Anschließend besichtige ich den Tempel und man gewährt mir Zutritt zu einem dunklen Winkel, wo die Lamas ihre Zauberriten praktizieren. Dort finde ich auch die *Kali* der Hindus … Die Gute findet wirklich überall offene Türen!

Nach der langen Bergtour lässt die Müdigkeit nicht lange auf sich warten. An den vielen Dienern vorbei, die sich in den weiten Gängen zum Schlafen niedergelegt haben, kehre ich in mein Zimmer zurück. Ich lehne mich auf den Balkon. Der Mond erleuchtet eine ergreifende Landschaft aus Wolken und Bergen. Ich bin die erste Frau, die in diesem Kloster nächtigt.

Mein Zimmer mit seinen Fenstern aus Holzlatten und zerfetztem Papier könnte Teil einer Theaterkulisse sein. Man hat zwar hier und da ein paar Vorhänge aufgehängt, doch die feuchtkühle Nachtluft dringt trotzdem durch die vielen Öffnungen herein. Mein kleines Feldbett mit seinem niedrigen Moskitonetz fängt – so kommt es mir vor – in dem weiten Raum zu kreisen an. Auf dem Fußboden liegt ein großer blauer Teppich, den Tisch bedeckt ein herrliches Stück vollständig bestickter purpurner Seide. Der Mond dringt durch die klaffenden Spalten und hüllt die Dinge in ein blasses bläuliches Licht. Man muss sich zwicken, um ganz sicher zu sein, dass alles kein Traum ist.

Am nächsten Morgen predige ich im großen Tempel. Ich sitze auf einem Leopardenfell; vom Altar zum Portal hocken die roten Mönche in zwei langen Reihen, auf Teppiche gekauert; der Prinz-Abt sitzt mir auf seinem kirchenfürstlichen Thron gegenüber, und der Schuldirektor steht als Dolmetscher neben mir.

Am Nachmittag steigen wir wieder auf die Pferde, um uns zu einem anderen, noch höher im Gebirge gelegenen Kloster zu begeben. Es handelt sich um das alte Königskloster aus der Zeit, als Tumlong noch die Hauptstadt Sikkims war. Der Prinz zeigt mir, was einst die Stadt seiner Vorfahren war ... Es ist nur noch ein grünes Häufchen auf einer Bergkuppe ... Flüchtigkeit alles Irdischen! Eine Veranschaulichung der Lehre, die Derjenige verkündet hat, dessen Bildwerk hinter uns auf dem Altar steht.

Wir gehen auf dem Rückweg zu Fuß, da das Gelände zum Reiten zu abschüssig ist. Wie eine Schar Enten watet unsere Karawane durch die vielen Bäche, die unseren Weg kreuzen. Das ganze Gebiet ist dichter Dschungel, ein passender Aufenthaltsort für Einsiedler und Geister, die des eitlen Treibens in der Welt überdrüssig sind. Ich glaube kaum, dass meine tibetischen Begleiter den tiefen Eindruck, den Ort und Stunde auf meine überzivilisierte, verfeinerte Seele machen, nachempfinden könnten; allerdings ist der Prinz sehr ernst. Er hat hier acht Jahre seiner unglücklichen Kindheit mit einem Lama, seinem Erzieher, verbracht. Es ist dies die wenig romantische, eher alltägliche Geschichte eines Kindes, dessen Mutter gestorben ist und dessen Vater, der alsbald wieder geheiratet hat, seine ganze Fürsorge dem Sohn aus zweiter Ehe schenkt. Alles in meiner Umgebung wirkt »mittelalterlich«: der Prinz-Abt, die ländlich-prunkvolle Etikette dieses Kleinsthofstaates, diese Vermischung von Königlichem und Klösterlichem, das Gewimmel barfüßiger Diener mit wappenverzierter Haube … Es ist wie in einem Traum von einer sehr alten, sehr fernen Welt.

Kumar hat beschlossen am folgenden Tag nach Fensang weiterzuziehen und von dort aus nach Gangtok zurückzukehren. Der Weg ist weit und beschwerlich. Die Pferde können nicht mitgenommen werden, weil drei Flüsse auf Bambusbrücken überquert werden müssen, und das brächten wohl nur Zirkuspferde fertig. Und so ziehen wir denn über manchen schroffen Abhang. Wir befinden uns im unwegsamen Dschungel. Manchmal haben die Bauern Äste abgeschlagen und das Gras gemäht, um sich einen Weg zu bahnen; doch selbst dann müssen wir immerhin noch über Steine und Kräuter hinweg. Schließlich gelangen wir an den Fluss. Als der Schuldirektor die Mitte der Bambusstäbe erreicht hat, die die Brücke bilden, ruft der Prinz ihm noch zu, sie werde durchbrechen, doch da hat es den Unglücksraben – zur hellen Freude aller Übrigen – bereits erwischt. Obwohl ich beileibe keine Akrobatin bin, sind solche Brücken überhaupt kein Problem für mich. Ich gebe sogar dem Prinzen meinen Apparat, damit er mich knipsen kann, und verweile eine geraume Weile auf der Brücke. Ich hoffe, dass die Negative gut sind, und werde dir, sobald ich die Abzüge habe, ein paar von den Aufnahmen schicken.

Wenig später haben wir nichts mehr zu lachen. Wir müssen einen fast senkrechten Hang hinauf, und das ist enorm anstrengend. Als ich in Gangtok aufbrach, war ich schon ziemlich erschöpft. Jetzt aber pocht mein Herz und ich fühle mich trotz meines Tropenhelms einem Sonnenstich nahe. Der junge Maharadscha scheint kein Herz und keine Lunge zu haben, so unglaublich ausdauernd ist er. Der kleine Bursche klettert wie ein richtiger Bergsteiger – was er im Übrigen auch ist. Es stört mich ein wenig, dass ich so weit zurückbleibe, aber bei dieser Sonne und solcher Steigung bin ich seinem Tempo einfach nicht gewachsen. Mehrmals befeuchte ich mein Taschentuch und lege es zwischen Kopf und Helm. Nach etwa der Hälfte des Anstieges erreichen wir eine Hütte aus Zweigen. Bauern, die sich zur Begrüßung auf den Boden werfen, bieten uns das landesübliche Bier an. Diese Gabe bringt man uns noch öfters dar. Von Zeit zu Zeit tritt uns aus dem Dickicht irgendein Mann mit seinem Bierbehälter aus Bambus entgegen und streckt sich dreimal auf den Boden hin. Der Kammerherr reicht den Topf dem Prinzen, der ihn nicht anrührt, woraufhin der Mann mit seinem Behältnis wieder verschwindet. In diesem Fall handelt es sich um einen Empfang, den ein ganzes Dorf für uns vorbereitet hat – daher auch die Hütte aus Zweigen und Blattwerk. Wir lassen uns erfreut nieder und bitten um Wasser. Der Maharadscha streut eine Prise eines sehr bekannten englischen Produktes (»Enos' fruit salt«) hinein und bietet mir davon zu trinken an. Das Wasser beginnt zu sprudeln und schmeckt wie Mineralwasser aus Saint-Galmier … und da dieses Getränk angeblich wie ein Abführmittel wirkt, befürchte ich, dass mein Wasserkonsum nicht ohne Folgen bleiben wird.

Wir klettern kräftig weiter. Es ist elf Uhr morgens und die Sonne brennt gnadenlos auf uns hernieder. Während wir so marschieren, erklärt man mir, welche Essenzen sich aus den verschiedenen Baumsorten gewinnen lassen. Der kleine Maharadscha, der die Forstverwaltung leitet, kennt sich in Botanik und Landwirtschaft sehr gut aus. Ich meine hiermit keine

Buchgelehrsamkeit, sondern die Vertrautheit des Landbewohners mit jenen Pflanzen, mit denen er tagtäglich zu tun hat.

Die Mönche erwarten mich in einiger Entfernung von ihrem Kloster. Nach der Begrüßung geleiten sie mich zum Gebäude. Im ersten Stock, im oberen Tempel, finde ich den Prinzen, der sich, wie alle Asiaten barfüßig, auf dem Diwan niedergelassen hat.

Ich nehme auf einem anderen Diwan Platz. Während wir beide je einen winzigen Tisch vor uns stehen haben, sitzt der Direktor – ohne Tisch – nur auf einem Teppich. Man bringt uns einen Imbiss. Als Tischdecke dienen Bananenblätter, auch die Teller sind mit ähnlichen Blättern bedeckt. Wir essen Eier, gerösteten sowie frischen, getrockneten Mais, Feigen ... ich weiß, dass der Prinz herrliches Silberzeug und schönes Geschirr besitzt, doch vor diesen Bananenblättern scheint er sich ausgesprochen wohl zu fühlen. Er verschlingt den Mais und die Früchte wie ein einfacher Bauer. Ich muss daran denken, wie sehr sich doch die Völker Asiens von uns unterscheiden, und zwar trotz der äußeren Erscheinung derer, die eine abendländische Erziehung erhalten haben. Offen gesagt, ich hatte schon während meines gesamten bisherigen Aufenthaltes hier großes Interesse daran, diesen kleinen gelben Hof eingehender kennen zu lernen. Doch zurück zum Kloster. Die Lamas sind geschlossen angetreten, um ihre Huldigung sowie ... eine Schale mit mehreren Dutzend frischen Eiern, einer Flasche Milch und Butter darzubringen. Der Kammerherr hält während seiner Ansprache eine weiße Schleife in der Hand. Die ländlichen Gaben liegen auf dem Fußboden, die roten Lamas werfen sich dreimal mit dem Gesicht nach unten zur Erde. Die Stimme des Kammerherrn zittert vor Erregung, seine außergewöhnliche Ehrfurcht lähmt ihn geradezu. Auch die roten Mönche scheinen vor Sidkeong, dem *Tulku*, der im vollen Bewusstsein seiner Überlegenheit auf dem Diwan thront, zu erbeben. Ich zweifle nicht im Geringsten daran, dass sich alle ihrer Rolle bewusst sind und ihren Part ohne jede Verstellung spielen. Und doch werden schon einen Augenblick später, wenn die Zeremonie vorbei ist, Prinz, Kammerherr, Lamas, alle, wie sie hier beisammen sind, plaudern, lachen und, höchst ungezwungen, einander derbe tibetische Possen erzählen. Sie sind dann nur mehr eine Schar ausgelassener Barbaren. Ich selbst komme mir dann wie ein langbeiniger rosa Ibis vom Nil inmitten einer Schar junger Bären vor.

Das Kloster ist nicht groß, besitzt aber wahre Schätze in Form von alten Kirchenfahnen, Büchern und Gerätschaften unterschiedlichster Art. Nach der Mahlzeit gehe ich hinunter und schaue mir den Tempel im Erdgeschoss an. Die Standbilder, die ich dort vorfinde, sind sehr kunstvoll und so schön, dass man dem Götzendienst unversehens etwas weniger ablehnend gegenübersteht. Die anderen kommen wenig später nach, an ihrer Spitze der Prinz, der sich dreimal inbrünstig zu Boden wirft. Sein Glaube ist übrigens durchaus echt.

Ich besuche die Häuser einiger Lamas; als der Abend hereinbricht, nehmen wir auf dem Balken des Klosters Platz, und der Prinz lässt von Knaben den Tanz der Skelette aufführen. Jama, der Totengott, schickt zum Jahresende seine Sendboten auf die Erde. Du wirst bestimmt glauben, dieses freudlose Thema sei ein wenig unpassend. Der Lamaismus ist nun aber einmal eine Religion voll Schrecken und Grauen. Man jongliert mit Totenköpfen und es ist schlechthin nur von schauerlichen Dingen die Rede. Ganz im Gegensatz zu diesem Kennzeichen ihrer Religion sind die Tibeter selbst durchaus fröhlich. Während die Gerippe vor uns ihren Tanz vollführen, erzählen der Prinz und der Schuldirektor einander derbe Scherze à la Rabelais, ganz nach dem Geschmack unserer Urgroßväter: grobe Possen, die weder schlüpfrig noch sonst wie unanständig sind, mit denen man aber heutzutage bei uns allenfalls einen Bauern zum Lachen bringen könnte.

Als die Tänze beendet sind, blicke ich zu den Wolken auf, zu der herrlichen Natur, die uns hier umgibt. Die Berggipfel sind noch von Licht umsäumt, die Täler ruhen jedoch bereits im Dunkel der Nacht. Durch das Holzgitter hindurch, das uns vom Tempel trennt, kann ich die züngelnde Flamme der Lampe sehen, deren mystischer Lichtschein auf die große Buddhastatue fällt. Während die anderen mittlerweile auf Tibetisch plaudern, erlebe ich eine jener Stunden, die für den, der für so etwas empfänglich ist, von allerhöchstem Wert sind; eine Stunde, die man im Schrein seiner Erinnerungen an das Schönste aus Kunst oder Dichtung aufbewahrt, und ich fühle erneut, wie maßlos ich mich für so etwas begeistern kann.

Die Abendmahlzeit beschert uns wieder Bananenblätter und kleine Schalen voll verschiedener Gemüsesorten: geröstete junge Bambusspitzen, grüne Bohnen, Rührei usw., dazu eine große Schüssel voll Reis …

Als wir fertig sind, richtet der Maharadscha Kumar jene formelhafte Aufforderung an uns, die den Asiaten so vertraut ist und in Europa lediglich Befremden hervorrufen würde: »Unterhalten wir uns über Fragen der Religion!« Das uralte Denken Indiens, das in so vielen Seelen Vorstellungen von Unendlichkeit und Ewigkeit hat entstehen lassen, Träume von göttlicher Weisheit, von gelassenem, leicht verächtlichem Verzicht und ruhigem, skeptischem Lächeln – das uralte Denken der Buddhas ist jetzt spürbar gegenwärtig und nimmt uns in seinen Netzen friedlichen Behagens gefangen. Mystische Unvernunft, wirst du denken … ich nenne es Weisheit, doch was macht das schon. Es sind auf jeden Fall Augenblicke des Glücks, des Aufatmens inmitten der Sorgen und Kämpfe des täglichen Lebens … Die Schwelle zu etwas, das von unserem hässlichen Verständnis des Daseins gänzlich verschieden ist.

Die Lamas haben mir die herrlichen, vollständig bestickten Kleider aus Chinaseide, die bei den Tänzen getragen werden, als Kopfkissen gegeben, und die Diener rücken mein Sofa neben den Altar, sodass es schließlich dem Diwan des Prinzen gegenübersteht. Der Schullehrer darf als Laie nicht im Heiligtum schlafen; da er weder ein Diener des Maharadschas noch seinesgleichen ist, darf er sich in seiner Gegenwart auch sonst nur zur Prostration niederlegen. Er entfernt sich deshalb. Mein junger Boy lagert sich vor die Türöffnung – eine Tür selbst ist nicht vorhanden – und der Diener des Prinzen legt sich etwas weiter entfernt außerhalb des Raumes schlafen. Ehrlich gesagt, ich liege nicht sehr bequem: Meine Haarkämme drücken und auf meinen Beinen spüre ich Flöhe. Ich habe mir ein Taschentuch auf den Kopf gelegt, um mich vor Insektenstichen zu schützen. Meine Strümpfe sind von dem Schlamm, in dem ich gewatet bin, ganz steif geworden. Der Prinz und die Boys schlafen wahrscheinlich schon tief. Ich kann sie nicht sehen, denn neben dem Diwan steht das Tischchen, das als Wandschirm dient. Doch ich sehe den Mond, der zum Balkon hereintritt und die gedrungenen Pfeiler erleuchtet, auf deren abgewandte Seite die Altarlampe tanzende Schatten wirft. Vor der großen Statue mit jenem unendlich ruhigen, ein wenig matten Lächeln, mit dem man die Buddhas darstellt, stehen Vasen mit gelben Zinnien und großen Lilien, deren Duft den Tempel erfüllt. So legte sich einst im alten Griechenland im Allerheiligsten zu den Füßen der Götterbilder nieder, wer in den Kreis der Eingeweihten aufgenommen werden wollte … Welche Einweihung mir diese vor einem lamaistischen Altar verbrachte Himalajanacht wohl einbringen wird?

Gegen Morgen regnet es in Strömen. Um fünf Uhr reckt man sich und steht auf; die Glocken läuten. In Phodhang begann zu dieser morgendlichen Stunde immer die Musik des Götterkultes. Ich ziehe meine Kapuze über den Kopf und gehe hinaus: Es gibt hier keine hygienische Einrichtung und ich muss mir einen Busch suchen. Nachdem ich auf rutschigen und abschüssigen Wegen ein gutes Stück gegangen bin, kehre ich zurück und begebe mich vor dem Frühstück in ein kleines Zimmer, wo man ein wenig Wasser bereitgestellt hat. Ich reinige mich oberflächlich, an ein Bad ist nicht zu denken, denn niemals würde ich barfuß auf den mit Rattenkot übersäten Fußboden treten. Wir frühstücken. Der Regen lässt bald etwas nach und wir brechen auf. Als wir das Haus verlassen, bemerkt jemand, dass der Ärmel meiner Bluse voller Blut ist. Die Blutegel waren wieder einmal nicht untätig; im Augenblick bin ich sie zwar los, doch rinnt aus einem kleinen Loch am Ellbogen noch immer etwas Blut. Ich sehe aus, als käme ich aus einer Schlacht, und dieser Gedanke bringt uns alle zum Lachen. Der Regen hat die Sturzbäche anschwellen lassen und wir müssen sogar mehrmals ihr Bett zum Weg nehmen. Den Fluss überqueren wir auf einer Bambusbrücke, dann folgt eine grauenhafte Kletterpartie durch Steine und Wasser, das auf uns herabrieselt. Pausenlos reißt man sich die Blutegel vom Leib; einige ganz winzige jedoch haften an meinen Armen, ich kann sie nicht entfernen. Zum Glück wartet wiederholt ein Empfang auf uns: Stühle, die auf einem kleinen Podium stehen, Blätterdach, Tee, Obst, Mais, Bier, Eier. Das »Gefolge« Seiner Hoheit und mein Boy verschlingen so viel, dass es für eine ganze Woche reichen müsste.

Dorfbewohner tauchen auf, bringen Eier und Butter, werfen sich zu Boden. Der Kammerherr meldet sie dem Prinzen, der jedoch kein Wort zu ihnen sagt. Daraufhin nimmt ein Träger mit einem Tragkorb auf dem Rücken die Gaben, die nach Gangtok mitgenommen werden, in Empfang.

Zu guter Letzt stoßen wir gegen ein Uhr nachmittags wieder auf unsere Pferde, die man uns entgegengeführt hat. – Wir sind seit halb acht zu Fuß unterwegs gewesen. – Man muss sich einfach wundern, wie behänd diese Tiere klettern können. Manchmal stehen sie aufrecht wie im Zirkus. Nicht weniger erstaunlich ist, dass ich mich während dieser Übungen in hoher Schule so gut im Sattel halte und meinen Bukephalos in solchem Gelände zügeln kann! … Ist das nicht wirklich erstaunlich? Wo du mich doch eher als klägliche Amazone kennen gelernt hast!

Wir machen noch mehrmals Rast; einmal hat man für uns so etwas wie ein Nest vorbereitet, zu dem man über eine winzige Leiter hinaufgelangt, die eher für Hühner geeignet erscheint. Als ich dort eintreffe, sitzt der Prinz bereits auf einem kleinen, mit einem Leopardenfell ausgelegten Thron. Er ist sehr, sehr klein; in seiner kupferkesselbraunen und goldgelben Kleidung, mit seinen Schlitzaugen und der dunklen Haut sieht er in diesem Nest auf seinem kleinen Thron wie eine Märchenfigur aus. Das Ganze ist absurd, lächerlich – witzig, nett – oder was auch immer … ein solches Bild findet man jedenfalls nur unter den Illustrationen zu Tausendundeiner Nacht oder anderen fantastischen Geschichten. Ich stelle mir vor, es käme eine Fee oder ein Zauberer, die die ganze Szene verschwinden ließen, den Prinzen in einen Pilz und das Gefolge in Grashalme verwandelten oder aber, ich würde ganz einfach in Tunis in meinem rosa Bett aus einem Traum erwachen. Es kann einfach nicht sein, dass das, was ich hier sehe, wirklich ist. Doch während ich noch darüber nachdenke, bin ich bereits das Leiterchen hinaufgestiegen, lasse mich auf einem zweiten kleinen Thron nieder und esse, trinke und rede, als wäre ich ebenfalls ein Himalajaprinz mit dunkler Haut und prunkvollem Gewand. Aber ich bin in diesem Nest nur ein europäischer Kuckuck, der in marineblauem Kittel und mit Tropenhelm neben diesem Kolibri von Maharadscha sitzt.

Wir befinden uns bald wieder auf der Hauptverkehrsader, die man sich aber nicht als befahrbare Straße vorstellen darf, sondern schlicht als Weg, auf dem zwei Pferde aneinander vorbeikommen. Kurz nach dem Pass erreichen wir erneut eine Kapelle aus Laubwerk, diesmal freilich hat der Prinz selbst sie errichten lassen. Von einem Thron keine Spur; wir setzen uns auf eine Bank aus Kissen, über die Teppiche gelegt sind. Das Geschirr ist aus Porzellan, und man reicht uns nach englischem Vorbild zubereiteten Tee, Brot und Konfitüre.

Du glaubst wahrscheinlich, das wäre jetzt alles. Du wirst dich jedoch noch ein paar Zeilen gedulden müssen.

Der berühmte Lama, auf den man so lange gewartet hatte, ist eingetroffen. Wir haben uns gestern ausführlich unterhalten. Er verfügt über viel Buchgelehrsamkeit und wenig logisches Denkvermögen, dies zumindest ist mein erster Eindruck. Im Hinblick auf Fakten und Unterlagen kann ich natürlich viel von ihm lernen, werde allerdings auch länger als ursprünglich geplant hier bleiben müssen.

Hättest du je geglaubt, mein guter Alusch, dass meine Berühmtheit bis nach Tibet reicht? Ich habe es mit nicht geringem Erstaunen zur Kenntnis nehmen dürfen. Der Lama sagte zu mir: »In Tibet hörte ich davon, dass sich eine europäische Dame, eine sehr gelehrte Buddhistin, in Sikkim aufhält, und ich hatte gleich den Wunsch, mit Ihnen zusammenzutreffen.«

Ein Traum lässt mich nicht mehr los, etwas Unbekanntes zieht mich an, oder richtiger – denn ich weiß wohl, worum es sich handelt: das Ziel meines ganzen Lebens und vielleicht vieler anderer Leben. Alles, was ich sagen kann, ist Folgendes: Ich möchte meine Reise beenden und die Bücher schreiben, die mir vorschweben. Während ich dies niederschreibe, geht es etwas wirr in meinem Kopf zu, in dem so viele Gedanken chaotisch aufeinander stoßen. Ich hätte dich gerne hier, um dich umarmen zu können, mein großer Mouchy. Neulich sagtest du zu mir: »Ist der vierte August[13] ein glückliches oder ein verhängnisvolles Datum? …« Diese Frage muss an dich gerichtet werden, denn ich kann mich heute nur beglückwünschen, dass wir uns begegnet sind. Eine sonderbare Begegnung, die noch viel sonderbarere Ergebnisse zeitigen sollte …

Soll ich meine Reise fortsetzen? Ich schätze, dass ich dazu etwa 5000 Francs benötige. Willst du sie mir geben? Es ist eine beträchtliche Summe. Du kennst meinen Wunsch und ich frage dich einfach: Kannst du, willst du ihn mir erfüllen?

---

13 Der vierte August ist ihr Hochzeitstag.

Gangtok, 9. September 1912

In dieser Woche kann von Ausflügen oder Spritztouren durch Täler und auf Berge hinauf keine Rede mehr sein. Ich will eine Woche lang zu Hause Schreibarbeiten erledigen und Aufzeichnungen auswerten, die ich mir bei den Lamas gemacht habe … Das Ganze ist ein recht graues Alltagsgeschäft, von dessen Eintönigkeit nur jener Abend absticht, an dem die Hindus das Fest des Schri *Krischna* gefeiert haben, des großen Nationalhelden, der Inkarnation des *Wischnu.*

Es handelte sich um das Fest von Bal Gopal (*Krischna* als Kind), und Kindheit und Jugend dieses göttlichen Helden, der dann später so tiefe philosophische Reden halten sollte, waren wirklich ungewöhnlich bewegt. In Gangtok liegt ein Regiment der Marathen-Sepoy. Zu dem Fest, das sie anlässlich der religiösen Feierlichkeiten gaben, hatten sie einige Europäer eingeladen, und so kam es denn, dass ich die Geburt des Schri *Krischna* in einem Kasernenraum gefeiert habe.

Der Saal war übrigens dem Anlass entsprechend hergerichtet; Wände und Decken waren mit Stoffen, Seidentüchern, Glaskugeln und was weiß ich noch behängt! Es war sehr nett gemacht. Im Hintergrund war, hinduistischem Brauch entsprechend, der Altar für eine besondere Art von Pudscha errichtet (Pudscha bedeutet im Sanskrit Anbetung). Stell dir eine Louis-quinze-Sänfte vor, aber mit Fenstern an allen vier Seitenflächen und ohne Tragstangen. Dieses Gebilde ist aus Karton und mit vielen Darstellungen aus dem Leben des Schri *Krischna* sowie mit Blumen und Goldverzierungen geschmückt. Das kuppelförmige Dach ist ebenfalls mit Blumen und Goldschmuck versehen. Im Innern ist ein kleiner Pudscha-Korb, eins von jenen Stücken aus vergoldetem Kupfer, wie man sie auch in die Tempel schafft. (In Kalkutta haben mir Freunde einen geschenkt.) Im Korb liegt, unter Blumen verborgen, eine winzige Schri-*Krischna*-Statuette; vor dem Korb steht eine Lampe, die mit geschmolzener Butter gespeist wird. Korb und Götterbild werde ich allerdings erst später zu sehen bekommen.

Rings um den Altar stehen viele Lampen, Blumen usw. Die Soldaten haben sich so um diesen Schrein aufgestellt, dass ihre europäischen Gäste ihm nicht zu nahe kommen können.

Das eigentliche Fest besteht aus Tänzen. Um einen Kahn scharen sich der Besitzer, seine Frau, Fischer und ein Soldat in Frauenkleidern. Alles singt und tanzt, die Matrosen rudern, das Weibsstück vollführt gravitätische Bewegungen, und der Kahn – er wird von einem Mann dargestellt, der in den Aufbauten eines Schiffes steckt und damit umherläuft (so wie man sich bei bestimmten Spielen ein Pferd aus Pappkarton um die Hüften bindet) – der Kahn stampft und schlingert, wie man es sich nicht besser wünschen könnte.

Daran schließen sich andere Tänze an, die Begebenheiten aus der Jugend des Schri *Krischna* darstellen: *Krischna* in Brindaban, von schönen *Gopis* umgeben. Es sind dies recht unterhaltsame Geschichten, die ich jedoch der Engländerin, die neben mit sitzt und mich bittet, ihr das Ganze zu erklären, nicht erzählen kann. Ich muss deshalb dem Abenteuer einen etwas keuscheren Inhalt verleihen. Unsere Soldaten beschränken sich darauf, den ruhmreichen Helden inmitten von Schäfern und Schäferinnen (genau genommen sind es Kuhhirten beiderlei Geschlechts) zu zeigen, die um ihn herumtanzen. Selbstverständlich gehören auch die Schäferinnen dem starken Geschlecht an, aber einige tanzen so geschmeidig und anmutig, dass sie, ihren Gesichtszügen zum Trotz, wie richtige Frauen wirken.

Der ganze Abend wird damit verbracht, bei den verschiedenen Tänzen die farbigen Bänder, die von der Decke herabhängen, zu verknoten und wieder zu lösen. Als Begleitung Musik und Gesang.

Das Regiment, das sich (in Lotosposition) auf den Boden niedergekauert hat, freut sich unglaublich über dieses kindische Vergnügen. Welch gänzlich andere Mentalität herrscht da doch bei unseren Soldaten! Diese Marathen sind prächtige, hoch gewachsene Burschen mit Gazellenaugen. Während der verschiedenen Vergnügungen fallen mir unter denen, die am Altar stehen, einige auf, die ganz verzückt das kleine Götterbild anstarren … Wovon träumen sie wohl? Und ihr Priester versorgt unablässig die kleine Butterlampe.

Als die Darbietung beendet ist und die Gäste aufbrechen, bitte ich einen Eingeborenenoffizier um die Erlaubnis, an den Altar herantreten zu dürfen. Ich bin sicher, nicht aufdringlich zu wirken, denn ich bin in diesem Lande bereits ziemlich bekannt. Der Offizier zögert keinen Augenblick und führt mich in die Ecke des Raumes, wo der Altar im Lichte zahlreicher Lampen erstrahlt. Mit einer in hinduistischer Geschmeidigkeit ausgeführten Drehbewegung versperrt er jedoch dem Pseudodoktor, der Anstalten macht, mir zu folgen, den Weg. Seine Leute, die aufgestanden sind, haben im Nu einen Kreis gebildet, der diejenigen unter den unreinen Europäern, die etwa Neugierde anlocken könnte, zurückhalten würde. Ich betrachte die Bilder und nenne dem Offizier die Szenen, auf die sie sich beziehen. Und dann hebt er ganz vorsichtig die Blumen und eine Art Schleier hoch, der das kleine Götterbild, das ich vorher noch gar nicht gesehen hatte, verhüllt, und zeigt es mir. Das Ganze – der Sänftenaltar, der kleine Thron und das winzige Götterbild – sieht wie ein Spielzeug aus. Ja, es hat wirklich den Anschein, als hätten Kinder Spaß daran gefunden, eine Puppenkapelle aufzubauen. Doch statt von Kindern bin ich von Männern umgeben, die fast alle einen Kopf größer sind als du … und es berührt einen ganz eigentümlich, diesen statuenhaften Riesen dabei zuzuschauen, wie sie ihren kleinen *Krischna* anbeten. Nicht einer rührt sich, alle haben die Augen starr auf den Schrein und auf mich gerichtet. Nun ja, sie haben vor dem Altar getanzt, doch *Krischna* war ja in seiner Jugend ein toller Hecht, und eben seine großtuerischen Neckereien und seine galanten Heldentaten haben sie ja mimisch dargestellt. Auch dies gehört aus ihrer Sicht zur »Religion«. Ich bin der Ansicht, dass ich dem winzigen Schri *Krischna* einen Knicks schuldig bin, um für die Höflichkeit meiner Gastgeber und die besondere Gunst, die mir zuteil geworden ist, zu danken. Mir ist bewusst, dass die weißen Christen, die mir zusehen und auf mich warten, darüber empört sein werden. Doch sei's drum: Der kleine *Krischna* war ein betörendes Kind, dem niemand – so heißt es – widerstehen konnte, und er lächelt mich im Hochglanz des sorgfältig polierten Kupfers, aus dem sein kleines Bildwerk besteht, auch geradeso an. Und der große, ganz in Weiß gekleidete Priester schaut mich mit seinen Samtaugen an, und der große Offizier betrachtet mich mit aufmerksamer Miene, und alle den Altar umstehenden Soldaten scheinen zu warten … Ich bin in diesem wunderbaren Land Indien ein *Sadhu,* ein *Sannjasin*, und die *Sadhus*, die *Sannjasins* erheben ihre gefalteten Hände und verneigen sich vor allen Göttern, weil sie an keinen glauben und weil ihre transzendente Nachsicht für alle Versuche der Menschen, in irgendwelche Himmel zu gelangen, nur ein Lächeln übrig hat.

Ja, dem kleinen *Krischna* soll endgültig ein Hofknicks zuteil werden. Ein Ausdruck des Glücks, des Stolzes, der Dankbarkeit ist sofort über all die braunen Gesichter gehuscht, die mich umgeben. Ich glaube durchaus, einem ganzen Sepoyregiment eine kleine Freude bereitet zu haben. Und es kostete mich kaum etwas. Aber als ich mich umdrehe, sehe ich, dass meine Gastgeberin entsetzt ist und ihr Gatte recht zerknirscht dreinschaut. Was den Doktor angeht, so hat er zu viel Whisky getrunken, um noch eine Meinung zu haben.

Mein lieber Mouchy, es ist mir eine große Freude, mit dir zu plaudern, ich habe es dir schon so oft gesagt; es ist mir eine große Freude, deine Briefe zu lesen, aber du plauderst leider wenig ausführlich! Sehr groß und sehr stark ist, wer die völlige Einsamkeit, die totale Isolierung des Geistes und des Herzens hinnimmt und sich dabei wohl fühlt. Er ist, so sagt man hier, wo die Abwehr jeglicher Schwäche als ideale Geisteshaltung gilt, sogar mehr als die Götter. Ich selbst gebe zu, dass ich mir noch zwischen Blumen die Zeit vertreibe … Und erlaube mir, sehr werter Freund, dir zu sagen, dass du jene Größte bist, deren Stiel genau im Mittelpunkt des Blumengartens steht. Wer hat dir wohl jemals ein so orientalisch anmutendes Kompliment gemacht?

Gangtok, 16. September 1912

Am Abend: Ich komme gerade vom Doktor. Ich schuldete seiner Frau noch einen Besuch, und da alle beide in Kürze einen Monat in Dardschiling verbringen, ließ sich dieser Abschiedsbesuch schwerlich umgehen. Ich kenne nichts Niederschmetternderes als eine solche Pflichtübung. Das Ganze ist höchst unangenehm. Zwischen diesen Leuten und einem selbst schwebt so etwas wie eine Wolke, ein fast schon sichtbarer Nebelschleier. Sie wirken ebenso unwirklich und ohne tatsächlichen Bezug zu einem selbst wie die Personen in einem Film. Und anschließend macht man sich dann auf den Heimweg, wie ich es heute Abend getan habe, lässt sein Pferd Pfade entlangtrotten, auf die sich langsam der Abendnebel herabsenkt, und betrachtet die karge Kulisse bläulicher Berge, über die gemächlich die Wolkenbänke hinwegziehen. Man denkt über etwas so Befremdliches wie das Dasein der Lebewesen nach, über den Stumpfsinn all jener Marionettengehirne, über ihre unverbesserliche schwachsinnige Boshaftigkeit. In einer Stunde wie dieser suchen die Gläubigen an den Altären ihrer Götter eine Antwort und neuen Mut: die Kraft, die sie wieder aufrichtet, oder den Trank, der ihnen den Schlaf bringt … Ich bewundere diese *Sannjasins*, diese *Yogis* ohne Einschränkung; sie haben mit den Kindergartenspielen gebrochen und sind mit ihrem verwegenen – du würdest sagen: stolzen – Denken allein.

Einer von ihnen hat – ich wage nicht zu sagen »Zuneigung« zu mir gefasst, denn das Wort ist im Hinblick auf diese Wesen ohne Sinn – mich freundlich aufgenommen, so möchte ich es nennen, und mir sein Vertrauen geschenkt. Er hat sich zum Meditieren in eine Höhle zurückgezogen, die in dem dürren Gebirge an der tibetischen Grenze liegt; von dort, wo er, allein und durch die Schneemassen vom Rest der Welt abgeschnitten, den Winter verbringen wird, hat er mir gerade einen langen Brief geschrieben. Es ist dies eine seltene Gunstbezeigung, und ich hoffe, mit seiner Hilfe weiter in die Lehren der mystischen tantrischen Sekten einzudringen, die Fremden so schwer zugänglich sind. In diesem Brief werden Streiflichter auf ungemein hohe Theorien geworfen, und die Ratschläge, die er mir gibt, sind in einigermaßen herablassendem Ton gehalten.

Gangtok, 22. September 1912

Du sagst, alles erscheine dir kalt und traurig. Oh, mein armer, großer, lieber Freund, ich war ganz bewegt, dich das so traurig sagen zu hören … Weise sind diejenigen, die begriffen haben, dass sich aus dem, was gemeinhin Leben genannt wird, nur Kälte und Traurigkeit gewinnen lässt, und die sich in ihrem Denken auf die Suche nach etwas anderem begeben haben … nach etwas anderem jenseits von Kälte und Wärme, Lachen und Weinen. Sie haben es gefunden. Warum sollten andere, warum sollten wir es nicht finden?

Wirkliche Gefährten sind die Bäume, die Grashalme, die Sonnenstrahlen, die Wolken, die in der Abend- oder Morgendämmerung am Himmel ziehen, das Meer, die Gebirge. In diesen Dingen strömt das Leben, das wirkliche Leben, und man ist nie allein, wenn man es zu sehen und zu fühlen versteht. Mein sehr lieber Kleiner, ich bin als eine Wilde, als eine Einsiedlerin geboren, und diese Veranlagung ist in all den Jahren, die ich gelebt habe, immer stärker geworden. Ich verdanke ihr Freuden, die ich ohne sie niemals kennen gelernt hätte.

Alles kommt einem kalt und traurig vor, wenn man von den Menschen erwartet, dass sie einen wärmen, stützen und die Last des Elends, das jeder Existenz innewohnt, mit tragen helfen. Nicht einer unter ihnen kümmert sich darum, nicht einer wäre dazu tatsächlich imstande. In sich selbst muss man die Flamme nähren, die einen wärmt, auf sich selbst muss man sich stützen können.

Ich fürchte, am nächsten Posttag befinde ich mich auf den hohen Gipfeln, die dem Gaurisankar gegenüberliegen, falls sich der Koloss nicht gerade in Wolken hüllt. Ich werde also erneut klettern; da ich jedoch diesmal nicht ganz 4000 m Höhe erreichen werde, fehlt mir ein wenig die Begeisterung. Ich gebe zu, es ist mir etwas weh ums Herz bei dem Gedanken, diese Schwelle Tibets zu verlassen … Dieses eigentümliche, öde Land übte eine starke Anziehung auf mich aus. Ich habe dort droben, auf der Straße nach Khampa Dsong, ein Stück meiner selbst zurückgelassen. Jetzt werde ich wieder in die indische Ebene hinabsteigen und dann bald durch die ganze Breite des Himalajas von jenem Land getrennt sein, das ich nur zu gerne durchstreift hätte. So aber bleibt mir nur das Bedauern darüber, dass ich die bloße Möglichkeit einer solchen Reise mir vorzustellen nicht gewagt habe, dass ich sie nicht vorbereitet habe. Nur wenig wäre dazu nötig gewesen; von der persönlichen Befriedigung ganz abgesehen wäre es eine nicht alltägliche Glanzleistung gewesen, denn nur wenige haben sich im »Lande des Schnees« bisher umgetan. Hier ist Gelassenheit wirklich vonnöten! … Wenn ich in Kalkutta ankomme, werde ich wissen, ob ich in Sachen Weisheit Fortschritte gemacht habe und ob diese Monate der Meditation im Lande der *Dewas* und der Weisen etwas genützt haben.

Pemionchi, 5. Oktober 1912

Ich bin soeben in Pemionchi eingetroffen. Gangtok habe ich vor drei Tagen verlassen. Mein malerischer Aufenthalt in Sikkim ist damit beendet; in wenigen Tagen werde ich wieder den Spielzeugzug besteigen, der mich aus der indischen Ebene bis zu den ersten Himalajagipfeln hinaufbefördert hat. Diesmal wird es bergab gehen … Das Land, das ich jetzt verlasse, hat mich in jeder Hinsicht in seinen Bann gezogen, sowohl der großartigen Landschaft als auch der orientalistischen Studien wegen, die ich hier betrieben habe und jahrelang hätte fortsetzen können. Ich muss hinzufügen, dass ich nicht als Tourist hier geweilt habe und dass meine freundschaftlichen Beziehungen zum örtlichen »Hofe« diesem Aufenthalt einen malerischen Charakter verliehen haben, den er sonst nicht gehabt hätte.

Das Wetter war leider sehr ungünstig. Wir haben Gangtok in einem Wolkenbruch zurückgelassen. An jenem Abend haben wir in Kweuzin übernachtet.

Als wir Gangtok verließen, sagte der Prinz zu mir: »Ich habe aus dem Norden Tibets einen *Yogi* mitgebracht, der sich nach Pemionchi begibt.« Es ist dies ein Lama so recht in der Art der Zauberer-Hexer-Totenbeschwörer, deren Geschichten in ganz Tibet bekannt sind. Er reist mit seinen Zaubergeräten, einer kleinen Trommel, einer Glocke, einem *Dordsche* und einem menschlichen Schienbein, das als Trompete dient… Fast hätte ich eine Schachtel mit Bildern des *Padmasambhawa* sowie anderer Gottheiten unerwähnt gelassen. Der Mann ist meistens sehr lustig, seine Vergnügtheit nimmt allerdings bisweilen den Ausdruck eines beunruhigenden Wahnsinns an, was wiederum in Anbetracht seiner besonderen Form der Meditation nicht überraschen kann, die ich dir jedoch nicht beschreiben will, weil es dich kaum interessieren würde. Du kannst mir glauben, dass es gewiss nichts Alltägliches ist, hinter dieser wundersamen Person einherzuziehen, die ihre Trommel und ihren Altarkasten auf dem Rücken trägt – ich sollte sogar, zu meiner großen Bestürzung, sagen, dass der Altarkasten, der große *Padmasambhawa* und die übrigen Gottheiten ganz unten auf dem Rücken ruhen … auf einem Körperteil, den wir für nicht sehr ehrenvoll halten. Wenn wir abends den Bungalow erreicht und gegessen haben, plaudern wir über Philosophie. Dieser urtümliche Einsiedler mit seinem Hexerkram und seinem am Gürtel getragenen Schienbein hat geistreiche Bemerkungen parat, die die unserer öffentlichen Einrichtung Bergson bei weitem übertreffen. Wie du dir denken kannst, mache ich mir Notizen davon.

In Kweuzin lässt Hoheit einen weiteren *Yogi* zu sich kommen, der diesmal aus Osttibet stammt. Dank dieser Verstärkung werden die Diskussionen länger und zahlreicher. Dabei bietet sich folgendes Bild: Seine Hoheit sitzt in Lotosposition auf das Bett gekauert. Ich bemerkte, dass er unter dem langen, blau gefütterten tibetischen Oberrock aus Resedaseide eine grellrosa Flanellhose trägt. Ich selbst sitze auf einem Faltstuhl aus Stoff, wie man sie auf Schiffen benutzt, und trage wie immer mein gelbes Gewand. In Lotosposition sitzen auf dem Boden einer der *Yogis*, dunkelgranatfarben gekleidet, mit einem Stück Teppich unter dem Hinterteil, sowie der andere *Yogi*, in langem gelbem Gewand mit Ärmeln und einem granatfarbenen Band; er hat nur eine Matte. Der Schullehrer schließlich, in ebenfalls granatfarbenem tibetischem Laiengewand … verfügt über gar nichts und sitzt unmittelbar auf dem Teppich des Zimmers. Auf dem Tisch stehen zwei Kerzen, eine in einem Windlicht, die andere in einem Leuchter … Dort liegt auch eine Zitrone, in die man Weihrauchstangen gesteckt hat, die mit ihrem Duft einen Hauch von Mystik verbreiten.

Das Gespräch ist angeregt und die *Yogis* werden lebhafter. Im Feuer des Redegefechtes und wohl auch, um sich besser zu verständigen, neigen sie sich einander entgegen, bis sie flach auf dem Teppich liegen. Ich fühle mich irgendwie an die auf den Wegen kriechenden Blutegel erinnert.

Auf dem Wege nach Pemionchi hat der Maharadscha Kumar dann auch den zweiten *Yogi* in sein Gefolge eingereiht. Als es im Schlamm bergab ging – nur ich war zu Pferde –, rafften die beiden Anachoreten ihre Gewänder so hoch, dass ich jeden Augenblick darauf gefasst war, zu sehen … worauf der große *Padmasambhawa* ruhte. Es kam jedoch nicht dazu.

In Pemionchi ertönten zu unserer Ankunft Glöckchen und Becken, deren Klang bereits vier Kilometer vor der Ortschaft an unser Ohr drang.

Rinchingpon, 10. Oktober 1912

Von Pemionchi ging es nach Dentam; unterwegs hielten wir am Kloster von Sangachelli an, wohin Kumar vier Einsiedler beordert hatte, die dort in den Wäldern leben. Also, malerisch anzuschauen waren sie mit ihren unwahrscheinlichen Mähnen gewiss! Der obere Tempel, wo wir plaudern und uns ausruhen und wo der Prinz für den Augenblick seinen »Hof« eingerichtet hat, wäre für eine Engländerin und sogar für andere entsetzlich »shocking«. Man sieht dort, auf dem Altar, einen blauen Herrn mit einer weißen Dame und einen anderen, roten Herrn mit einer anderen, fleischfarbenen Dame, die eindeutige Dinge treiben. Das alles ist hier ein Symbol. Als ich mir die Fresken im unteren Tempel anschaute, sah ich darauf Leute, die sich so vergnügten wie auf den Fresken des der Venus geweihten Hauses in Pompeji. Ich kann dir jedoch versichern, dass so etwas hier überhaupt keine ausschweifende Fröhlichkeit bewirkt. Wenn das Bild auch in eher naiver Art gemalt ist, so überkommt einen doch ein Schauder beim Anblick dieser Wesen, die sich, von der Natur zur Fortpflanzung getrieben, redlich abmühen, während eine schreckliche Gottheit, die eine Halskette aus Totenköpfen trägt, bereits einen Fuß auf ihre Leiber gesetzt hat.

Diese auf Leben zielende Anstrengung, die der Tod verspottet; diese Wollust winziger Lebewesen, über die riesige Götter der Vernichtung herrschen … Man verharrt vor der Wand, ganz ergriffen von den Gedanken und Betrachtungen, die sie heraufbeschwört. Man muss schon ein schwachköpfiger Tourist sein, um darauf zu verfallen, hier von Anstößigkeit zu sprechen.

Droben stoßen wir auf Nebel und einen Bungalow, der gerade instand gesetzt wird; wir warten fast fünf Stunden auf unser Gepäck und wärmen uns am Kamin die Füße. Die Nacht ist feucht und eiskalt, in meinen Fenstern sind keine Scheiben, ich kauere mich unter meinen Decken zusammen und schlafe nur wenig. Der Morgen ist verheerend! Es regnet … ein paarmal klärt es sich etwas auf, und wir genießen die außergewöhnlichste Wolkenlandschaft – wir sehen sie von oben! –, die man sich nur vorstellen kann … Aber die verschneiten Gipfel bleiben unsichtbar. Auf Felsen sitzend halten der Prinz und ich eine Morgenmeditation. Wir sind sehr weit, vielleicht hundert Meter, voneinander entfernt und ähneln bestimmt zwei melancholischen Vögeln auf ihrem Horst. Diese Melancholie ist übrigens nur Schein. Über diesen Gipfeln herrscht eine so grenzenlose Gelassenheit, ein so erhabener Friede und in meinen Gedanken so viel – ebenfalls friedliche – Philosophie, dass die Enttäuschung über die Wolken, die mir den heiligen *Meru*, den Sitz der Götter, verbergen, verfliegt, sich in der Glückseligkeit dieser Stunden verflüchtigt …

Wir brechen auf; während des Abstiegs gehen zahlreiche Regengüsse auf uns hernieder. Die Leute im Gefolge haben sich dürre Stiele einer Art Riesenlilie abgeschnitten und blasen hinein. Es klingt ähnlich wie die von Lakaien auf den Vierspännern, bei der Rückkehr vom Rennen, geblasenen Trompeten. Und plötzlich muss ich an die Allee im Bois denken, an die Champs-Elysées am Abend des Großen Preises von Longchamp.

Schließlich der letzte Tag, an dem wir noch einmal inmitten von Musik und – ebenfalls zum letzten Mal – Weihrauch über einen Berghang zum Kloster hinaufklettern. Leicht bewegt sage ich all den lamaistischen Utensilien, die mir so vertraut geworden sind, Lebewohl. Da wir spät aufgebrochen sind und von den 34 km Wegstrecke zwanzig steil bergauf führen, überrascht uns die Nacht kurz nachdem wir auf einem Teefeld gevespert haben. Wir sind in einem Wald, doch wohin wir gehen, weiß ich nicht. Ich kann nichts sehen, nicht einmal Kumars Schimmel, der indes so dicht vor meinem Pferd geht, dass die beiden Tiere sich berühren. Der Prinz singt einen Hymnus, den *Milarepa* zu Ehren seines *Gurus* oder geistigen Lehrers verfasst hat. Es ist ein gleichförmiger, etwas dumpfer rezitativartiger Gesang, dessen einzelne Abschnitte in einem Gemurmel von Silben enden, die scheinbar ihrer Belanglosigkeit entsprechend artikuliert werden. Ich weiß jedoch, was diese Worte bedeuten:

»Oh, mein trefflicher Guru, ich sehe dich auf dem Lotos sitzen, der mitten in meinem Herzen ist.«

Der Schullehrer stimmt in den Gesang mit ein und denkt dabei vielleicht an seinen alten Lehrmeister, der ihn an der Grenze zu Bhutan in den *Tantrismus* eingeweiht hat. In wohlige Sorglosigkeit nicht weniger als in die Dunkelheit eingehüllt, ziehen wir dahin ... Schließlich erreichen wir zwei Hütten. Diener wickeln Bananenblätter um das Ende eines Bambusstockes und tränken sie mit Petroleum. Jetzt haben wir Fackeln, die man nacheinander anzünden kann.

Wir sind oben angelangt. Die erste elektrische Lampe taucht auf ... jetzt ist es also vorbei! Wir folgen einer breiten Straße, die ins Zentrum von Dardschiling führt. Nach einer weiteren Meile stoßen wir auf Hotels, sehen Villen, deren Fenster in der Dunkelheit leuchten. Unsere ganze Prozession, der Kolibriprinz und seine Tibeter, alle sind plötzlich verändert; die malerische Fröhlichkeit, die diese Leute im Dschungel umgibt, ist schlagartig verschwunden. Auf der breiten Ausfallstraße mit ihren elektrischen Lampen sehen sie etwas erbärmlich aus, wie armselige Karnevalsmasken. Keiner singt mehr die Psalmen des Dichter-Asketen *Milarepa*, die Flöten beschwören uns nicht mehr das heidnische Griechenland herauf ... Mit einem Schlag sind Götter, Geister und Seelen des Schneelandes aufgeschreckt davongeflogen, haben kehrtgemacht in Richtung Sikkim ... Ich fühle mich gar nicht mehr so wohl inmitten dieser Reisegefährten, die einer anderen Rasse angehören ... Die Zivilisation erinnert mich daran, dass ich einer »anderen Art«, wie die Engländer vermeinen, zugehöre ... einer »höheren Art« ...

Es kommt mir vor, als beträte ich eine mir unbekannte Welt, als hätte ich in dem halben Jahr der Zurückgezogenheit das Leben vergessen. Es ist ein unangenehmer, abrupter Wechsel; eher noch schmerzhaft als unangenehm, als ob ich aus einem Paradies in eine niedrigere Weltenstufe gestürzt wäre. Im Hotel hat man mir ein Zimmer reserviert, das mir sehr zusagt und das ich mit den Augen eines Bauern, der zum ersten Mal sein Dorf verlassen hat, betrachte. Ich hatte mich an die kahlen Bungalowräume gewöhnt, an einen Zustand des Mangels und der Kargheit … Weißt du, am liebsten würde ich einfach drauflosweinen … Zwar weine ich dann doch nicht, nur: Wie hässlich kommt mir alles vor, nachdem ich den Dschungel erlebt habe, wo farbenprächtige Schmetterlinge flattern und wie elektrische Lampen, die in der Dunkelheit tanzen, lebendig sind!

Mein armer Freund, diese Monate zurückgezogenen Meditierens haben – soll ich leider oder umso besser sagen? – meine angeborene Wildheit, meine Abneigung gegen die Welt erheblich verstärkt.

Kathmandu/Nepal, 23. November 1912

Bei Mondschein hielt ich vorgestern in einem Wagen des Hofes Einzug in Kathmandu; da mein Gepäck noch längst nicht eingetroffen war, schlief ich in einem Nachthemd der Frau des Regierungsvertreters.

Ich verließ Gaja und übernachtete in Bankipur. Der »commissioner«, eine Art Präfekt, hatte mir einen Raum im Bungalow zurechtmachen lassen und bedauerte es sehr, dass er mich der Schicklichkeit wegen (er ist Junggeselle) nicht bei sich zu Hause unterbringen konnte.

24. November 1912

In Raxaul, der Eisenbahnstation, traf ich das Personal des Bungalows der Regierungsvertretung. Mir blieb nichts weiter übrig, als mich in alles Folgende »dreinzuschicken«: Erfahrene Männer geben den Kulis Anweisungen, meine fünfzehn Kulis werden weggeschickt, und ich selbst werde von vier Trägern auf einem Bettgestell, das mit einem Dach und dicken roten Vorhängen versehen ist, fortgeschafft.

Im Bungalow ist bereits der Tee serviert, ein Bad erwartet mich und das Abendessen kocht … Am nächsten Morgen ist vor Tagesanbruch Wecken, die Träger werden unter den wachsamen Augen des Soldaten-Polizisten, der mich eskortieren wird, beladen. Im rötlichen Morgenlicht brechen wir in Richtung auf die fern im Norden gelegenen Gipfel auf. Die erste Etappe ist recht lang, etwa 60 km ohne Zwischenstationen, und dieselben Kulis legen die gesamte Strecke zurück, fast ständig in leichtem Trab. Wir kommen zunächst über eine lange, abscheulich staubige Straße. Mein »Bett« hat kaum 40 cm Bodenfreiheit und ich muss die Staubwolken einatmen, die die Füße der Träger aufwirbeln. Die eintönige indische Ebene findet hier ihre Fortsetzung. Ich liege auf meinem Bett, denn das viel zu niedrige Dach hindert mich daran, mich aufrecht hinzusetzen. Wir nehmen an, dass wir gegen zehn oder elf Uhr abends den Bungalow erreichen, in dem ich schlafen werde. Bis dahin werden noch einige friedliche und etwas einschläfernde Stunden vergehen. Die Träger singen leise vor sich hin: »He, He! – oh, oh! – ei, ei! – hum, hum! ghoo go! hum, hum! – haifa – hum hum!« (Für die Richtigkeit der Schreibung möchte ich nicht unbedingt garantieren!) Es hat den Anschein, als bedeute es etwa: »Vorwärts, gehn wir …« Doch Rhythmus und Melodie ähneln in ganz eigentümlicher Weise der Litanei unserer Araber, wenn sie einen Toten wegtragen. So komme ich mir denn, von Kopf bis Fuß in ein langes Tuch aus gewöhnlichem orangesafrangelbem Musselin eingewickelt, das mir als Staubschutz dient, wie ein tunesischer Leichnam vor, der gerade zum Friedhof unterwegs ist. Der Gedanke erheitert mich, und ich muss lachen, als ich bemerke, dass ein Blumenstrauß, den mir der Gärtner der Regierungsvertretung bei der Abreise geschenkt hat und der jetzt auf meinem Staubschutz-Leichentuch liegt, das Bild noch vervollständigt.

Am Nachmittag erreichen wir das berüchtigte »Terai«, das Land des Fiebers und der Tiger. Ich schlucke vorbeugend etwas Chinin und gebe auch meinem Boy ein wenig. Was die Tiger angeht, so sei erwähnt, dass unsere Karawane aus zwanzig Leuten besteht, beinahe Vollmond herrscht und ich deshalb stark daran zweifle, dass wir in dieser Nacht auch nur den Schatten des Schwanzes einer Raubkatze zu sehen bekommen. Außerdem verschonen die wilden Tiere dem Hinduglauben zufolge die *Sadhus.* Meine Träger, die fest in diesem Aberglauben verwurzelt sind, wären wahrscheinlich angesichts meines Gewandes in der Farbe der Morgenröte sehr tapfer, und ich selbst sähe mich traditionsgemäß genötigt, ihnen voranzugehen, um mit dem nächtlichen Beutegänger zu »sprechen« … Ich würde es zweifellos auch tun … denn der nutzlose und gefährliche Versuch zu fliehen wäre in diesem Dschungel, der einen überall an uralte Epen erinnert, feige und unästhetisch … außerdem wäre es in diesem Land, das die Heimat des Buddha ist, egoistisch … und dann – wer weiß? – glaube ich vielleicht selbst ein wenig an die Überlieferung und hätte kaum Angst … oder wäre sogar völlig furchtlos, denn dieses Land wirkt so stark auf einen, dass die Mentalität unbekümmerter Kühnheit langsam auf einen abfärbt. Ich döse ein wenig vor mich hin, eingeschläfert durch mein schaukelndes Gefährt und den Singsang der Träger. Die Nacht bricht herein. Kilometerweit führt der Weg durch ein Flussbett. Es ist dies eine recht wirtschaftliche Methode, die man der tunesischen Straßenbaubehörde nur empfehlen könnte. Wir winden uns mühsam zwischen riesigen Gesteinsblöcken hindurch, die die seltenen, aber reißenden Wassermassen dorthin gerollt haben. Da sich der Weg in einem solchen Fall vollständig verflüssigt, muss der Reisende natürlich eine Zeit lang warten. In eine dicke Decke gehüllt schlafe ich ein, die Vorhänge meines Palankin-Bettes sind fast ganz heruntergelassen. Die Nacht ist sehr kalt. Ein im Chor wiederholter Schrei weckt mich auf. Wir befinden uns vor einer Art Klippe, die ganz von Pflanzen überwuchert ist und mir wie die Ruine eines Palastes mit Torbögen und leeren Fenstern vorkommt… gleichsam eine Vision, die in einem kurzen Augenblick des Wachseins an mir vorüberzieht. Und dann kommen wir erneut an eine gestrüppreiche Schlucht, an ein anderes Flussbett und sind noch immer nicht am Ziel. Doch nun geht es einen steilen Abhang hinauf. Mit den Beinen nach oben und dem Kopf zuunterst werde ich eine Weile kräftig geschaukelt, danach setzt man mich wieder ab. Der Mond ist fast schon untergegangen, doch der Bungalow ist erreicht; an der Seite einer engen Schlucht gelegen, bietet er einen wenig verlockenden Anblick. Ein passender Ort für Räubergeschichten. Man wird heute »im Geiste« zu Nacht essen; du kannst dir vorstellen, dass man zu dieser Stunde nur ans Schlafen denkt.

Kathmandu/Nepal, 1. Dezember 1912

Seit einigen Tagen habe ich nun mein Quartier in dem kleinen Bungalow, der in der äußersten Ecke des Gartens der Regierungsvertretung steht. Der Resident ist mit seinen Leuten in den Dschungel gezogen; dort haben sie damit begonnen, die Tiere abzuschlachten. Meine Wohnstätte wäre recht bequem, wäre da nicht der einzige, eigens meinetwegen gebaute Kamin, der schrecklich qualmt. So habe ich nur die Wahl, zu ersticken oder zu erfrieren. Tagsüber scheint die Sonne so warm, dass man, dick angezogen, auf das Feuer verzichten kann; abends und am frühen Morgen jedoch ist es schlecht, und ich bin bereits wieder stark erkältet. Der Maharadscha hat mir einen Offizier und einen Schullehrer zur Verfügung gestellt, die zwar die Augen weit aufreißen, wenn die *Pandite* reden, aber der Diskussion selbstverständlich nicht zu folgen vermögen. Der Führer, den man mir ebenfalls zur Verfügung gestellt und als intelligenten Jungen präsentiert hat und von dem ich mir auch wirklich Hilfe versprach, da er der Sohn eines Lamas ist, hat sich als kleiner Dummkopf erwiesen, der mir nicht die geringste Auskunft über Sehenswürdigkeiten oder was auch sonst immer geben kann. Der Maharadscha selbst schließlich ist sehr liebenswürdig, sehr zuvorkommend; er versteht jedoch nichts von meinen Forschungen, ja er kennt nicht einmal die Namen der heiligen Bücher seiner Religion. Er ist … koste das Exotische und Paradoxe daran nur richtig aus – er ist Spiritist! Die letzten, post mortem erfolgten Botschaften des Mr. Stead interessieren ihn unendlich viel mehr als das Wissen um das allerhöchste *Brahman.* Außerdem wird in diesem Fall – aller Höflichkeit, die man dem Ausländer erweist, zum Trotz – ein doppeltes, d. h. patriotisch und religiös motiviertes, Misstrauen spürbar. Dieses kleine Land, das sich einen Anschein von Unabhängigkeit bewahren konnte und 40 000 Mann in Kriegsbereitschaft hält – dazu noch etwa 50 000 Reservisten –, ist überängstlich angesichts eines Indiens, das erobert ist, und eines Tibets, in dem der britische Einfluss rasch zunimmt. Ein Europäer – jeder Europäer – ist verdächtig, und die Leibwächter, die man ihm gibt, sind zugleich Spione, die ihn überwachen. Die Leute der britischen Regierungsvertretung tun sogar innerhalb der Stadt nicht einen Schritt, ohne dass ihnen ein »Mukhia«, so etwas wie ein nepalesischer »special agent«, das Geleit gibt, der sich nützlich macht, indem er einem Respekt verschafft und den Pöbel vom Leibe hält, einen aber zur gleichen Zeit eben auch überwacht. Ich habe selbstverständlich ebenfalls einen Mukhia, der bei jedem Ausflug vor meinem Pferde hergeht oder neben dem Kutscher reitet. Die Regierungsvertretung hat mich, da das Misstrauen natürlich auf Gegenseitigkeit beruht, mit zwei Sepoys, also britischen Soldaten, ausgestattet, von denen einer als Ordonnanz ständig bei mir weilt, während der andere, wenn ich ausreite, mir zu Pferd folgt. Mit dieser Antwort gibt der Europäer dem Einheimischen zugleich zu verstehen, dass über dem Schutz der Lokalregierung noch der des »Großen Albion« steht, das über der Dame, die von seinen Soldaten begleitet wird, seine Fittiche ausbreitet. Die Engländer nehmen so etwas sehr ernst. Stieße mir etwas Widriges zu, so zweifle ich nicht daran, dass sie der Angelegenheit genauso viel Bedeutung beimessen würden, wie wenn es sich um einen ihrer Staatsbürger handelte.

In Sikkim lagen die Dinge anders. Zunächst untersteht das Land ganz offiziell englischer Kontrolle; außerdem gehörte ich – trotz der Unterschiede zwischen meinem Buddhismus und dem der Lamas – »zur Familie«, und da der Resident dies wusste, konnte er sicher sein, dass mir keine Gefahr drohte, war also meinetwegen ohne Sorge. Vor allem aber hat der Buddhismus, so entartet er bei den Tibetern auch sein mag, ihnen eine gastfreundliche, frohe Gemütsart verliehen, während man hier auf finstere, verschlossene, bösartig-stumpfsinnige Gesichter trifft. Paulus hätte gesagt, das Land sei voll von bösen Geistern, und die Atmosphäre wird »tatsächlich« verdorben durch diese unreinen Altäre, denen man auf Schritt und Tritt begegnet, und die abscheulichen, blutigen Opferhandlungen, die mit unerhörter Grausamkeit vollzogen werden. Du musst wissen, man schneidet dem Tier eine Halsschlagader durch und lässt es dann noch bis zum Altar laufen; dort steckt ihm jemand die Finger in die Wunde und zerrt so lange an der Arterie, bis er sie herausbekommt; anschließend macht man mit ihr, was wir mit einem Gummischlauch tun: Man drückt sie mehr oder weniger zusammen und lässt das Blut auf die Götterstatue spritzen. Manchmal schneidet man auch beide Schlagadern durch. Ich habe gehört, dass mancher geschickte »Praktiker« den Todeskampf eines Büffels auf zwei Stunden auszudehnen vermochte. Man braucht nichts weiter zu wissen, um sich ein Bild von der Mentalität der Einwohner und jener psychischen Malaria machen zu können, die aus den Tempeln jeder Größenordnung dringt, mit denen diese Gegend gespickt ist.

Kathmandu, 12. Dezember 1912

Übermorgen besuche ich den Ort, wo sich Buddha – so ist es in Legenden überliefert – in einem früheren Dasein einer Tigerin zur Nahrung darbot. Diese Geschichte gehört zu den fünfhundert Erzählungen des gleichen Typs, die *Dschataka* genannt werden. Die Legende ist übrigens eine der ersten, die ich kennen gelernt habe, lange bevor ich mein Buddhismusstudium aufgenommen hatte und Buddhistin geworden war. Ich habe sie immer sehr geschätzt, des Öfteren zitiert und kommentiert; jetzt, da ich in der Nähe bin, habe ich natürlich Lust bekommen, einen Abstecher zu diesem Ort zu machen, an den die Gläubigen aus schwer erfindlichen Gründen ein Ereignis verlegt haben, das wahrscheinlich nie stattgefunden hat – obwohl eigentlich in diesen Ländern fast alles möglich ist! Es handelt sich sozusagen um die Wallfahrt einer Ungläubigen. Doch das Wetter ist herrlich – nur die Nächte sind etwas rau –, das Land ist schön und der Weg wird bestimmt recht malerisch sein.

Der Maharadscha schickt mir Leute, Zelte, einen Palankin, und ich werde mich gewiss wie die Königin von Kapilawastu fühlen. Ich werde erneut im Dschungel kampieren, nachts werden große Lagerfeuer brennen, und wir werden im Freien kochen. Alles wird genauso sein wie auf den Abbildungen zu Jules Verne, für die ich mich als Siebenjährige so sehr begeisterte.

13. Dezember 1912

Den Brief, auf den du dich beziehst und in dem du vom Fortgang meiner Reise sprachst, habe ich nie erhalten. Ganz gewiss, mein sehr lieber Freund, entgeht mir nicht, wie rasch die Zeit vergeht und dass es schon so manchen Monat her ist, seitdem ich aus Tunis fort bin. Was ich hier auf meine alten Tage erlebe, ist so überraschend, diese Reise unterscheidet sich so sehr von allem anderen, dass ich – ich gebe es offen zu – nicht den Mut habe, mit all dem Zauber um mich her einfach zu brechen und zurückzukehren. Es gibt Dinge, die man nicht noch einmal beginnen kann! … Ja, ich weiß schon, wenn man ein Haus und einen Ehemann hat, ist man nicht völlig frei. Ich kann mir auch vorstellen, dass du, für den der zweifache Grund, der mich hier festhält, nicht zählt – meine Leidenschaft für die

Orientalistik nämlich sowie das Projekt einer Kirchenreform, zu deren Vorkämpfern ich zähle –, wenig Gefallen an meiner langen Abwesenheit findest. Das ist verständlich. Das große Haus ist leer, du hast nur Fremde um dich herum … Ich dagegen bin für ein Leben in der Abgeschiedenheit geschaffen. Ich komme mit vielen Leuten zusammen, wirst du sagen, doch das gilt ja auch für dich, und die, denen ich begegne, wechseln so rasch, dass sie mir noch fremder bleiben als die, mit denen du in Berührung kommst. Ich ziehe ganz allein, inmitten einer Schar gedungener Leute, durch den Dschungel. Wenn ich erschöpft oder krank bin, wenn mich Kummer und Sorgen bedrücken – immer bin ich mit mir allein. Aber ich sage es noch einmal: Genau das hatte ich vor Augen, als ich aufbrach. In Tibet, in jenem steinigen Tal, von dem du ein Foto hast, glaubte ich, in meinem Zelt sterben zu müssen, und ich verspürte weder Schwäche noch Selbstmitleid oder gar Reue. Ich fand den Tod auf diesen Gipfeln, inmitten von Stille und großartiger Einsamkeit, schön. Dadurch, dass ich seit meinem dreizehnten Lebensjahr ans Philosophieren gewöhnt bin, liegt meine Denkungsart etwas außerhalb des Üblichen. Das weißt du. Aber du, mein großer Alusch, hast für Alleinsein und Abgeschiedenheit wenig übrig. Du erträgst dergleichen, wenn es sein muss, aber du schätzt so etwas auch nicht gerade. Wenn du zu mir sagst: Komm zurück, dann komme ich. Ich werde dann den Faden, der mich leitet, zerreißen und unvollendet zurücklassen, was so gut begonnen hat … ja, was du als Überhandnehmen des Mystizismus bezeichnest, ist wohl tatsächlich der Fall. Du hast ganz Recht. Die Woge, die mich bereits in meiner Kindheit erfasst hatte, ist höher und mächtiger zurückgekehrt. Aber das ist nicht erst im Laufe dieser Reise geschehen, denn schon vorher, mein Freund, hat sie alle Spuren der jammervollen Krise, die mich so lange gefangen hielt, hinweggeschwemmt. Es stimmt, ich betrachte die Welt mit kühlem Blick, mit den Augen derer, die sie genauestens erforscht, gewogen und ein Urteil über sie gefällt haben. Ich bin fast so weit, dass ich allen persönlichen

Ehrgeiz aufgeben und leichten Herzens darauf verzichten würde, meinen Namen unter das zu setzen, was ich schreibe. Ja, ich kann so etwas wirklich mit Fug und Recht behaupten. Ich freue mich nämlich sehr auf die Reise nach Lumbini und Kapilawastu, auf die Besichtigung dieser historischen Orte und den köstlichen Abstecher in den Dschungel. Die Unterstützung des Maharadschas macht aus dieser Reise einen Traum. Und weißt du: Während des Besuches, in dessen Verlauf er mir eben diese Unterstützung angeboten hatte, sprach der Maharadscha zu mir über sehr persönliche Dinge – aus dem Bereich des Mystischen, wie du sagen würdest. Als ich wieder zu Hause war, fiel mir die Antwort ein, die ich ihm zu geben hatte; sie war kategorisch, recht schroff, kaum geeignet, jemanden geneigt zu machen, und ich glaubte, sie würde die Freundlichkeit des Fürsten und die Reise nach Lumbini wie ein Kartenhaus zusammenstürzen lassen … Ich schickte sie gleichwohl so ab und war von vornherein darauf gefasst, die Stadt, in der Buddha gelebt hat, den Boden, wo er geboren ist, niemals zu Gesicht zu bekommen. Die Wirkung war allerdings gänzlich anders. Man ist in Indien an Schroffheit von Seiten derer, die das orangefarbene Gewand tragen, gewohnt … Die Entscheidung indessen, ein solches Opfer zu bringen, hatte ich in großer Gelassenheit getroffen. Dir, der du meine Reiseleidenschaft kennst, wird das etwas sagen … Ich wiederhole es, mein lieber Mouchy: Alles liegt ganz bei Dir.

Kathmandu, 21. Dezember 1912

Ich war in »Mam Buddha« (Legende von der Tigerin!), wie ich es dir bereits neulich angekündigt hatte. Die Reise war gut vorbereitet; es ging im Wagen nach Bhatgaon, wo bereits Pferde für uns bereitstanden. Es weht dort ein schneidender Wind, der jedoch mit den heftigen Stürmen in Tibet nicht zu vergleichen ist. Man wird nicht steif vor Kälte, erschaudert aber trotz dicker Kleidung bei diesem Wetter, das so überhaupt nicht »nirwanisch« ist, sondern eher zum Kämpfen anspornt. Die orientalischen Philosophien brauchen die milde Luft tropischer Nächte, Orchideendüfte und Leuchtfliegen, die in einer Finsternis tanzen, die ganz von Insektengesumme erfüllt ist, wie in Dikschu, in der Umgebung des Bungalows mit den blauen Hortensien, wo ich angehalten hatte und die Zeit verstreichen ließ, indem ich von meiner Rückkehr nach Tibet träumte. In solcher Atmosphäre stellen sich Gelassenheit, ruhige Gleichgültigkeit ganz von selbst ein, und man ginge ohne große Überwindung der sterbenden Tigerin entgegen. Gleichgültigkeit und Lebensverachtung entstehen freilich nur, wenn zuvor körperliche und geistige Bedürfnisse befriedigt sind. Die Buddhas und ihresgleichen waren immer reiche, glückliche Menschen. Derjenige jedoch, dem persönliche oder klimatische Umstände ein beschwerliches Dasein beschert haben, ist ganz versessen auf dieses Leben und klammert sich verzweifelt daran fest. Wie auch immer es um diese so paradox anmutende und doch richtige Philosophie bestellt sein mag, weder die nichts sagende Landschaft noch die Temperatur bringen jemanden auf den Gedanken, sich irgendeiner Tigerin zur Nahrung darzubieten. – Wir befinden uns im Gebirge, müssen unwahrscheinlich klettern und landen schließlich wieder auf Feldern, die von Aufschüttungen durchzogen sind, die das Wasser der Bewässerungskanäle zurückhalten. Der Führer, der vorangeht, verlässt den Hauptweg und folgt einem Pfad, der eine Abkürzung darstellt. Einen Augenblick später gelangen wir an einen schmalen Damm, auf dem für die Pferde nicht genügend Platz ist. Wir müssen deshalb über die Felder reiten und erwecken den Anschein, ein Hindernisrennen zu veranstalten. Die Ponys haben anscheinend große Freude daran und springen nach Herzenslust. Danach geht es wieder steil bergauf. Gegen vier Uhr erreiche ich das Lager: Man hat ein weites Stück Land eingeebnet, das Buschwerk rings umher niedergebrannt oder abgeschnitten und Zweige in den Boden gesteckt, um so von der Straße zu meinem Zelt eine Allee zu errichten. Es sieht wirklich nett aus. Auch mein Zelt ist durchaus bequem und hat ein zweites Dach, das als Windschutz rundherum reicht. Das Zelt ist unterteilt in ein Zimmer von etwa 2,75 Quadratmetern und einen daran anstoßenden kleinen Waschraum. Es ist überall dicht. Oh, wenn ich diese Einrichtung gehabt hätte, als ich in 5000 m Höhe war ... Man hat eine dicke Schicht trockenen Grases unter die Teppiche gelegt, sodass es wirklich sehr warm ist.

Ich esse zu Abend und lege mich sofort schlafen. Mir gefallen diese einsamen Dschungelnächte im Zelt. Man fühlt sich, mehr als in der einfachsten Hütte, mitten in der Natur, ist eins mit den Dingen. Ein Zelt – dieser winzige Verschlag, dessen Zwischenwände im Winde flattern, klatschen und lebendig werden – ist wie ein unsteter Vogel, der heute hier, morgen dort ist ... ein Schiff auf dem Festland. Oh, ich fände beispielsweise gar keinen Gefallen an den prunkvollen Campingausflügen des Regierungsvertreters, bei denen aus einem Zelt fast schon wieder ein Haus wird, in dem man mit einer zahlreichen Begleitung gesellig beisammen ist. Man muss allein sein – auf die schmale Pritsche gekauert –, wenn man die Schreie der Nachtvögel oder das Rascheln unsichtbarer Wesen auf der anderen Seite der Zeltplane hören will. In einer der letzten Nächte glaubte ich, ich hätte eine Schlange zu Besuch. Jene Träume, die ich als menschenscheues kleines Mädchen einmal geträumt habe, erlebe ich hier als Wirklichkeit. Wären die Götter gut zu mir, so ließen sie mich in einer dieser Dschungelnächte, »in der es so viele Planeten gibt«, wie der Hirte Balthasar bei Daudet sagt, in den langen Schlaf sinken ... und unversehens steigt die heimtückische Versuchung in einem auf, sie darum zu bitten ... Ich muss lächeln, denn Mara fällt mir ein, der Teufel der buddhistischen Legenden, der sogar Buddha selbst in Versuchung führte: »Du hast den Frieden, die Ruhe erreicht, Glückseliger; erlösche jetzt, tritt ein in die ewige Ruhe, ins Nirwana.« Buddha fährt ihm ins Wort: »Genug, Mara; solange nicht diese Lehre und dieser Weg, den ich entdeckt habe, verkündet sind und solange nicht Männer und Frauen, Priester und Laien sie verstanden haben und anderen weiterverkünden, werde ich nicht in die ewige Ruhe eintreten.« Die Worte der wieder und wieder gelesenen, seit langem schon auswendig gewussten Texte erklingen in der Stille, die das kleine Einsiedlerbett einhüllt.

Rumindei, 8. Januar 1913

Ich habe Kathmandu am 31. Dezember verlassen und bin bis gestern ständig unterwegs gewesen; ich bleibe zwei Tage hier und ruhe mich an diesem Ort, in dem Buddha geboren ist, ein wenig aus. Übermorgen werde ich in Kapilawastu mein Zelt aufschlagen, der Stadt, in der er seine Jugend verbrachte. Es sieht dort aus wie in Karthago: Nur ein paar Steine sind noch zu sehen. Man will mir in dieser Provinz, die für Ausländer noch weniger zugänglich ist als die Gegend von Kathmandu, auch noch eine Stadt zeigen.

Nepal, Sinamena, 19. Januar 1913

Sobald ich wieder in Indien bin, schicke ich den Brief ab, in dem ich dir berichte, was sich auf dieser neuerlichen Expedition alles ereignet hat. Man fühlt sich im höchsten Grade an Jules Verne erinnert. Wir haben drei Zelte: je eins für mich und meine Leute, ein drittes für die nepalesische Begleitmannschaft. Mir stehen vier Elefanten und etwa zehn Kulis als Träger zur Verfügung, die ihr Lager in einiger Entfernung von uns aufgeschlagen haben. Du kannst dir vorstellen, dass es nicht ganz einfach ist, derartige Reisen selbst zu organisieren, und ich habe es nur meinem guten Stern zu verdanken, dass mir alle diese Dinge dank einem Maharadscha, der eine gewisse Achtung vor meinen bescheidenen Kenntnissen hat, zuteil geworden sind.

Ich hatte darum gebeten, mein Lager bei Tilora – an einem Teich, in einem Stück Dschungel mit herrlichen Lichtungen –

aufschlagen zu dürfen, man wollte jedoch davon nichts wissen, bezeichnete die Stelle als unsicher; es gebe da »Menschenfresser« und des Nachts traue sich niemand dorthin. Eines Nachmittags kam ich dann doch an den bewussten Ort, schickte meine Leute fort und bat lediglich darum, mir einen Elefanten für die Rückkehr herbeizuschaffen. Während mein Boy und ich ein schattiges Plätzchen suchen, wo ich ein paar ruhige Stunden verbringen kann, machen wir eine betrübliche Entdeckung. Unter den Bäumen liegen schöne blaue Federn auf dem Boden verstreut, ein untrüglicher Hinweis darauf, dass die Raubvögel unter den so hübschen blauen Vögeln, die jetzt nur noch selten in Indien zu sehen sind, ein arges Gemetzel anrichten. Etwas weiter weg, hinter einem Busch, entdecken wir einen regelrechten Knochenhaufen … *Schiwa, Schiwa!* Dieser Dschungel ist ein Schlachtfeld! Nun gut, ich finde jedenfalls einen Platz, setze mich nieder und sehe, wie sich der Junge allmählich entfernt und das Unterholz durchstreift. Ich sitze da wie die klassischen *Yogis* dieses Landes, denke über jenes Wort nach, das in den Texten so oft auftaucht: »Der Dschungel ist ein vortrefflicher Aufenthaltsort für den Weisen …« Ich bin zwar kein Weiser, finde den Dschungel aber dennoch köstlich. Bei geschlossenen Augen beginne ich alsbald über einen in diesem Zusammenhang unwichtigen Gegenstand zu meditieren und höre plötzlich, wie sich zu meiner Linken auf dürrem Laub etwas anschleicht. Es sind die vorsichtigen Schritte einer Katze, einer schweren Katze. Ich rede mir ein, dass Ablenkungen schlecht sind, und richte angestrengt meine Gedanken wieder auf mein Thema. Eine Weile später jedoch öffne ich die Augen und schaue hin. Links von mir, etwa zwanzig Meter entfernt und zur Hälfte hinter Blättern verborgen, entdecke ich einen langen schwarz gestreiften Körper, von dessen Kopf nur die spitzen Ohren zu sehen sind. Mein erster Gedanke ist völlig abwegig; ich sage mir: ein Zebra! Dann aber fällt mir ein, dass es in diesem Lande keine Zebras gibt und außerdem das Fell für ein Zebra zu rötlich ist; also komme ich zu dem Schluss: ein Tiger. Die Dämmerung ist nahe gerückt, doch ist es noch recht hell, und ich kann den langen Körper und die aufgerichteten Ohren deutlich erkennen. Ich stelle also endgültig fest: ein Tiger; mein Herz, ich gebe es zu, fängt heftig zu pochen an, wofür ich mich lächelnd selbst verspotte. Nun ja, ein Tiger, der mich wahrscheinlich genauso anstarrt wie ich ihn und, ohne sich zu rühren, nachdenkt, ebenfalls wie ich. Was ist zu tun? Soll ich aufspringen und fortlaufen? Falls er es will, hat er mich in drei Sätzen eingeholt … Außerdem gibt es ja auch in Indien die Tradition, dass ein *Sannjasin* vor keiner Gefahr flieht. Es reizt mich, den kleinen Rest nervlicher Erregung in mir zu spüren, und ich frage mich: Was wirst du tun, wenn er aus dem Dickicht hervorspringt und auf dich zukommt? Doch ich weiß bereits, dass das lange praktizierte Training, eine Art Autosuggestion, wenn du so willst, die Oberhand behalten wird, dass ich mich nicht rühren werde, dass ich das Gewand in der Farbe der Morgenröte, in das ich gehüllt bin, nicht entehren werde. Und da ich dies alles nun einmal weiß, halte ich es für angebracht, auch diesen nachdenklichen Tiger seinen Meditationen zu überlassen und die meinen wieder aufzunehmen. Es kostet mich kaum eine Anstrengung, ich schließe erneut die Augen … letztlich ist alles nur ein Traum … Ich vergesse den Tiger, den Dschungel, mich selbst. Als ich dann aus meinen Gedanken zurückkehre, fällt mir der Tiger wieder ein, doch ich sage zu mir selbst: Ach was, du hast einen Haufen rotbrauner Blätter gesehen, die sich vom dunkleren Laub abgehoben haben. Bestimmt ist mein aus dürren Blättern bestehender Tiger noch immer an der alten Stelle. Ich schaue hin: nichts. Ich versuche, mir zwischen den Blättern ein entsprechendes Bild vorzustellen, doch es gelingt mir beim besten Willen nicht. Es sind auch gar keine rotbraunen Blätter vorhanden, und dort, wo vorhin der große lange Körper meinen Blick auf sich zog, ist jetzt ein Zipfel des Himmels zu sehen.

Der Elefant ist da, ich kehre ins Lager zurück. In der Nacht bringt das Gebrüll eines Tigers, der freilich recht weit weg ist, meine Leute auf die Beine. Ist es bloßer Zufall, oder handelt es sich tatsächlich um dieselbe Raubkatze, die so nahe an mir vorbeigekommen ist? Du kannst mir glauben, wenn solche Erlebnisse erst ein paar Tage her sind, bildet man sich leicht ein, sie nur geträumt zu haben.

Wirst du mich nun deshalb für mutig halten? Manche wären bestimmt geneigt, es zu tun. Doch nein, weißt du, Mut oder Feigheit – das ist meistens nur eine Frage der Hypnose. Ich habe so viele hinduistische Geschichten über *Yogis* und Heilige gelesen, die den Raubkatzen ruhig ins Auge blickten, dass ich automatisch und ganz mechanisch das Gleiche täte. Wirklich mutig wäre es gewesen, wenn ich nicht, wie es hinduistischer Routine entspricht, meine Meditation im Angesicht des Tigers fortgesetzt hätte, sondern etwas getan hätte, was abendländisch und in den Erzählungen nicht vorgesehen ist: meinen Fotoapparat, den ich bei mir hatte, zu nehmen und eine Aufnahme von dem Tier zu machen. Wahrscheinlich wäre es weggelaufen … oder es hätte sich auf mich gestürzt; das hübsche Wagestück hätte jedenfalls darin bestanden, es auszuprobieren … Wenn ich genauer darüber nachdenke, kommt es mir vor, als hätte ich mich hinter der heiligen Tradition und den jahrhundertealten Gesten derer, die wie in einer Festung gewappnet sind, verschanzt, überzeugt davon, dass Fliehen unnütz ist, zu gewissenhaft, um meinen Boy zu rufen und damit ein Kind, das viel weniger als ich auf solch einen dramatischen Zwischenfall vorbereitet wäre, die Gefahr mit mir teilen zu lassen, zu stolz schließlich, um mir einen Mangel an Haltung zuschulden kommen zu lassen.

Benares, 19. März 1913

Als ich gestern etwas datierte, fiel mir plötzlich auf, dass es der 18. März war, der Jahrestag der »Commune«, der Tag, an dem die Föderierten losgezogen sind.

Habe ich dir eigentlich jemals erzählt, dass ich nach der Massenerschießung, als man die Leichen rasch in die dazu vorbereiteten Gräben warf, an der Mauer der Föderierten gewesen bin? Irgendwie sehe ich alles noch vage vor mir. Ich war damals zwei Jahre alt! Falls du zum ersten Mal hiervon hörst, wirst du sicher wissen wollen, wer mich dorthin geführt hat. Es war mein Vater; er wollte, dass ich mich später an ein möglichst eindrucksvolles Beispiel menschlicher Grausamkeit erinnern könnte. Oh, ihr Götter, die menschliche Grausamkeit habe ich auch danach noch in Aktion gesehen, ohne so viel theatralische Tragik!

Ich habe Halluzinationen; ich sehe den Himalaja, Seen, in denen sich schneebedeckte Gipfel spiegeln, Sturzbäche in den Wäldern. Dies ist zweifellos eine Folge der Hitze. Den Arabern vergleichbar, die als Gegensatz zu ihrer glühenden Wüste von einem Paradies voll kühler Quellen träumen, kommt es mir vor, als spürte ich die dünne Höhenluft und den scharfen Wind, der durch die Wälder weht. Tibet! Tibet! Ein Stück meiner selbst ist dort droben in den Steppen geblieben, in jener trostlosen Einsamkeit, wo ich – vielleicht unvorsichtigerweise – den »bindenden Wunsch«, wie die Tibeter glauben, ausgesprochen habe. Zehn Jahre zu spät! Ich gebe es offen zu: Der Wunsch, durch diese verschlossene, für mich jedoch offene Tür zu treten, war sehr groß; der Wunsch, die einmalige Gelegenheit zu nutzen und kennen zu lernen, was keiner der wenigen Forschungsreisenden bisher aus der Nähe gesehen hat, zu tun, was noch kein Europäer getan hat. Ja, Weisheit besteht darin, sich zu bescheiden, sich mit jenem immerhin auch schon ansehnlichen Stück zufrieden zu geben, das man hat vollbringen können … und trotzdem – der Traum wäre schön gewesen … Welch heiteres Lebensende versprach er der »kleinen Alten mit Brille«!

Mein Lieber, nette Grüße von einer fernen, undankbaren und egoistischen Freundin … vielleicht denkst du das. Das dürfte die Meinung Evas[14] und vieler anderer sein! Wenn jedoch niemand auf der Welt sein Leben gelebt hätte und seinen

14 Eine Schwägerin Philippe Néels.

Träumen nachgehangen wäre, wo stünden wir dann wohl jetzt? Wenn alle darauf verzichtet hätten, ihrer Berufung zu folgen, alle: ein Buddha, ein Christus, die Gesellschaftspropheten oder die Pioniere der Wissenschaft, wenn sich alle mit gestutzten Flügeln irgendeiner häuslichen Pflicht, von der selbstverständlich niemand enthoben ist, gewidmet hätten – nicht auszumalen, in welch eintönigen Lebensraum wir uns versetzt sähen!

Es geht nicht um die Frage, ob sie im Recht waren. Sie waren es alle. Es muss nur geklärt werden, bis zu welchem Grade man von ihrem Schlage ist. Wir sind oft vorschnell und halten uns – klägliche Raben – für zur Familie der Adler gehörig; andererseits ist aber, wie ich erst neulich in einem Vortrag gesagt habe, auch zu erwägen, wie viele gekonnt hätten, wenn sie nur gewagt hätten, wie viele lediglich deshalb unfähig sind, weil sie sich dafür halten. Das Problem ist schwierig, eine Antwort lässt sich kaum finden. Hier ist es üblich, dass die Leute einen *Guru* haben, der alle Schwierigkeiten dieser Art dadurch behebt, dass er entscheidet, ob man auch wirklich und von Rechts wegen ermächtigt ist, sich auf die Bahn der Adler emporzuschwingen, oder ob man nicht lieber als braves Entlein auf seinem Geflügelhof häuslichere Tugenden entfalten soll. Das ist natürlich bequem. Was meinst du, mein großer Alusch, wenn ich dich um Rat fragen und für einen Augenblick in die Würde eines *Gurus* erheben würde. Welche Antwort würdest du mir geben? Gehöre ich zur Kategorie der Adler oder der Entlein?

Benares, 25. März 1913

Soll ich dir meinen Tagesablauf schildern? Wenn ich aufwache, betrachte ich mir den Sonnenaufgang – woraus du entnehmen kannst, dass ich Frühaufsteherin bin. Sodann Bad, Geplansche; du weißt, dass ich nicht wasserscheu bin. Frühstück mit Kakao und Toastbrot. Vorbereitungen für den Schneider – es gibt hier keine Näherinnen –, der zu mir kommt, um ein paar

Kleidungsstücke in Ordnung zu bringen. Schließlich kommt der *Pandit*. Es ist acht Uhr und der Sanskritunterricht beginnt. Wenn er fort ist, kümmere ich mich wieder um die begonnenen Näh- und Stopfarbeiten. Heute esse ich einer Verabredung wegen früher zu Mittag. Die Mahlzeit besteht aus Spinatsuppe, Rührei mit Tomaten und gerösteten Auberginen. Mein Tibeter bringt nur Suppen zuwege; mit dem, was er sonst noch kocht, kann allenfalls ein *Sadhu* beköstigt werden, der sich – wie die *Yogis* – darin übt zu essen, ohne den Geschmack auch nur im Geringsten zur Kenntnis zu nehmen. Anschließend begebe ich mich durch sengend heiße Straßen zu einem Bekannten, einem *Yogi*. Es ist ein sehr gebildeter Mann, der eine erstaunlich nihilistische Philosophie vertritt und einen recht ausgefallenen religiösen Namen trägt: Satchitananda, was »Dasein-Wissen-Glückseligkeit« bedeutet. (Dies sind die Eigenschaften des höchsten *Brahma*.) Meinst du nicht auch, dass ein solcher Name trotz geographischer und ethischer Distanz nach Indianer klingt? Jedes Mal, wenn ich den Namen dieses Herren schreibe, denke ich an Lederstrumpf … Ich bin also (bei 40 Grad im Schatten) zur Einsiedelei von Dasein-Wissen-Glückseligkeit unterwegs. Die Klause ist ein Pavillon mit zwei Räumen, einem im Erdgeschoss, der weder Fenster noch Türen hat und eher einer winzigen Eingangshalle als einem Zimmer ähnelt; von hier führt eine steile, unglaublich schmale Treppe zum einzigen Zimmer des Obergeschosses, wo der *Yogi* wohnt. Ganz im Gegensatz zu indischem Brauch ist das Zimmer gefegt und peinlichst sauber. Die Einrichtung besteht aus zwei Stühlen, einer zusammengerollten Matratze, die abends zum Schlafen auf den Boden ausgebreitet wird, sowie einer darüber gelegten Decke – sowohl Matratze als auch Decke sind tadellos weiß. So etwas ist hier ein wahres Wunder! Auf dem Boden, in einer Ecke, ein paar Bücher und Hefte, ein Tintenfass. (Die Hindus kauern sich wie die Araber zum Schreiben nieder.) Das ist alles. In diesem asketischen Rahmen, mit Blick auf Gärten und Tempel, die durch die geöffneten Fenster zu sehen sind, plaudern wir über den *Wedanta.* Satchitananda ist ein echter Vertreter des *Wedanta*, einer der wenigen, die ich kennen gelernt habe. Nur ganz wenige haben den Mut, es mit solcher Folgerichtigkeit zu sein. In seiner Lehre gibt es nicht den Funken Mitleid oder Nachsicht … ich sage lachend zu ihm, er verkörpere den *Wedanta* in all seiner Grässlichkeit. Was bezweckt ein solcher Mensch mit seinem Asketenleben? … Es wäre gewiss aufschlussreich, das zu erfahren, aber trotz der offensichtlichen Sympathie, die er mir entgegenbringt, hege ich einige Zweifel, dass er es mir jemals verraten würde. Wir unterhalten uns beinahe vier Stunden lang. Alles Worte, albernes Zeug! – wirst du jetzt ausrufen … Vielleicht, aber darum geht es gar nicht. Ich bin zum Lernen hier, und solche Unterhaltungen sind ein Unterricht. Anschließend kehre ich in meine Zelle zurück, die nicht viel besser ausgestattet ist als die des *Yogis*, und dann kommen wieder der *Pandit* und das Sanskrit. Ich werde meine Abendmahlzeit, die aus einer Milchsuppe und Makkaroni besteht, einnehmen und zu Bett gehen.

Das große Ereignis dieser Woche war eine Mondfinsternis am letzten Samstag, dem 22. März. Im Volksglauben gilt eine Mondfinsternis als etwas Schreckliches, als ein Vorzeichen öffentlichen Unglücks. Folglich muss man die Götter beschwören und die frommen Verrichtungen verdoppeln. In anderen Gegenden Indiens muss man genau in dem Augenblick, wenn der Mond wieder sichtbar wird, in einem heiligen Fluss baden; kraft dieses Bades wäscht man sich von allen Sünden rein. Die Damen aus Frankreich[15], von denen ich dir erzählt habe, haben ein Boot gemietet; wir haben gepicknickt und den Abend von 5 bis 8 Uhr auf dem Wasser verbracht. Auf den *Ghats* war eine riesige Menschenmenge zusammengeströmt, es waren etwa hunderttausend Leute, vielleicht sogar mehr. Ganze Ortschaften waren gekommen. Seit drei Tagen bereits hatten Sonderzüge Pilger herbeigeschafft. Das Schauspiel war sehenswert! Als die

15 Es handelt sich um Mme Karpelès und ihre Töchter Andrée und Suzanne.

Nacht hereingebrochen war, schufen Mondschein und der rötliche Schimmer des »burning ghat« eine zauberhafte Szenerie.

Während des Aufenthaltes dieser Damen Karpelès wurde ich Zeuge eines – im Grunde sehr banalen – kleinen Liebesdramas. Ich habe dir doch einmal von einem Chemiker erzählt, der in Kalkutta eine Seifenfabrik betreibt und in Paris studiert hat. Er hatte dort die Bekanntschaft der beiden jungen Damen gemacht und sich in die ältere verliebt. In Paris kam der Hindu dem Mädchen vielleicht interessant vor. Ich weiß nicht, ob sie ihm Hoffnungen gemacht hat, auf jeden Fall wollte er sie heiraten. Er kam zu mir und heulte beinahe, als er mir von seinem Kummer berichtete. Er ist immerhin kein kleiner Junge, sondern 37 Jahre alt.

Er hat Glück gehabt und ist dem traurigen Abenteuer entgangen, das diese Heirat gewesen wäre. Er und das Mädchen haben nichts miteinander gemeinsam, und Mischehen stoßen in Indien auf so viel Feindseligkeit, dass das Leben für die Eheleute unerträglich wird. Ich habe versucht ihm das klarzumachen. Mit viel Philosophie hat er mir geantwortet, dass er natürlich darüber hinwegkommen werde, dass es aber im Augenblick ein harter Schlag sei.

Es ist doch immer die alte Geschichte. Sobald man jemanden um etwas bittet, sobald man etwas von ihm erwartet, lauert schon die Enttäuschung auf einen; jedes Mal wenn man, einer unvorsichtigen Schildkröte vergleichbar, ein Glied unter seinem Panzer hervorstreckt, ist das Ergebnis schmerzlich. Wer die Freude sucht, erntet das Leid. Jene Weisen, die »Enthaltsamkeit« und Verzicht predigten, wussten schon, was sie sagen. Ihnen war klar, dass dies die einzige Taktik ist, sich Leid zu ersparen. All das gründliche geistige Training, das die philosophischen Schulen Indiens propagieren, ist durch die Tatsache gerechtfertigt, dass es für den, der es betreibt, den Schmerz in hohem Grade lindert und manchmal sogar ganz beseitigt.

»Die Glückseligkeit liegt ganz nahe am Verzicht«, heißt es in der *Bhagawadgita*, und das ist nicht im christlichen Sinne des Begriffs »Verzicht« zu verstehen, sondern einfach als Zurückweisung dessen, was man selbst als belanglos oder, schlimmer noch, als zutiefst schädlich erkannt hat.

Diese philosophischen Erörterungen einer Moumi, die eine »epikureische Askese« – so möchte ich es bezeichnen – betreibt, werden dich bestimmt langweilen, wenn nicht gar verärgern. Einmal, als ich mehr als üblich philosophiert hatte, schriebst du mir: »Alle diese Worte klingen hohl und leer; wie viel besser wären doch zwei offene Arme oder eine Schulter, an die man seinen Kopf lehnen kann.«

Tja, lieber Freund, obwohl du – erlaube mir dies Kompliment – große Fortschritte an Weisheit gemacht hast, gehörst du wohl doch zu denen, die dem trügerischen Schein eines nur zeitlich begrenzt verfügbaren Ruhekissens erliegen, die glauben, eine Binde vor den Augen hindere die Außenwelt zu existieren. Dies System ist schlecht, sehr schlecht. Da ein Paar Arme ohne Dauer sind, lösen sie sich von selbst, oder aber ein Ereignis wie der Tod löst sie, und auch die Schulter aus Fleisch und Blut eines anderen Sterblichen ist eine unsichere und sehr zerbrechliche Stütze. Denn selbst wenn eine Lehne dieser Art nicht plötzlich einfach verschwindet, so finden doch vielleicht wir, in der Unbeständigkeit unseres »Ich«, sie nicht mehr bequem und unserem Bedürfnis entsprechend. Was eine Stunde lang für den Körper eine angenehme Lage war, wird in der nächsten Stunde unbequem und zur Plage. Tapferkeit ist noch immer die sicherste Einstellung. Schaut man den Dingen ins Gesicht, so verlieren sie an Schrecken; wie die Gespenster, die der Schatten der Nacht hervorbringt, sind auch sie etwas völlig anderes für den, der ihnen nicht ausweicht, sondern auf den Grund geht. Der Furchtlose flieht nicht das Gespenst des Todes, sondern geht ihm entgegen, entreißt ihm den Schleier, zieht ihm den Karnevalsplunder vom Leibe mit dem ihn die Unwissenheit der Masse ausstaffiert hat, und er stellt schließlich fest, dass von dem Entsetzen derer, die ihn nur von ferne, mit furchterfülltem Blick und undeutlich wahrzunehmen vermögen, nichts übrig bleibt.

Nach der grauenhaften moralischen Krise, in der ich vier volle Jahre gesteckt habe und von deren Umfang und quälender Intensität du nie eine Ahnung hattest, bin ich schließlich wieder auf die »Wege außerhalb der Welt« gestoßen, die mich schon in meiner Jugend gelockt und gefesselt hatten. Ich war eigentlich überrascht, dass sie sich noch einmal auftaten, und als ich begriff, dass Friede und Gelassenheit zurückkehren würden, begann ich für diese Lehre, die sie mir in der Tat wiedergebracht hat, eine grenzenlose Dankbarkeit zu empfinden. Du hast ganz und gar missverstanden, weshalb ich bestimmte Sachen vor meiner Abreise vernichtet habe. Es ging nicht darum, dass sie nicht im Falle meines Todes in falsche Hände geraten sollten; viel mehr wollte ich die materiellen Spuren jeglicher Bindung vernichten und beim Aufbruch die Vergangenheit begraben haben. Es war so etwas wie das symbolische Leichentuch, das man in den katholischen Klöstern über den Novizen entfaltet, wenn sie in die Ordensgemeinschaft eintreten.

Vielleicht bin ich unvorsichtig, dir von diesen Dingen zu erzählen, dir zu zeigen, was alles für mich nicht mehr existiert. Wie wirst du es aufnehmen? … Bist du einverstanden mit der »kleinen Alten mit Brille« aus deinem Traum, die Bücher schreibt und Vorträge hält? Sie muss ihre Studien noch fortsetzen, bevor sie ins Abendland zurückkehrt.

Wäge ab, denke nach, überlege es dir, mein Lieber, und verurteile mich vor allem nicht voreilig. Vielleicht bin ich gar nicht so treulos, wie es dir vorkommt … Ich bin lediglich etwas matt. Ein wenig von jener Mattigkeit, die das leicht verächtliche Lächeln der Buddhas kennzeichnet, hat sich auch auf mich gelegt. Stoße Moumi nicht endgültig von dir, nur weil sie nach all den aufreibenden Jahren nach ein wenig Ruhe und Frieden sucht.

Lass dich von diesen Zeilen, die dir gewiss zu mystisch erscheinen, nicht verdrießen. Ich schicke sie dir als Ausdruck allerhöchster Zuneigung zu einem sehr lieben Freund, der meinen Gedanken und meinem Herzen trotz der Entfernung sehr nahe ist.

Theosophical Society, European Quarter
Benares, 10. Juni 1913

Was soll ich dir sagen, mein lieber großer Freund, wir sind schließlich weder Italiener noch Orientalen … noch Marseiller, und unserer Mentalität des Nordens missfallen Formulierungen, die hochtrabend und weitschweifig sind. Ich will mich also kurz fassen, und du wirst zwischen den Zeilen lesen müssen, was ich unausgedrückt lasse. Ich bin von allem, was du schreibst, zutiefst gerührt, und ich bewundere in aller Aufrichtigkeit und sogar mit leichtem Erstaunen deine Großzügigkeit … ich würde »Seelengröße« sagen, müsste ich nicht befürchten, dass du den Ausdruck belächelst. Oh ja, mein großer Freund, dein Verhalten mir gegenüber ist jenseits all der gewöhnlichen Gefühle angesiedelt, zwischen denen sich normale Sterbliche bewegen. Sich nicht zu ärgern über das, was einem missfällt und schmerzlich ist; einzuwilligen, dass die Menschen, die einem am nächsten stehen, ihre eigenen Wege gehen, anstatt zu verlangen, dass sie einen ständig als Trabanten umkreisen, und noch weiter zu gehen und nicht nur darauf zu verzichten, ihre Bewegungsfreiheit einzuengen, sondern ihnen sogar noch Hindernisse und Schwierigkeiten aus dem Wege zu räumen – dies nenne ich bei einem normalen Gläubigen große Heiligkeit; bei einem Ungläubigen ist es höchste Weisheit und erlesenste Philosophie. Du gestehst mir einen gewissen intellektuellen Rang zu, mein Freund; wenn somit meine Wertschätzung in deinen Augen etwas Gewicht hat, so nimm zur Kenntnis, dass ich dich in deinen Gefühlen und deinem Verhalten für wirklich groß halte und aus meinem asiatischen Orient und meiner Studierklause nicht einfach nur einen simplen Gedanken der Dankbarkeit an dich richte, den man für jede Wohltat und jeden Wohltäter übrig hat, sondern eine bewegte und respektvolle Lobeshymne, denn du handelst im Augenblick wie ein wirklicher Weiser. Ergänze, mein lieber Mouchy, diese Zeilen noch um all die Zärtlichkeit, die man in Worten nicht ausdrücken kann, und betrachte das Ganze als Huldigung von jemandem, der weder mit Bewunderung noch schmeichlerischen Worten verschwenderisch umgeht und auf seinem Wege nicht jedem Beliebigen seine Freundschaft anträgt.

Der Gedanke daran, mein lieber Kleiner, dass dir meine Abwesenheit so sehr zu schaffen macht, zerreißt mir das Herz … *meine* Abwesenheit … Verzeih, wenn ich schon wieder philosophiere, aber vielleicht ist es weniger *meine* Abwesenheit, was für dich so schmerzlich ist, als viel mehr die Abwesenheit von Gesellschaft schlechthin, also die Einsamkeit. Ich gehöre nicht zu denen, die in ihrer Unbesonnenheit glauben, sie besäßen eine Anziehungskraft, die sie unersetzbar macht. Wenn ich auch, wie du mir in so netter Weise schreibst, als Intellektuelle »jemand sein« kann, so zeichne ich mich doch als Gattin nicht sonderlich aus, und abgesehen davon, dass ein großer Mann seine Eitelkeit geschmeichelt sehen kann, einer einigermaßen angesehenen und bekannten Frau seinen Namen gegeben zu haben, dürfte ich einem Ehemann wohl kaum Quelle zahlreicher Freuden sein. Aber immerhin, die Gewohnheit einer recht stattlichen Anzahl gemeinsam verbrachter Jahre hatte unsere unterschiedlichen Auffassungen einander angenähert, und unser Leben – so kam es mir wenigstens vor – verlief in gefälligen Bahnen und behaglicher Ruhe. Das fehlt dir jetzt, und ich kann es dir gut nachfühlen. Ich hatte mich ja selbst, wie ich zugeben muss, an die heimtückische bürgerliche Gemütlichkeit der blumengeschmückten Tische gewöhnt, an die delikaten Speisen und den Hauch von Luxus, der das »schöne große Haus« umgibt. Unsichtbare Gottheiten waren in meinem Leben immer auf der Lauer, um mich zu packen, wenn ich – schlaftrunken und unaufmerksam – auf diese Bahn zu geraten drohte.

Zurückzukehren ist *unbedingt* meine Absicht und steht auch auf meinem Programm; ich will zurückkehren, um schöne Bücher zu schreiben, um in gelehrten Kreisen Vorträge zu halten, und ich will zurückkehren, weil ich mir die Möglichkeit zu diesem geistig aktiven Leben offen gehalten habe, das für mich unerlässlich ist ... Gerade weil ich in Anbetracht des Gesagten heiteren Gemüts zurückkehren will, als Gefährtin, die du unter deinem Dach ertragen kannst und deren Gegenwart dir sogar angenehm sein soll, halte ich mich noch ein wenig mit Arbeiten auf, die für mein Ziel sehr wichtig sind.

Du hast es begriffen, und zwar mit großer Weisheit: »Ein Vogel, den man gewaltsam in einen Käfig gesperrt hat, der den Kopf ins Gefieder steckt und sich in eine Ecke verkriecht, ein Vogel, der nicht mehr singt«, wie du schreibst, ist etwas Trauriges und Erbärmliches, und es wäre töricht zu glauben, der Herr dieses armen Tierchens könnte viel Freude an ihm haben.

Benares, 18. Juni 1913

Die Eintönigkeit der Tage, die ich in der heiligen Stadt *Schiwas* zubringe, wurde gestern von einer erfreulichen Ablenkung unterbrochen, sodass ich dir diesmal einen etwas interessanteren Brief schreiben kann. Nun denn, Mouchy, ich habe gestern einen dritten Vortrag in Benares gehalten, was an sich nichts Besonderes ist. Schon überraschender war dagegen der Empfang, den mir zu Ehren eine literarische Gesellschaft und mehrere *Sannjasins* veranstalteten.

Am Eingang des Gebäudes hatte man einen Triumphbogen aus Grünzeug und Blumen errichtet, daneben standen Kirchenfahnen u. a. Im ersten Stock haben sich die Mitglieder in einem großen Saal versammelt, der für indische Verhältnisse luxuriös ausgestattet, d. h. mit einer Unzahl von abscheulichen Glasleuchtern in verschiedenen Farben versehen ist, die kreuz und quer an der Decke hängen. Die Wände zieren bedauerliche

Farbdrucke, große Spiegel mit Goldrahmen, Armleuchter und was weiß ich noch alles … Ein greller, nicht zusammenpassender Plunder.

Die meisten Mitglieder der Gesellschaft sind Brahmanen und wohlhabend, erscheinen deshalb jedoch, mit westlichen Augen betrachtet, nicht weniger komisch. Natürlich keine Stühle. Auf dem Teppich liegt ein weißes Tuch, das ihn vollständig bedeckt. Alle ziehen an der Tür die Schuhe aus und kauern sich unmittelbar auf den Teppich nieder. Der Präsident hat auf einem großen quadratischen Kissen Platz genommen, das ihn fünf Zentimeter über alle übrigen Anwesenden hinaushebt; dieses Kissen bedeckt eine abscheuliche gelbrote Tischdecke mit Fransen, höchstwahrscheinlich deutscher Herstellung. Auf der Tischdecke hat sich ein dicker Mann ausgebreitet, der bis zur Hüfte in einen *Doti* gewickelt ist, der ihm die Hose ersetzt; darüber trägt er ein kurzes Jackett aus rotem Musselin. Seine runde Kopfbedeckung weist mehr Stickereien auf als die eines Generalissimus; an den dicken, behaarten braunen Händen trägt er Ringe mit schönen Steinen sowie andere Schmuckstücke; unter anderem besitzt er eine Uhrkette, wie sie bei uns vor etwa zehn Jahren die Frauen trugen. Alles an ihm ist mit Diamanten besetzt.

Der dicke Mann scheint recht glücklich darüber zu sein, diese Schaufensterauslage eines Juweliers an seiner fleischigen Gestalt umherzutragen. Zu seiner Rechten sitzen, der Rangfolge nach und auf Teppichen, die *Sannjasins.* Gewöhnlich halten sie ihren Wanderstab in der Hand, diesen kindischen Hirtenstab, der ganz aus Bambus ist, am Ende so etwas wie einen orangenen Knauf hat und mir in den Händen dieser kraushaarigen alten Männer höchst drollig vorkommt. Im Augenblick freilich stehen die Hirtenstäbe in einer Ecke und ihre ehrwürdigen Eigentümer sitzen »in Lotosposition«. Ich selbst setze mich links neben den Präsidenten, nachdem man mich beim Eintreten mit donnerndem Applaus begrüßt hat. Es sprechen zuerst der Präsident, danach andere, und schließlich halte ich meinen Vortrag, der aus dem Englischen ins Hindi übersetzt wird. Dann kommt der feierliche Augenblick, und man verleiht mir im Namen der *Pandite* den Ehrentitel »Darschan widuschi« was auf Sanskrit »gelehrte Philosophin« bedeutet.

Anschließend verliest der *Sannjasin*, der am meisten Ehrfurcht einflößt, eine kurze Würdigung meiner Person und überreicht mir den auf marmoriertem Goldpapier kalligraphisch und im alten Stil geschriebenen Text. Das Schriftstück ist in ein einfaches Stück Baumwolle – aus einem ähnlichen Stoff ist die Kleidung der Asketen – und nicht etwa in Seide gewickelt. Das bedeutet, dass es von Leuten stammt, die dem geistlichen Stand angehören, und an jemanden gerichtet ist, den sie gleichfalls als Persönlichkeit der Kirche betrachten, was in Indien eine sehr große Ehrung ist. Ich bin grenzenlos erstaunt darüber, dass *Sannjasins* aus Benares, dem konservativsten und anmaßendsten kirchlichen Zentrum des Landes, sich dazu bereit gefunden haben, eine ausländische Frau zu ehren.

Benares, 24. Juni 1913

Gestern hat man bei den »Dschainas« – in kleinerem Maßstab – ebenfalls einen Empfang für mich veranstaltet. Ich weiß nicht, ob du über die Dschainas Bescheid weißt. Lass es mich dir in wenigen Worten erklären: Kurz vor der Zeit Buddhas predigte ein gewisser *Mahawira* eine Lehre, die sich mit der buddhistischen Ethik berührt, aber im Hinblick auf die Philosophie völlig verschieden ist. Zu Lebzeiten Buddhas und auch noch danach herrschte zwischen den beiden Sekten (Buddhismus und Dschainismus) eine erbitterte Rivalität. Die Dschainas erwiesen sich als rücksichtslose Verleumder des Buddhismus, und die Buddhisten scheinen ihrerseits nicht viel Sympathie für die Nirgranthas, die Asketen, aufgebracht zu haben, die nackt lebten und die Kasteiungen bis zur Grenze des Absurden trieben. An dieser Lage hat sich bis heute nichts geändert. Du kannst dir somit vorstellen, wie überrascht ich war, als man mir neulich gegen fünf Uhr nachmittags die Zeilen eines Dschaina-*Sannjasins* überbrachte, der mich zu sprechen wünschte. Ich empfing ihn sofort, und er erklärte mir, er sei zum Predigen nach Benares gekommen, habe im Verlaufe des Tages von mir reden hören und schließlich den Wunsch verspürt, mit mir zusammenzutreffen. Er sprach perfekt Englisch, war äußerst liebenswürdig und hat mir eine Menge interessanter Dinge über seine Religion erzählt, die ich nur oberflächlich kenne. Erst später habe ich erfahren, dass er eine wichtige Persönlichkeit unter den Seinen ist, Predigtreisen durch ganz Indien unternimmt und eine religiöse Zeitschrift leitet. Als Folge dieses Besuches wurde ich in die Dschaina-Hochschule eingeladen, die mit kleinen Fahnen in vielerlei Farben geschmückt war. Man ließ mich in einem gelb bezogenen Sessel Platz nehmen, und die jungen Leute rezitierten zu meinen Ehren und zum Ruhme Buddhas Sanskrit- und Hindiverse. Anschließend führte man mich zu den beiden Tempeln und lud mich zu meinem größten Erstaunen ein hineinzukommen, was die Dschainas Ausländern sonst nie erlauben. Einer der Tempel steht auf einer weiten Terrasse, die hoch über dem Ganges und dem freien Feld am anderen Ufer liegt. Da der Fluss dort einen Bogen macht, sieht man von dieser Terrasse aus die unzähligen Häuser, die sich am Ufer drängen. Man hat eine herrliche Aussicht und ich hätte dort Stunden zubringen mögen. In sehr liebenswerter Weise lud man mich ein, wann immer ich wolle, wiederzukommen und so lange auf der Terrasse zu verweilen, wie es mir beliebe.

Man hat mich auch noch in einen *Math* eingeladen (wie du weißt, sind die *Maths* so etwas wie Klöster), wo ich einige Gelehrte getroffen habe, die Absolventen der Universität von Kalkutta sind und sehr gut Englisch sprechen. Jetzt sind diese Herren, die früher einen Frack trugen und sich in westliche Wissenschaft und Kultur einführen ließen, zur alten Tradition zurückgekehrt. Ihre langen Haare tragen sie in einem hohen

Knoten auf dem Kopf; sie gehen barfuß und hüllen sich in ein Stück rötliche Baumwolle.

Einer der Bewohner des *Math* hat es übernommen, eine ziemlich umfangreiche Arbeit für mich auszuführen. Er ist bereit, das Buch des deutschen Professors Deussen über die *Upanischaden* (ein in Europa als Autorität anerkanntes Werk) vollständig durchzugehen und einen Abriss der Passagen zu geben, die ihm von der klassischen hinduistischen Interpretation abzuweichen scheinen. Da dieser Mann in hinduistischer Philosophie sehr beschlagen ist und die Sanskrittexte von Grund auf kennt, wird mir seine Arbeit von großem Nutzen sein.

Benares, 9. Juli 1913

Wir hatten in dieser Woche einen dreitägigen Trubel in unserem normalerweise sehr ruhigen Viertel: das Fest des Gottes der Welt! … Der Gott der Welt ist *Wischnu* in der Gestalt des Dschagannath (d. i. die in Puri verehrte Gottheit) und … es ist eine recht garstige Gestalt. Stell dir drei Puppen vor, deren Köpfe ebenso an einen Affen wie an einen Fisch denken lassen und denen der Mund bis an die Ohren reicht. Diese drei Puppen, von denen eine ein schwarzes, die andere ein rotes und die dritte ein weißes Gesicht hat, versinnbildlichen einen komplizierten Zusammenhang, von dem ich heute nicht weiter sprechen möchte. Genau wie in Puri stehen die Götterbilder auf einem Wagen, und die Masse der Gläubigen zieht an ihnen vorüber, während Priester, die im Dienste dieses Gottes stehen, die mitgebrachten Blumen auf dem Wagen aufschichten. Entlang des Weges, der zum Wagen führt, ist eine Art Jahrmarkt aufgebaut: Buden mit Jongleuren und uralten Holzpferden, Verkäufer religiöser und weltlicher Bilder, Stände, an denen man sich mit Betel eindeckt, der beim Kauen eine geronnenem Blut ähnliche Flüssigkeit absondert, wovon man einen schauderhaft roten Mund bekommt. Die Blumen- und Girlandenhändler lassen sich gar nicht zählen. Es werden Halsbänder aus Blüten in allen Farben und vor allem aus den kleinen grünen Blättern der Tulsipflanze, die *Wischnu* heilig ist, feilgeboten. Man sieht viele Fromme, die mit Blumen oder frischem Grün bekränzt sind, was ihnen einen lustigen Anflug von Griechentum gibt. Man bietet dem Publikum auch in großer Zahl Statuetten aus bemaltem Ton an, die alles Mögliche darstellen: Menschen fressende Tiger, Götter, Nymphen, englische Polizisten. Für jeden Geschmack ist etwas dabei. Auch Fakire sind vertreten; einer liegt auf einem Bett aus dicken Nägeln, deren Spitzen nach oben zeigen; ein anderer hat seinen Kopf in einen Erdhaufen gesteckt, und ein Ausländer würde bestimmt fragen, wie zum Teufel er atmen könne … doch die Geheimnisse des Yoga machen so manches möglich. Ich erblicke einen Mann, einen so genannten *Yogi*, von herrlichem Wuchs, eine richtige Statue aus Tanagra. Er ist vollkommen nackt, bis auf das winzige Stückchen Stoff, mit dem der Schamhaftigkeit der britischen Eroberer Rechnung getragen wird. Seine Haut ist sehr dunkel, er hat sich in Asche und Schlamm gewälzt, und die Schmutzschicht, die ihn bedeckt, verstärkt die Illusion noch; ja gewiss, dies ist eine Statue, die man gerade bei den Ausgrabungen in Herculaneum gefunden hat. Die Haare reichen ihm bis auf die Schultern, die eine dicke Tulsigirlande einrahmt; seine Gesichtszüge sind zart und anmutig … Orpheus hat sich in diese ordinäre Menge verirrt! … In moralischer Hinsicht ist es bestimmt ein unverschämter Strolch, wie man auf Sanskrit sagen würde; doch seine »Moral« sieht man eben nicht, und er gäbe einem Bildhauer ein vortreffliches Modell ab. Ich schaue von einer Terrasse auf diese Person hinab und befinde mich in Begleitung zweier Engländerinnen, einer jüngeren und einer schon etwas reiferen. Ihr Interesse an der Anatomie dieses Pseudo-Orpheus scheint mir denn doch etwas übertrieben, und ich ziehe die jüngere, die verlobt ist, damit auf.

An einem Morgen des Festes trat ich ganz nahe an den Gott heran, um ihn mir anzuschauen. Der Maharadscha von

Benares fuhr gerade vor; er trug einen weißen, goldgeränderten Anzug. Man spannte den gebührenden Sonnenschirm aus goldbesticktem rosa Brokat auf, und der Fürst schritt einmal um den Wagen mit dem Götterstandbild herum, woraufhin er in seinem Auto wieder davonfuhr. So grenzt das Moderne ans Archaische. – Am Wegrand stehen bettelnde Fakire, die ein Almosen von mir wollen. Ich antworte ihnen: »Wie sollte ich Ihnen etwas geben können! Sehen Sie denn nicht, dass ich selbst eine *Sadhu* bin und nichts besitze …« Sie gehen fort, wahrscheinlich enttäuscht, belästigen mich aber nicht weiter. Die freiwillige Armut ist in diesem mystischen Land ein Zeichen geistigen Adels, und sogar für schamlose Strauchdiebe wie die falschen *Sadhus* ist die altüberlieferte Ehrfurcht vor dem echten *Sannjasin* eine Selbstverständlichkeit.

Benares, 13. August 1913

Ich befinde mich jetzt in einer Phase, wo ich im Sanskrit wirkliche Fortschritte mache. Beim Erlernen vieler Dinge kommt es einem manchmal so vor, als trete man auf der Stelle und verstehe überhaupt nichts, bis dann auf einmal alles klar wird und sich herausstellt, dass man selbst in der Zeit, die man schon für verloren hielt, viel gelernt hat. In einigen Tagen beginne ich mit dem zweiten Teil der Grammatik. Ich habe nicht die Absicht, hier in Benares eine Sanskritgelehrte zu werden, und ich habe – unter uns gesagt – auch nicht den Ehrgeiz, es sonst irgendwo zu werden; aber ich werde recht ordentliche Lesekenntnisse besitzen und imstande sein, mein Wissen ohne fremde Hilfe oder doch nur mit der fernen Hilfe befreundeter Orientalisten zu erweitern. Wenn mein »Wedanta« erscheint, wird man mir jedenfalls nicht vorwerfen können, ich verstünde nichts von der Sprache der *Weden* oder der *Upanischaden*; denn dieser Vorwurf wäre natürlich vernichtend für mein Buch.

Benares, 2. September 1913

Mein Aufenthalt im Himalaja hat eine kirchliche Reformbewegung in Gang gebracht, die ein Ausmaß erreicht hat, wie ich es nicht für möglich gehalten hätte. Die Gebildeten beginnen mit kritischen Untersuchungen zur Exegese. Man ist bereit einen beträchtlichen Teil jenes Aberglaubens, der sich allmählich mit der ursprünglichen Philosophie innig vermischt hat, auszumerzen. Für die Bevölkerung werden Meetings organisiert; den grobschlächtigen religiösen Verrichtungen hat man den Kampf angesagt, und man hat die einheimischen *Leptscha* in ihren Dörfern besucht. Vorher hätte sich niemand dieser fast schon ausgestorbenen Rasse angenommen, man verachtete sie vielmehr zutiefst. Jetzt will man versuchen sie vom Fetischismus und den Zauberern, die sie ausbeuten, zu befreien und ihren Kindern Zugang zu den Schulen zu verschaffen. Junge Leute haben sich auch schon bereit erklärt, zu studieren und sich zu Lehrer-Missionaren ausbilden zu lassen. In feierlicher Zeremonie wird man demnächst zweien von ihnen die Ordenstracht anlegen. (Der Mensch ist nun einmal so geschaffen, dass er auf Theaterpomp und äußere Zeichen seiner Wichtigkeit nicht verzichten kann.)

Benares, 17. September 1913

Gestern erhielt ich aus Tibet eine Talisman-Schachtel mit vielerlei Zeug, vor allem Stofffetzen aus Seide, die nach bestimmten Zauberriten geweiht sind, als Glücksbringer gelten und auch noch eine andere, höhere Bedeutung haben, die zu erklären jetzt zu weit führen würde. Die Schachtel ist alt; auf dem Rücken eines alten Lama-Pilgers ist sie über manchen Berg und durch manches Tal getragen worden. Es ist ein von weit her kommendes Andenken, ein naives Zeichen der Wertschätzung … Ich habe diesen etwas kindischen Schrein auf meinen Arbeitstisch gestellt … er ist alles andere als schön, doch er erzählt vom Land des Schnees und der Stürme. Im anderen Teil des Zimmers befindet sich das Porträt eines Herrn Ingenieurs, vor dem ein Strauß bengalischer Rosen prangt … Zwei verschiedene Welten, nicht wahr, mein Lieber?

Benares, 30. September 1913

Ich werde heute Abend nach Ramnagar zurückkehren, um zu sehen, wie weit *Rama*, der Herr, mit seinen Heldentaten ist. Es sind bereits zehn Tage vergangen, seit ich ihn nach seiner Hochzeitsnacht verlassen habe. Inzwischen ist er viel unterwegs gewesen, und ich werde ihn wohl im Walde antreffen, was bedeutet, dass ich auf dem Rücken eines Elefanten durch die abendliche Landschaft reiten und anschließend, vor dem Hintergrund der Hymnen auf »Hari-Wischnu« und der »Hoch-Rama-Tschandra!«-Rufe, eine zauberhafte Rückkehr unter Sternen erleben werde.

Heute Morgen habe ich eines jener verblüffenden Abenteuer erlebt, die in Indien an der Tagesordnung sind. Der *Pandit*, mein Lehrer, sagte gegen Ende der Sanskritstunde plötzlich zu mir: »Ich habe einen Freund, einen siebzig Jahre alten *Pandit*, der sehr unglücklich ist. Er war der geistliche Lehrer *(Guru)* vieler Bengalen, doch seine Schüler verlassen ihn jetzt und gehen nach England; sie halten sich für weiser als er, beachten die Kastenvorschriften nicht mehr, glauben auch nicht mehr an die Götter und … bringen ihrem *Guru* keine Geschenke mehr. Der arme Pandit ist ganz verzweifelt und weiß nicht mehr weiter …« Nach einer kurzen Pause schaut mich mein Lehrer etwas verlegen an – wie Juno, »die List ersinnende« – und fährt fort: »Er möchte gern ein wenig *Tantra* erlernen … dürfte ich ihn einmal mitbringen?« »Wozu? Damit ich ihn den *Tantrismus* lehre? Das ist ja eine tolle Idee! Es fehlt doch in Indien wirklich nicht an ›Tantrikas‹; mag er sich doch an sie wenden! Warum will er eigentlich auf seine alten Tage noch ein derartiges Studium aufnehmen?« »Er will nicht studieren, er will nur lernen ein paar Wunder zu vollbringen.« Ich lache laut los: »Glauben Sie denn, ich könnte ihm welche beibringen? Wollen Sie ihn deshalb mitbringen?« »Das wäre sehr gütig von Ihnen, wir haben alle Mitleid mit ihm. Er sagt immer: ›Ich will gerne auf alles verzichten, sogar auf mein Seelenheil *(mokscha)*, wenn ich meinen Jüngern, die mich verlassen, meine Macht zeigen kann.‹« »Aber Ihr Freund, der *Pandit*, ist besessen; ein Christ würde sagen: ›Er ist bereit, dem Teufel seine Seele zu verkaufen‹, genau das ist sein Geisteszustand. Ich bin aber nicht der Teufel.« Mein Lehrer seufzt: »Nein, Sie sind nicht der Teufel, aber Sie kennen die *Tantras*.« Aha, jetzt weiß ich also, welcher Ruf mir in Benares vorausgeht. Der Grund hierfür ist sicher ganz einfach die Tatsache, dass ich in Tibet und im Himalaja, der Gegend des Wunderbaren, gewesen bin. »Welche Art von Wunder will Ihr Freund denn vollbringen?« »Er möchte Briefe in die Briefkästen seiner Jünger befördern.« Ich bin völlig perplex: »Aber das macht doch der Briefträger tagtäglich; um Wunder dieser Art zu vollbringen, braucht man doch nicht in den *Tantrismus* eingeweiht zu sein.« »Aber nein, nicht so; er möchte, dass die Briefe durch irgendeine unsichtbare Kraft dorthin gelangen … und dann möchte er noch einen Geist (eine Art übernatürliches Wesen) sehen.« »Ihr Freund ist also, mit einem Wort, verrückt; das ist ganz offensichtlich.« Ich habe großes Interesse daran, mich mit dieser typisch hinduistischen Denkweise zu befassen, die sonst immer sorgfältig vor Ausländern verborgen wird. Wie weit werden diese beiden Irren wohl zu gehen bereit sein? Ich denke eine Weile nach und sage dann: »Er muss einem *Wetala* ein Sühneopfer darbringen.« Ich bin mir nicht sicher, ob mir mein Lehrer nicht an den Hals springt, denn ich habe das schauderhafteste Wort ausgesprochen, das für ihn überhaupt vorstellbar ist. Die Beschwörung eines *Wetala* ist ein abscheulicher Vorgang, mit Riten, die einen zu Tode erschrecken können. Das Ganze ist eigentlich symbolisch zu verstehen, aber es finden sich natürlich immer wieder Leute, die unvernünftig genug sind, in ihrer stumpfsinnigen Art etwas Wort für Wort in die Tat umzusetzen, was lediglich im übertragenen Sinne gemeint war. Doch der *Pandit* springt mir nicht an den Hals, er ist sehr ernst: »Tragen Sie es ihm auf und er wird es tun. Er wird zum Krematorium gehen und das Gehirn eines Leichnams aufessen, wenn Sie es von ihm verlangen.« Dies ist jener Abgrund von Wahnsinn, der im Herzen fast aller Hindus verborgen ist. Manche, sogar viele, würden davor zurückschrecken, solche Praktiken zu vollziehen, aber alle glauben an ihren Sinn.

Diese unglückliche Mentalität hat eine verheerende Auswirkung auf die gesellschaftliche Lage in Indien; viele, die nützliche Arbeit leisten könnten, lassen alles im Stich und widmen sich ausschließlich ihren Bemühungen, so genannte »Kräfte« zu erlangen. Am schlimmsten ist, dass diese Geistesverfassung ansteckend ist. Es gibt englische Beamte, die heimlich zu Schülern alter hinduistischer Zauberer geworden sind.

Gangtok, 7. Dezember 1913

Meine Reise in den Himalaja war von unangenehmen Zwischenfällen überschattet. Du weißt ja bereits, dass ich in Radschagriha den Zug – und mit ihm alle Anschlusszüge – verpasst hatte, dass mir die Bahnreise schließlich schrecklich lang wurde und mein Gepäck, das ich aufgegeben hatte, unterwegs hängen blieb. Der Aufstieg durch den Dschungel und herrliche Täler, wie man sie nur im Himalaja zu sehen bekommt, war im Anschluss an diese Widrigkeiten natürlich besonders reizend. Trotzdem gelangte ich ohne weitere Schwierigkeiten nach Gangtok. Einige Kilometer vor dieser winzigen Hauptstadt traf ich auf die in Reih und Glied angetretenen Schuljungen, an ihrer Spitze die Lehrer. Der Schulleiter überreichte mir die traditionelle tibetische

Schärpe, die klassische Ehrengabe des Landes. Dies war der erste Willkommensgruß. Nach einem weiteren Stück Weges tauchte eine Lama-Abordnung auf, dann die Honoratioren und Grundbesitzer, danach ein hoher Lama und schließlich der Thronfolger persönlich. Er hielt, wie die Übrigen, eine Schärpe in der Hand, was eine große Ehre für mich ist, denn angesichts seines Ranges wird nur wenigen diese Reverenz zuteil. Kurz vor dem Ort traf ich noch die Schulmädchen mit der Lehrerin. Du siehst: Alles genau wie bei Herrn Poincaré! Da sich mir die verschiedenen Abordnungen nacheinander anschlossen, zog ich inmitten des malerischsten Geleitzuges, den du dir vorstellen kannst, in Gangtok ein.

Nach den Einheimischen kamen dann die Engländer. Zuerst der Sekretär der Regierungsvertretung, bei dem ich dereinst mein Quartier hatte.

So weit, so gut. Weniger erfreulich ist, dass Herr Bell, der Regierungsvertreter (im Augenblick wird er von jemandem vertreten), von der Konferenz zwischen China, Tibet und England so sehr in Anspruch genommen wird, dass er es versäumt hat, dem Maharadscha von Bhutan meinen für demnächst vorgesehenen Besuch anzukündigen.

Die Folge ist, dass ich hier festsitze. Das heißt natürlich nicht, dass ich untätig bin, denn ich habe heute damit begonnen, mithilfe eines der Volksschullehrer Tibetisch lesen zu lernen. Ich sehe schon, wie du den Kopf schüttelst und denkst, dass sich die kleine Moumi da doch etwas zu viel aufgebürdet hat. Zugegeben, mein Ehrgeiz bezüglich des Tibetischen und des Sanskrits mag in meinem Alter übertrieben erscheinen; doch weißt du, mein Kleiner, das Rheuma und die heimtückische Gelenksteife schreiten ständig fort und gemahnen bereits an lange Tage im Lehnstuhl. Und da man auch im Alter nicht wie eine Pflanze dahinvegetieren möchte, hat es schon sein Gutes, Sanskrit und Tibetisch zu pauken. Ich werde niemals eine erstklassige Gelehrte, aber ich werde in beiden Sprachen über ausreichende Lesekenntnisse verfügen. Ich bin jetzt durchaus in der Lage, meine Sanskritstudien allein weiterzuführen; mit ein wenig Arbeitsaufwand werde ich es im Tibetischen ebenso weit bringen.

Du schreibst in deinem letzten Brief: »Nenne mir eine konkrete Summe.« Mein Lieber, diese Geldangelegenheiten sind mir sehr peinlich. Ich weiß, dass du Opfer bringst, um es mir zu ermöglichen, einen Weg zu beschreiten, den du missbilligst. Ich weiß nicht, was ich dir erwidern soll, und wenn es dir eines Tages angebracht erscheint, »Jetzt reicht's« zu sagen, kann ich ebenfalls nichts dazu sagen … Meine Pläne kennst du: Ich möchte, falls man mich lässt, eine Weile in Tibet bleiben. Dort will ich meine tantrischen Forschungen vervollständigen und anschließend nach Japan weiterreisen, um dort meine vergleichenden Untersuchungen über den nördlichen Buddhismus und den *Wedanta* abzuschließen. Das heißt: noch ein Jahr oder achtzehn Monate! … Aber wenn du das nicht willst – dein Wille geschehe! Ich bin erschöpft und fühle mich alt; die Menschen kommen mir albern und unsinnig vor. Ob echt oder unecht – ich habe mein »Haus der Ruhe«, den Thabor, gefunden, wo es gut ist, »sein Zelt aufzuschlagen«.

The Residency, Gangtok, 13. Dezember 1913

Es ist sehr nett in der Regierungsvertretung. Ich habe ein schönes Zimmer mit dicken Teppichen und herrlichem Blick auf die Gärten, aber ich muss auch einen Preis dafür bezahlen: Abendkleider tragen, mit den Leuten plaudern, die zum Tee kommen, und natürlich den Regierungsvertreter begleiten, wenn er seinerseits Besuche abstattet. Es wäre sehr unhöflich, nicht liebenswürdig zu sein zu Leuten, die so nett wie nur irgend möglich sind. Ich bin schon dauernd am Überlegen, wie ich dem Weihnachtstag mit seinem Liebhaberkonzert, seinem Tee, seinem Abendessen und der Fröhlichkeit dieser braven, gar zu leicht zum Lachen zu bewegenden Leute entrinnen kann. Ich komme mir vor wie eine Hundertjährige, die in einen Kindergarten voll ausgelassener Knirpse gerät.

4. Januar 1914

Was Geschenke anbetrifft, so ist zu sagen, dass mir das neue Jahr das herrliche Gewand einer Lamina (d. i. ein weiblicher Lama) von hohem Rang beschert hat. Das Gewand wurde – den lamaistischen Riten entsprechend – vorschriftsmäßig geweiht, worin sein besonderer Wert besteht. Ein gekauftes Gewand zu tragen wäre nämlich lediglich eine Maskerade, wohingegen ich das meine völlig zu Recht trage. Ist es nicht ein köstliches Reise-Andenken, unter die tibetischen Lamas aufgenommen worden zu sein! Ich erkenne darin sogar noch mehr: ein Zeichen der Sympathie und der Achtung von Seiten der Himalajalamas, und Gunstbeweise dieser Art sind natürlich immer willkommen.

Hinsichtlich des Materials konnte ich feststellen, dass das Gewand sehr warm hält. Während ich diese Zeilen schreibe, habe ich es an und fühle mich wohl darin. Demnächst werde ich mich in diesem sehr orientalischen Kleidungsstück porträtieren lassen. Das Gewand besteht aus dunkelrotem Filzstoff und ist mit einem Kimonokragen aus tiefblauer Seide, entsprechenden Umschlägen an den weiten Ärmeln und – in Höhe der Taille – mit einem gelben Seidengürtel mit Fransen versehen. Man trägt dazu hohe mehrfarbige Stoffstiefel, die grünrot sind, mit hübschen Handstickereien im Tuch. Diese Stiefel werden unterhalb des Knies mit zum Gürtel passenden Bändern zugeschnürt. Dann ist da noch die außergewöhnliche Haube aus goldgelber Chinaseide (Brokat) mit rot eingefassten Plüschumschlägen, die sich vorn oben befinden und gewissermaßen die Form zweier Hörner haben. Schade, dass auf dem Foto keine Farben zu sehen sind!

Gangtok, 11. Januar 1914

Es gibt drei Arten von Glückseligkeit, heißt es in der *Bhagawadgita:* die Glückseligkeit des Tieres, die in Stumpfsinn, Finsternis und Bewusstlosigkeit besteht, die Glückseligkeit der Tatkräftigen, die mit Leidenschaft ein Leben voller Aktivität führen und die Freude am Tätigsein auskosten, und die Glückseligkeit derer, die wissen, was eine Tat ist, wie sie entsteht und wohin sie führt, und die den leidenschaftslosen Frieden erreicht haben, die Seelenruhe, die jenseits von Freude, Schmerz oder irgendwelchen Wünschen ist.

Ich glaube, ich kränke dich nicht, wenn ich dich in die zweite Kategorie einordne: Du bist ein Tatmensch, gehst ganz in der Welt der Form, des Empfindens, des Stoffes auf, wie man im Abendland sagt. So gesehen ist es weise, wenn du danach strebst, dass dir diese Welt nicht abhold ist, dass sie dir jene Art von Glück beschert, dessen sie fähig ist.

Ich sehe schon, wie du ironisch lächelnd feststellst: »Du, Moumi, gehörst natürlich in die oberste Klasse …« Wer weiß? … Vielleicht stehe ich an der Schwelle dorthin, wenn es mir auch noch sehr an Gleichgewicht fehlt. Vielleicht handelt es sich aber auch um die Schwelle zur ersten Stufe, und die Erschöpfung, ein Übermaß geistiger Kämpfe und ein allzu mitgenommenes Hirn lassen mich dorthin zurücksinken. Schon seit langem spreche ich dir von diesem Zweifel: *Nirwana* oder Hinfälligkeit? …

Doch Schluss mit dem Philosophieren. – Übermorgen, so hat es sich unerwartet ergeben, breche ich zu einem abgelegenen Ort im Dschungel auf, wo der Legende zufolge der berühmte *Padmasambhawa* gelebt hat. Ich habe diese Gegend, die in einem Labyrinth waldbedeckter Berge liegt, früher schon einmal aus der Ferne gesehen, als ich in der Nähe von Pemionchi einen Berg erstiegen hatte; ich bin jedoch noch nie da gewesen. Es befinden sich dort – ganz in den Wäldern verborgen – drei Lamaklöster.

Ich hatte vorhin meinen Brief unterbrochen, um etwa fünfundzwanzig Lamas, überwiegend jungen Studenten, denen ich von Zeit zu Zeit eine kleine Vorlesung halte, ein *Sutra* (philosophischer *Pali*-Text) zu erläutern. Dabei haben wir denn diesen Ausflug vereinbart. Er wird in einem zweiwöchigen Ritt durch ein wunderbares Land bestehen. Ich werde zu den Reisekosten meinen Anteil beisteuern, indem ich einige Vorträge über Leben und Werk des *Padmasambhawa* halte, die ich der historischen Wahrheit möglichst weit annähern will, was weder schwierig noch unangenehm sein wird.

Gangtok, 24. Januar 1914

Meine kleine Reise war entzückend, wenn auch strapazenreich. Sie hat mir zu einem etwas »zierlicheren Aussehen« verholfen, wie du sagen würdest. Ich bin auf ungewöhnlichen Pfaden in den Dschungel vorgedrungen und dabei fast ebenso viel zu Fuß gegangen wie geritten, denn die steilen Abhänge aus Fels und Geröll kann man nur zu Fuß hinabsteigen. Ich habe vier Klöster besucht und alte Bekannte wieder getroffen: tibetische *Yogis* mit ganz ungewöhnlichem Verhalten, Leute aus einer anderen Welt. Bei dieser Art von Expedition schläft man nur wenig und isst nicht gerade viel: in aller Frühe Aufstehen, Frühstück, anschließend den ganzen Tag Marschieren, Abendessen am Zielort und danach dann Unterhaltungen und philosophische Diskussionen bis gegen Mitternacht. Doch ich glaube, die Himalajaluft als solche ist nahrhaft, denn man verspürt hier kaum jemals Müdigkeit. Eine Nacht lang war ich bei einem reichen Lama zu Gast, der ein herrliches Haus besitzt (»herrlich« natürlich innerhalb der Grenzen des tibetischen Stils, das ist klar). Man teilte mir ein kleines Zimmer mit Kissen, Teppichen und Tüchern zu, in dem freilich nirgends die Spur einer Waschschüssel zu sehen war. Natürlich habe ich alles Nötige bei mir und meine Badeutensilien haben die Hausherrin in großes Erstaunen versetzt. Mein Zimmerchen stößt an einen großen Raum, den ich als den zweiten in der Rangfolge dieses Hauses bezeichnen möchte; anders nämlich lassen sich die Räume nicht voneinander unterscheiden. Es gibt hier weder Ess- noch Wohnzimmer, sondern nur Allzweckräume, die entweder einen höheren oder einen niedrigeren Rang in der Wohnungshierarchie einnehmen. In dieser Nacht nun hat in jenem Zimmer, das das zweitvornehmste ist, ein mit mir befreundeter tibetischer *Yogi* mit einem seiner Jünger Quartier bezogen. Ich hatte darum gebeten, im Nachbarraum wohnen zu dürfen, denn ich glaubte, der Respekt vor diesem Manne hielte mir die Schar neugieriger Kinder und Diener vom Leibe, die unbedingt wissen wollten, was die europäische Dame in ihrem Zimmer alles tat, und deshalb meine Tür belagerten und aus Leibeskräften darauflosschnatterten. Die beiden Räume mit dem höchsten Rang stehen insofern der »Öffentlichkeit« offen, als man sie, ohne vorher anzuklopfen, betritt und durchquert. Der Grund: Sie haben keine Tür, sondern lediglich Stoffportieren.

Dem Abendessen folgt eine lange Plauderei am Altar, auf dem wertvolle alte Statuetten aus Kupfer und Silber stehen; gegen Mitternacht ziehen sich alle zurück. Ich weiß, dass mein Nachbar der tantrischen Sekte angehört und nachts zu rezitieren pflegt. Erschöpft lege ich mich nieder, schlafe jedoch nicht ein, sondern horche aufmerksam … Alles bleibt ruhig … ich werde beim Warten schläfrig. Da hustet mein Nachbar; bestimmt hat er sich geräuspert, um mit dem Psalmodieren anzufangen! … Doch nein, er hat nur gehustet, schlicht und prosaisch gehustet. Die Minuten, die Viertelstunden verstreichen … ich schlafe ein. Um halb vier Uhr morgens weckt mich ein heiserer Laut. Halleluja! Mein treuer *Yogi* enttäuscht mich nicht. Er beginnt seine frommen Verrichtungen, indem er auf einem zur Trompete umgestalteten menschlichen Schienbein bläst. Im Nu bin ich aus dem Bett, habe mein tibetisches Gewand über das Nachthemd gezogen und öffne die Tür: ein Anblick zum Malen! Das geräumige Zimmer ist dunkel, nur die kleine Altarlampe spendet etwas Licht. Der *Yogi*, ein hoch gewachsener Mann, sitzt – mit gekreuzten Beinen wie die Buddhas – auf Kissen und hält in der rechten Hand den Damaru, die *Schiwa*-Handtrommel, die bei den tibetischen Tantrikas etwas größer ist als sonst; in der linken Hand hält er das rituelle Glöckchen und vor ihm liegt seine makabre Trompete. Sein Schüler, der ihm in der gleichen Position auf dem Fußboden gegenübersitzt, scheint eingenickt. Rhythmisch dröhnt die Trommel, bimmelt das Glöckchen zum monotonen, jedoch siegesgewissen Gesang, der wie schrilles Triumphgeschrei tönt. Manchmal verstummt das Glöckchen und der *Yogi* bläst in das Schienbein, dessen Getöse in beeindruckender Weise die nächtliche Stille zerreißt. Alles wirkt wie ein Traum auf mich, und ich selbst komme mir auf dieser Türschwelle, mit dem gleichen Gewand bekleidet wie die beiden anderen Hexer, wie eine unwirkliche Gestalt vor. Ich kenne den Gesang, der den finsteren Raum erfüllt, zum Teil auswendig. Trotz des totenbeschwörungsähnlichen Drumherums enthält er Gedanken von beträchtlicher Tiefe … Der Lama singt: »Ich bin der furchtlose *Yogi*, der über alle Ängste hinweg ist … Bei meinem Tanz auf dem Trugbild des Ego zertrete ich sie …«

Gewiss ließe sich das Ganze auch ohne Trommel- und Schienbeintrompetenbegleitung machen. Ich selbst könnte ein solches Konzert allenfalls spaßeshalber vollführen; doch man darf natürlich unterschiedliche Mentalitäten nicht über einen Kamm scheren. Diese einzigartige, fantastische Gestalt, die da im Halbdunkel sitzt, dieser diabolische Musiker, der irgendeinem Hexensabbat entronnen zu sein scheint, ist selbstverständlich alles andere als ein Schwachkopf. Ich kenne ihn schon lange, wir haben ausführlich miteinander geplaudert; er ist ein scharfsinniger Philosoph. In dieser Nacht psalmodiert er wohl auch nur mir zuliebe, weil ich ihn darum gebeten habe; normalerweise werden diese Riten nämlich nicht in einem Haus wie diesem, sondern genau an der Stelle, wo man die Toten einäschert, zelebriert. Einmal sagte er zu mir: »Sie dürfen nicht etwa glauben, der aufgeklärte *Yogi* begäbe sich an jenen Ort, um – wie die Masse mutmaßt – Höllengeister und entsetzliche Gottheiten zu beschwören. Nein, er geht dorthin oder er führt seine Schüler dorthin, um seinen eigenen oder ihren Aberglauben zu überwinden, um über den atavistischen Schrecken zu triumphieren, der in unseren tiefsten Gehirnwinkeln nistet, um all die Ängste im Keim zu ersticken, die wir vor dem Unbekannten haben, vor dem Tode und den Verstorbenen, vor jenen Geistern, Dämonen und Göttern, an die unsere Vorfahren glaubten und an die auch wir – in dieser oder jener Form – so gerne glauben, um uns schließlich davon zu überzeugen, dass all das Schreckliche nichts weiter als ein Produkt unserer eigenen Phantasie ist.«

Wie dem auch sei, ich habe jedenfalls dieses exotische Festmahl von Nachtkonzert, das vielleicht noch nie ein Europäer vor mir miterlebt hat, als Feinschmecker genossen. Als alles vorbei war, schloss ich leise meine Tür, legte meinen schweren Lamaüberrock ab und schlüpfte zu einem dreistündigen tiefen Schlaf zwischen meine Decken.

Rangpo, 13. Februar 1914

Es gibt Neues aus Sikkim: Am Abend des 10. ist der alte Maharadscha gestorben. In einem Brief, den er am Morgen des 10. geschrieben hatte, teilte mir der Prinz mit, sein Vater liege im Sterben; unterwegs erfuhren wir dann – am 11., im Laufe des Vormittages –, dass bereits alles vorbei war. Dies ist kein weltbewegendes Ereignis, aber alles ist relativ, und die Hand voll Leute, die zum Palast – wie man hier sagt – gehören, sind in großer Aufregung.

Ich weiß nicht, was sich in den letzten Augenblicken des armen Mannes abgespielt hat, aber bis zu meiner Abreise verharrte er in einer wenig wohlwollenden Haltung dem künftigen Thronfolger gegenüber. Er kam einfach nicht darüber hinweg, dass nicht der Sohn seiner zweiten Frau sein Nachfolger würde. Er versuchte seinen ersten Sohn zu überreden, mit seiner Unterschrift darin einzuwilligen, dass das gesamte Vermögen seines Vaters auf die beiden Kinder aus zweiter Ehe übergeht. Jener weigerte sich zu unterschreiben, und ich glaube auch nicht, dass er nach meiner Abreise nachgegeben hat. Er hatte mich um Rat gefragt, und ich empfahl ihm, sich nicht enterben zu lassen. Sein Halbbruder ist ein netter, einundzwanzigjähriger Junge. Wir sind sehr gute Freunde, und ich will ihm überhaupt nicht übel, aber er sollte mit dem ihm zustehenden Anteil zufrieden sein. Übrigens glaube ich nicht, dass er seinen Vater gedrängt hat, den älteren Bruder zu enterben. Unter den Ratgebern des verstorbenen Radschas waren Leute, die dem vermutlichen Thronerben sehr feindlich gesinnt waren. Zwar halte ich meinen jungen Freund nicht für rachsüchtig, doch dürfte feststehen, dass sich diese Leute heute nicht recht wohl in ihrer Haut fühlen. Wenn die Trauerzeit vorüber ist, wird der neue Maharadscha die kleine birmanische Prinzessin heiraten. Diese moderne Maharani wird die Einheimischen hier ganz schön in Erstaunen versetzen, und das stille Haus des Prinzen wird wohl ein wenig Kopf stehen. Das erste Ereignis wird der Kauf eines schönen Klaviers für die neue Gattin sein, die mir geschrieben hat, dass sie sehr ernsthafte musikalische Studien betreibt. Es handelt sich nicht um eine Heirat aus Neigung, und ich war ein wenig bestürzt, als ich neulich erfuhr, dass der Prinz liebend gern Junggeselle bliebe, wenn ihn die Regierung nicht zur Heirat drängte. Vor dieser ausgelassenen, eigenwilligen Birmanin, die aus einem Lande kommt, in dem die Frauen selbstständiger als in Europa sind, hat er wohl etwas Angst. Die junge Ma Lat ist nicht gerade eine stille, unterwürfige Haremsdame! Wenn sie jedoch erst Kinder haben, ist er bestimmt glücklich, denn Kinder sind seine große Leidenschaft.

Wegen der beschriebenen Verzögerung bin ich in eine Lage geraten, die in einem Lande wie diesem von Zeit zu Zeit vorkommen kann: Meine Nahrungsmittel sind knapp geworden. Wenn morgen mein Gast ankommt, wird er ein recht spärliches Mahl vorfinden.

Also wirklich – ich musste heute Nachmittag erneut über den Gedanken lachen, dass es eine recht strenge Sühne wäre, falls ich hiermit die einst allzu oft begangene Sünde der Naschhaftigkeit zu büßen hätte. Wie lange habe ich eigentlich schon nichts mehr gegessen, was mir wirklich schmeckt? … Wahrscheinlich seit ich aus Tunis fort bin. Mein Lieber, sähest du nur die Delikatessen, die ich zu mir nehme! Ich habe so ziemlich alle Kräuter kennen gelernt: Brennnesseln, Farnkrautspitzen, wilde Wurzeln … was weiß ich noch alles! Und ich bin der Ansicht, dass – obwohl dies pittoreske Gerichte sind – die jungen Erbsen aus Clamart oder der Spargel aus Argentenil nicht Gefahr laufen, in Vergessenheit zu geraten.

Diese tibetischen *Yogis* sind schon eigenartige Leute. Sie kennen auch Methoden (die in einem Land wie dem ihren übrigens sehr nützlich sind), mit denen sie ihren Körper warm halten können. Eine der Proben, die die Neophyten, die diese Art von Ertüchtigung betreiben, bestehen müssen, wird folgendermaßen durchgeführt: Der *Yogi*-Kandidat steht völlig nackt – im Winter! – am Rande eines Flusses. Man taucht ein Tuch in das eiskalte Wasser und wickelt es tropfnass um seinen Körper. Der Mann muss das Tuch mit seiner Körperwärme trocknen. Wenn es trocken ist, wird es wieder nass gemacht und erneut dem *Yogi*-Aspiranten auf die Haut gelegt. Man zählt, wie viele Tücher er an einem Tag zu trocknen imstande ist. Manche sollen es auf 24 gebracht haben. Ich kenne auch Leute, die auf diese Weise nasse Wäsche trocknen, kann hierbei aber keine Zahlen nennen. Ich selbst habe es niemals so weit gebracht, Tücher zu trocknen, und bin lediglich in der Lage, meine Füße zu wärmen, wenn sie kalt sind, doch ich gebe offen zu, dass ich nicht genau weiß, wie das Ganze funktioniert. Es geht, das ist auch mir klar, ganz einfach darum, das Blut in dem erkalteten Körperteil wieder zum Zirkulieren zu bringen. Da ich jedoch den »Trick« allein entdeckt habe und ohne Methode vorgehe, ist die Übung so anstrengend für mich, dass ich oft lieber kalte Füße behalte. Dagegen gelingt es mir beispielsweise sehr leicht, inmitten der größten Hitze eine Empfindung von Kälte zu erlangen.

Wir sind schon eigenartige Maschinen, findest du nicht auch, Herr Ingenieur? …

Tumlong, 12. März 1914, Kloster Phodhang

Ich habe gerade ein paar äußerst interessante Tage hinter mir, an denen eine ganze Reihe von Festen mit überaus malerischen Zeremonien stattfand. Die sonst so ruhige Gegend, in der die *Gömpa* aufragt, war von ungewöhnlichen Klängen erfüllt. Von halb vier Uhr morgens bis zum Einbruch der Nacht rissen Instrumentalmusik, Psalmodieren und Rezitationen nicht ab. Es fanden Prozessionen statt, wie man sie sonst allenfalls in der Oper zu sehen bekommt, und unter freiem Himmel wurden hochinteressante Riten vollzogen. Unterdessen schritten die Lamas, die sich im Tempel versammelt hatten, zu anderen Verrichtungen: Verlesung heiliger Texte und ähnliche Tätigkeiten.

Du kannst dir vorstellen, dass ich mir alles ganz genau angeschaut und angehört habe und dass diese Orgie der Klänge und Farben, die vor knapp zwei Stunden zu Ende gegangen ist, recht anstrengend für mich war. Zu deiner Erheiterung sei noch hinzugefügt, dass mir der Maharadscha eigens einen Dolmetscher geschickt hat und ich heute Nachmittag vor einem zahlreichen Lamapublikum über einen Abschnitt aus einem tibetischen *Sutra* gepredigt habe.

Phodhang Gömpa, 18. März 1914

Es gibt nichts Neues von hier zu berichten; nach dem malerischen Durcheinander der Festlichkeiten zu Beginn des tibetischen Jahres ist alles wieder still geworden. Nur am Morgen und zu jener abendlichen Stunde, wenn im Tempel die Lampen vor den Statuen der Großlamas entzündet werden, erinnert einen der Gongschlag daran, dass die Zeit verrinnt.

Inzwischen haben wir zur Abwechslung einen Orkan gehabt, der in meinem Zimmer alles durcheinander gebracht, mein luftiges Badezimmer teilweise zerstört und im Kloster so manches Fenster eingedrückt hat. Nachdem er uns genügend Aufräumungs- und Reparaturarbeiten zurückgelassen hatte, hielt der Wirbelsturm es schließlich für gut weiterzuziehen …

Gestern habe ich zusammen mit Dodschi und einem *Lama* eine reizende Klettertour unternommen. Anschließend sind wir wie wilde Tiere durchs Buschwerk wieder hinuntergekrabbelt. Die Lamas wollen mir auf einem der Berggipfel in der näheren Umgebung eine Hütte bauen, damit ich mich dort je nach Gutdünken aufhalten kann. Vielleicht mehr noch als in Indien ist es hier üblich, dass sich wichtige Leute aus dem Bereich der Kirche von Zeit zu Zeit auf einen schroffen Berggipfel zurückziehen. Ich habe überhaupt nichts gegen diese Sitte, doch waren meine Träume, offen gestanden, etwas bescheidener. Ich dachte lediglich an eine Laubhütte in unmittelbarer Nähe der *Gömpa*, sozusagen ein »Häuschen auf dem Lande« als Ziel meiner Spaziergänge, als Ort, wo ich nachmittags ein wenig über meinen Büchern hocken kann. Die braven Lamas haben natürlich keinen Augenblick lang etwas von meinem vergleichsweise armseligen Projekt geahnt, vielmehr haben sie mir – hoch droben in den Wolken – die Bergkämme gezeigt, die sie als meiner würdig erachten. So konnte ich denn meinen prosaischen, allzu bürgerlichen Wunsch kaum vorbringen. Als wir uns gestern in beträchtlicher Höhe niedergelassen hatten, gab mir der Lama zu verstehen, dass der Ort zwar schon recht anständig sei, dass es jedoch bessere gebe und man darauf brenne, mir eine großartigere Hütte anzubieten, und er zeigte mir am Horizont einen bewaldeten Bergkamm, wo sich allem Anschein nach berühmte *Yogis* aufgehalten haben. Ich will dir nicht verhehlen, dass ich den Ort aus der Entfernung mit einigem Argwohn betrachtet habe. Bei klarem Wetter, wenn das unter einer Schneedecke liegende Massiv des Kangchendzönga zu sehen ist, muss es dort ganz herrlich sein. Aber bei Regen, Hagelschlag oder in der Nacht … brr! Ich spüre bei dem bloßen Gedanken schon den eisigen Wind, der einen erstarren lässt. Trotzdem werde ich wohl demnächst hinaufklettern, um mich dort oben einmal umzusehen … aber ich glaube, ich werde auf die Wonne der »Größe« verzichten und mich mit dem einsamen, in etwa 2000 m Höhe gelegenen Plätzchen, das ich gestern gesehen habe, zufrieden geben. Die andere Stelle liegt bei knapp 3000 m, wenn nicht darüber.

Es ist schon ein eigenartiges Leben, wenn man dort ganz allein, ohne eine Menschenseele zu Gesicht zu bekommen – abgesehen von dem Bauern, der einen alle drei bis vier Tage mit Wasser versorgt – Wochen, Monate oder gar, wie es manche tun, Jahre verbringt. Man stellt sich seinen Tee selbst her, mischt Gerstenmehl darunter, isst Käse und eine Suppe aus Trockenfleisch, falls man Tibeter ist; wenn man ein Eremit aus dem Abendland ist, bringt man Konservendosen mit. Wenn man will, kann man es als Spiel bezeichnen, ein Spiel freilich, das nicht jedermanns Sache ist. Ich kenne sehr viele, die für diese einsamen Dschungelnächte in einer winzigen Bambushütte wenig übrig haben.

Es gibt jedoch keine Tiger hier, allenfalls ein paar Leoparden und, besonders in abgelegenen Wäldern, einige Bären. Übrigens ist ein *Yogi* oder, wie er in tibetischer Sprache heißt, *Gömptschen* über jeden Verdacht der Furcht erhaben. Er beherrscht und besiegt jede Gefahr. Das ist ja sehr nett, und ich zerbreche mir auch gar nicht den Kopf über Gefahren, die dann doch nicht eintreten; ich fürchte jedoch ernstlich, kein Wasser für meinen Waschzuber zu haben oder mich beim Feuermachen ungeschickt anzustellen. Doch wie dem auch sei – es reizt mich, dieses Leben kennen zu lernen, und die guten Lamas tun wirklich alles, um mir eine Erfahrung zu ermöglichen, die trotz einer ausgezeichneten Gelegenheit versäumt zu haben ich immer bereuen müsste.

Tumlong, Phodhang Gömpa, 21. März 1914

Ich habe gerade deinen Brief vom 20. Februar erhalten. Es sind Kulis aus Gangtok gekommen, die mir zehn Brote, einen Kanister Petroleum u. a. gebracht haben; ihnen hatte man meine Post mitgegeben, und wenn sie morgen wieder aufbrechen, werde auch ich ihnen meine Briefe zur Beförderung anvertrauen … Dies sind fast schon die einzigen Ereignisse in dem einfachen Leben, das ich hier führe.

Gestern bin ich zu der Hütte, die man für mich baut, hinaufgeklettert, und auch heute Nachmittag wollte ich auf einem Spaziergang nach ihr sehen, musste jedoch auf halbem Wege schleunigst umkehren, weil ein Gewitter aufzog.

Kaum vorstellbar, dass man an einem Leben mit so wenig Annehmlichkeiten Gefallen finden kann! … Dein Brief, mein Lieber, hat mir das wieder bewusst gemacht. Du willst Tunis verlassen, das »schöne große Haus«, an dem ich hing, loswerden, und du hast selbstverständlich ein Recht zu sagen: Ich verlasse mich immer weniger auf das, was du im Leben vorhast. Ich weiß, dass ich für dich nur mehr eine Silhouette bin, die von Tag zu Tag undeutlicher wird und vor dir unbekannten Horizonten entschwindet. Und weil ich es weiß, bin ich von grenzenloser Dankbarkeit erfüllt für die Unterstützung, die du mit solcher Ausdauer diesem kleinen fernen Phantom gewährst, das du als Moumi kennen gelernt hast.

Vielleicht bin ich »verzaubert«, wie die Personen in den alten Ritterromanen. Vielleicht hat mich irgendein Zauberer behext ... mit jenem Zauberspruch, der die Buddhas und alle, die ihnen nachfolgen, an jenen »anderen Weg« fesselt, der nicht der normale ist. Die Hindus wissen hierüber genau Bescheid, sie sprechen von »niwritti marga« und »prawritti marga«. »Prawritti marga« ist der Weg, auf dem man an die Wirklichkeit der Welt und des »Ich« glaubt, wo man diesem »Ich« alle Befriedigungen verschaffen will, die es steigern, verstärken, in Erregung versetzen. »Niwritti marga« ist der Weg, auf dem man – wie langsam auch immer – der Auflösung des »Ich« entgegengeht, dem Aufhören des Dranges, ein Individuum sein zu wollen, aus dem weitere »Ichs« entstehen. Es ist der Weg der Gelassenheit und inneren Ruhe. Selbst wenn man diesen Weg kaum erst tastend betreten hat – wie sollte man je wieder von ihm loskommen? ... Man wäre mehr als ein Narr! Und wäre man denn dazu überhaupt in der Lage? Ich glaube nicht an die Willensfreiheit. Wie sollte ein Lebewesen, das das Ergebnis vorausgehender Ursachen ist, das aus ihnen entstanden ist, nicht auch in seinen Handlungen von diesen Ursachen beeinflusst sein! Ich bin meine Eltern, meine Vorfahren, meine Lehrer, die Bücher, die ich gelesen habe, die Nahrung, die ich gegessen habe, die Luft, die ich geatmet habe, die Menschen, mit denen ich verkehrt habe, das Milieu, in dem ich gelebt habe. All dies zusammen, all diese Lebenspartikel, die aus so mannigfachen und unterschiedlichen Elementen stammen, machen mein »Ich« aus ... ein anderes habe ich nicht.

Ich glaube nicht, dass man diesen Weg des »niwritti« wählen kann; er bietet sich einem ganz einfach an. Es mag durchaus zutreffen, dass die Buddhas denen, die sie nicht verstehen, wie abscheuliche Egoisten vorkommen ... Und doch ist es nur ihr Verdienst und das der Gedanken, die sie in der Welt zurückgelassen und die sich bestimmter Gehirne bemächtigt haben, dass so mancher das gefunden hat, was ihm sonst niemand hätte geben können: Ruhe und Frieden. Ich will nicht verhehlen, dass ich zu diesen Menschen gehöre und der Lehre der Buddhas etwas unendlich Kostbares verdanke, das mir sonst nichts und niemand hätte geben können.

Ich bin weder tot noch im Zustand des Verfalls begriffen; ich widme mich Sprachstudien, die gemeinhin als beschwerlich angesehen werden. Ich möchte Bücher schreiben, aber ich möchte es ohne Hast tun. Ich lege überhaupt keinen Wert auf Berühmtheit. So etwas wäre armselig.

All dies, mein großer, lieber Freund, ist weder erfreulich noch angenehm für dich, denn du glaubst nicht an die »niwritti marga« und legst auch gar keinen Wert darauf, an sie zu glauben.

27. März 1914

Selbstverständlich gibt es Menschen, die so denken wie Jesus, der Martha ihres Eifers wegen tadelt: »Martha, du sorgst dich um vieles; nur eines indessen ist wichtig.« Du gehörst nicht zu ihnen, und ich gebe offen zu, dass dies für einen Menschen, der ein Rädchen im Getriebe des westlichen Lebens ist, auch beinahe unmöglich ist.

Sich hinsetzen und stundenlang meditieren, irgendeine Wassersuppe essen und in einer Bambushütte wohnen, das ist in Indien und im Himalaja möglich, nicht aber in Chaville, Boulogne oder auch nur in Bône. Das wäre witz- und reizlos, unästhetisch, mit der unpassenden, ja feindlichen Umgebung nicht vereinbar. Wollte man es dennoch versuchen, so glaube ich, dass es eher mit Irrenanstalt als mit höchster Weisheit zu tun hätte.

Und deshalb – ich leugne es nicht – schreckt mich die Vorstellung ein wenig, ins abendländische Leben zurückzukehren. Ich würde gleichzeitig mit meinem *Yogi*-Gewand auch die unsichtbare Hülle des Friedens, der mich hier umgibt, ablegen;

ich wäre wieder eine »Dame« – und zwar diesmal eine alte Dame –, die die Strapaze auf sich nähme, ihre Hüte so auszuwählen, dass sie die Falten ihres Gesichts verbergen und damit ein klein wenig Selbstbetrug ermöglichen; ich würde wieder Bekannte zu Tee und Abendessen zu mir bitten, würde selbst eingeladen werden und müsste das leere Gerede von Männern und Frauen ertragen, die dem Tode entgegentrotten wie eine Herde ahnungsloser Schafe dem Schlachthof, müsste ihre Grimassen, ihre unsinnige Erregung mit ansehen, wenn sie sich ereifern, und wäre gezwungen, mich wie sie zu verhalten … Welch erhebende Aussicht!

Blicke ich auf meine Jugend – einschließlich meiner Kindheit – und alle die Tage, die darauf folgten, zurück, so habe ich den Eindruck, einem Alptraum, einem glühenden Backofen entronnen zu sein … Ist es da verwunderlich, dass ich die Befreiung als eine Wohltat empfinde und den Vers des *Dhammapada* zitiere, der lautet: »Reizvoll ist die Einsamkeit des Waldes für den *Yogi*, dessen Herz frei von Wünschen ist.«

Es trifft nicht zu, mein Lieber, dass ich keine Zuneigung zu dir habe; sie ist vielmehr inniger und tiefer als je zuvor, und zwar nicht nur aus Dankbarkeit, sondern weil ich dich besser verstehe als früher. Auch du, mein lieber Kleiner, bist, was ich gewesen bin und die meisten sind: ein armer Schmetterling, der um eine Lampe flattert und sich an der Flamme die Flügel verbrennt. Auch du bist in jenem Glutofen, jener Folterkammer, die »Welt« und »Leben« heißen. Du hast dich abgemüht, und doch ist es dir ebenso wenig wie all denen, die deinen Irrtum teilen, gelungen, das Wasser der Luftspiegelung, das Trugbild des Glücks zu erhaschen.

Dieses Trugbild hat viele Namen und nimmt mancherlei Gestalt an: Ehrgeiz, Reichtum, Liebe, eine Frau, ein Mann … doch immer rinnt es einem durch die Finger, wird zu Asche und lockt einen doch – in veränderter Gestalt – weiter und weiter: ein trauriges Keuchen und Hasten, das im Abgrund endet. Man muss die Weisen beneiden, die sich von diesem

Trugbild befreien, ihm die Stirn bieten, ihm nicht blind hinterherlaufen.

Gangtok, 27. April 1914

Gestern habe ich mein Kloster verlassen und bin nach einem fünfstündigen Ritt durchs Gebirge in Gangtok eingetroffen.

Ich bin jetzt also darüber informiert, dass du aus Tunis fort bist und dich in Bône niedergelassen hast.

Oh, ja – du hast natürlich auch von dem »großen schönen Haus« Abschied genommen … an das ich ein wenig schwermütig zurückdenke … doch Vergleichbares gilt wahrscheinlich für die meisten Dinge dieser Welt. Ich habe sehr an diesem schönen Haus gehangen … Warum? Nun, mit seinen Gittern und schweren Türen war es ein wenig Kloster und Tempel für mich, und wenn abends in den dunklen Winkeln die Lampen entzündet wurden, gewann das muslimische Hausinnere einen mystischen Zauber, der mich sehr beeindruckte.

Das schöne Haus … es schmeichelte den Träumen, die ich philosophierende Nonne dort träumte.

Weißt du, es ist alles gut, mein Kleiner. Nur im Traum sind die Lebewesen uns gewogen, nur dann ist es gut, wenn sie uns nahe sind … im wirklichen Leben sind sie Steine mit spitzen Ecken, an denen man sich stößt und verletzt. Der Egoismus ist das Gesetz, das eherne und unverrückbare Gesetz, für alles, was an die Existenz eines »Ich« glaubt.

Mein lieber Kleiner, du wirst mit den Achseln zucken – tu es ruhig –, aber du wirst von der fernen Reisenden, die ich bin, mehr geliebt, mehr wirklich geliebt als deine Freunde von ihren aufopfernden Gattinnen. Das kümmert dich nicht, oder? Was du suchst – viele andere tun es auch, und ich tadele dich nicht dafür –, ist der Schein, das Äußere, die Grimasse der Zuneigung, der Fürsorglichkeit, die scheinheilige Geste des Augenblicks. Es stört dich nicht, wenn die Schauspielerin hinter deinem Rücken »Gott sei Dank« sagt und ihre Komödie verflucht. Es ist besser, den Dingen und Gefühlen nicht auf den Grund zu gehen, nicht wahr? Solche Untersuchungen interessieren nur den Philosophen, und sie führen ihn zu extremen Positionen, die besonnene Leute verwerfen.

Du urteilst streng über mich, mein Freund, wenn du sagst: »Deine Gleichgültigkeit gegenüber dem Bedürfnis nach Zuneigung verlangt, dass du sie ersetzt durch das Vergnügen, verehrt zu werden, Schmeicheleien zu hören, den Heiligen, den Apostel zu spielen. Wenn du einmal auf Bewunderung und Achtung verzichten müsstest, würdest du dich leer fühlen.« Ich glaube, du bist im Irrtum, Mouchy. Oh, gewiss! Ich weiß, dass ich dir kaum Anlass gegeben habe, mich für eine Heilige zu halten, da spottest du zu Recht. Auch ich bezweifle sehr, dass ich zu einer Heiligen geworden bin; ich war es nie. Übrigens: »Heiligkeit« ist ein Begriff, der in der Lehre, zu der ich mich bekenne, ungebräuchlich ist. Bei den Buddhisten gibt es keine Heiligen; dort gibt es die, »die wissen«, »die erwacht sind«. Die Übrigen – nun ja …

Gangtok, 5. Mai 1914

Ich habe eine ungewöhnliche Einladung bekommen. Ein berühmter tibetischer *Yogi* hat mich aufgefordert, ihn zu besuchen und einige Zeit bei ihm zu bleiben, wenn er demnächst hoch droben in den Wolken, in einer Höhle an der tibetischen Grenze sein Quartier aufgeschlagen hat. Ich kenne diesen Mann gut, habe mit ihm stundenlang über die philosophischen Probleme des *Wedanta* und des Buddhismus diskutiert. Ich schätze ihn besonders wegen seines Scharfsinns und der kühnen Theorien, die er vertritt. Ich habe natürlich voll Dankbarkeit eine Einladung angenommen, die höchstwahrscheinlich noch kein *Yogi* aus dem Schneeland an einen Europäer gerichtet hat.

Die Reise ist verlockend, die Strecke ist mir zum Teil bekannt. Der Horst dieses *Yogi* befindet sich in etwa 4500 m Höhe, in der Nähe eines sehr schönen Sees, wie man mir gesagt hat. Ich kann mir vorstellen, dass es dort oben sogar im Juli nicht sehr heiß ist. Zum Glück habe ich diesmal ein gutes, vollständig dichtes Zelt, und vielleicht finde ich eine Höhle oder irgendeinen Felsvorsprung, wo ich es an windgeschützter Stelle aufschlagen kann.

Allein die Reise ist schon ein Erlebnis. Doch sie ist nicht alles. Der, der mich einlädt, ist kein Wirrkopf. Er will mir einiges beibringen, was mit den geheimnisvollen Theorien und Praktiken des tibetischen *Tantrismus* zu tun hat, in den er eingeweiht ist. Meine Neugier und – mehr noch als meine Neugier – mein Interesse als Orientalistin und Philosophin sind erwacht. Es ist mühsam, so unendlich schwierig, in Asien etwas zu lernen. Alles ist dort so verschlossen, wird so geheim gehalten. Die Leute und sogar die Dinge sind so unzugänglich und zurückhaltend. Kannst du dir vorstellen, dass sogar hier, wo man mich seit langem kennt, wo ich in allen Klöstern gepredigt habe, viele mich noch immer im Verdacht haben, eine christliche Missionarin zu sein, die sich als Buddhistin verkleidet hat, um die Bevölkerung zu täuschen und von ihrer Religion abzubringen! Die hohen Lamas haben es mir erzählt, denn zumindest sie haben mich nach mancherlei Prüfung und Befragung über philosophische Gegenstände angenommen.

Wie sehr wünschte ich mir, fließend Tibetisch sprechen zu können! Ich erschlösse mir damit eine faszinierende Literatur und einen ganz eigenen Menschenschlag, der die hohe Philosophie Indiens mit dem besonderen Humor der Gelben verbindet.

Gangtok, Palace Guest-House, 10. Mai 1914

Ich stecke bis zum Halse in Schwierigkeiten. Wie ich dir bereits mitgeteilt habe, hat sich mein tibetischer Boy in eine Teeverkäuferin verliebt, eine zweite Carmen, die ihn verrückt und – was schlimmer ist – zum Dieb gemacht hat. Es gab einen Skandal, weil er seine Schöne, die aus Gangtok angereist war, mit ins Kloster brachte und die beiden sogar die Kühnheit hatten, dort miteinander zu schlafen. Man beschwerte sich, und ich hätte die Lamas zutiefst beleidigt, falls ich versucht hätte, den Jungen vor der verdienten Strafe zu bewahren. Außerdem hat er sich mir gegenüber schlecht betragen und verschiedene Sachen (ohne großen Wert) gestohlen, um sie der Dame seines Herzens zu schenken. Er hatte sich zu einem richtigen Schwachkopf entwickelt; denn wenn auch die Liebe den Mädchen Geist verleiht, so macht sie doch die Jungen beschränkt. Das ist wohl überall auf der Welt so. Schließlich kochte er mir sogar eine Süßspeise mit Pilzen statt Rührei mit Pilzen.

Kurz, ich bin ihn los! Aber das ist alles andere als lustig für mich. Mit meinen Tibetischkenntnissen ist es noch nicht allzu weit her, und der Diener, der mir geblieben ist, versteht kein Wort Englisch. Unsere Zwiegespräche sind recht unterhaltsam: eine mit vielen Gesten bereicherte Mischung aus Tibetisch und Hindi. Ich bin jedoch trotzdem noch am Leben, mein jetziger Diener kann ein wenig kochen und kommt mir besonders eifrig vor, seit der andere weg ist. Er hat mir jedoch abermals Süßspeise mit Pilzen serviert, weil er es bei dem anderen Boy so gesehen hatte und annahm, es handele sich um ein Gericht so recht nach meinem Geschmack. Ich träume davon, ihm auf Tibetisch zu verstehen geben zu können, dass er mit der Zubereitung dieses kulinarischen Phänomens doch endlich Schluss machen soll.

Gangtok, 1. Juni 1914

Falls du mich mit deinem letzten Brief tiefer in meine Betrachtungen versenken und mir das Elend aller Dinge deutlicher machen wolltest, falls du mir das *Dhammapada*-Wort »Worüber sollte man lachen, worüber sich freuen auf dieser Welt? …« ins Gedächtnis zurückrufen wolltest, so hast du vollen Erfolg damit gehabt.

Warst du erzürnt, als du mir in deinem Brief schriebst, wenn ich zurückkehren würde, so nur, um bald wieder auf die »gewohnten schmutzigen Wege« zurückzukehren? Weshalb sollte ich auf schmutzigen Wegen gehen? Weshalb sollte ich mich in den Dreck begeben? Wozu? Könntest du mir das erklären?

Du schreibst, du willst nach einem »mitfühlenden Herzen« Ausschau halten. Und du weichst damit nicht von der Norm ab. Schon seit langer Zeit verkünden die *Upanischaden*: Um der Liebe zum »Selbst« willen sind wir liebe Menschen, Eltern, Freunde und vieles andere. Modern ausgedrückt heißt das, dass wir nur unsere eigenen Empfindungen, die Befriedigung unserer Wünsche lieben. Das trifft sogar auf die Märtyrer zu, die den Scheiterhaufen besteigen.

Deine Drohung, mein armer Freund, lässt mir ganz einfach folgende Antwort nahe liegend erscheinen: Wenn deiner Meinung nach jede Beliebige meine Rolle an deiner Seite ausfüllen kann, weshalb sollte ich mir dann weiterhin Gedanken über eine Verantwortung und eine Pflicht machen, die – wie du mir ja selbst zeigst – so leicht ersetzbar sind?

Ich räume ein, dass ich mich hinsichtlich der Beweggründe deines Verhaltens seit meiner Abreise getäuscht habe. Ich glaubte, du hättest mit der Zeit, mit dem Alter und der Gelegenheit zum Nachdenken endlich begriffen, in welchen Abgrund seelischer Qualen du mich dereinst gestürzt hattest; ich nahm an, du hättest über die vier Jahre in La Goulette nachgedacht, in denen sich beinahe mein Verstand verdüstert hätte. Ich glaubte, du hättest dich der genau berechneten Erniedrigungen erinnert, die du mir zugefügt hast, der Art und Weise, wie du auf meinem Feingefühl herumgetrampelt bist und die schwierige Lage, in der ich mich damals befand, ausgenutzt hast.

All das liegt weit, weit zurück; ich habe meinen Frieden gefunden und denke an diese Tage der Verwirrung mit der Gleichgültigkeit eines Außenstehenden und ohne Zorn, ohne Bedauern zurück. Sie waren mir eine furchtbare, aber heilsame Lehre.

Nun ja, ich gebe zu, ich hatte angenommen, du hättest das alles endlich eingesehen und hättest beschlossen, mir bei meinen Vorbereitungen für einen friedlichen Lebensabend behilflich zu sein, vielleicht weil du glaubtest, es sei ein gutes Werk.

Anscheinend habe ich mich getäuscht. Du schreibst mir, du habest meine gelehrten Pilgerfahrten nicht mit dem Blick auf die Vergangenheit, sondern auf die Zukunft voll Interesse und Sympathie verfolgt. Ja, ich weiß: Für dich und viele andere zählt die Vergangenheit wenig. Menschen und Dinge sind schnell über Bord geworfen.

2. Juni 1914

Heute ist der Tag, an dem die Post aus Europa ankommt, aber von Mouchy war nichts dabei. Als man mir keinen Brief brachte, schickte ich einen Diener zum Maharadscha, der nachsehen sollte, ob nicht aus Versehen ein Brief dort geblieben wäre. Doch nichts … du hast sicher viel zu tun … oder keine Lust zu schreiben …

Gangtok, Palace Guest-House, 9. Juni 1914

Heute ist wieder Posttag und wieder hat mir der Briefträger nichts von dir gebracht. Nun hast du schon zwei Wochen lang keine Zeit gefunden oder keine Lust gehabt, mir zu schreiben … Ich empfinde keinen Zorn darüber, bin dir nicht böse. Ich sitze an einem kleinen Schreibtisch am offenen Fenster; vor mir liegt eine großartige Landschaft mit riesigen Bergen, deren Gipfel eine schwarze Waldkrone bedeckt. Es ist heiß – im Himalaja bedeutet das etwa 25 Grad –, ich habe meine dicke Kleidung abgelegt und trage, wie in Benares, mein orangefarbenes Musselingewand und Sandalen … Das ist nicht elegant, soll es auch nicht sein … Einsamkeit, Mattigkeit, Verzicht kommen darin zum Ausdruck … heißt es doch in der *Gitagowinda*: »Ganz nahe beim Verzicht liegt die Glückseligkeit.«

Das »Menschenleben«, wie du sagst, ist Unruhe, Angst, ein ständiger Kampf mit dem Ziel Dinge festzuhalten, die doch so schwankend und flüchtig sind wie eine Welle. Mein armer lieber Kleiner, man muss ständig auf der Hut sein, muss darum kämpfen, wenn man sich die Zuneigung der Lebewesen erhalten will; Sympathie und Liebe muss man hegen, indem man den Gefühlen derer, die einen lieben, ständig neue Nahrung gibt. Warum sollten sie einen denn auch lieben, wenn man ihnen nicht eine Quelle der Freude ist? – Ebenso logisch wie legitim scheint es mir zu sein, dass das »Menschenleben« ein Markt ist, auf dem die Lebewesen Handel treiben. Doch welch eine Mattigkeit erzeugt diese dauernde Nervenanspannung! Eines Tages kann und will man einfach nicht mehr … man öffnet die Hände, die das geliebte Spielzeug umklammert hielten, und sieht, wie der reißende Strom der Zeit es mit sich hinwegspült … Man verliert es aus den Augen … und wird nie erfahren, was aus ihm geworden ist. Und … man bleibt allein zurück, so allein, wie man es im Grunde genommen immer war.

Gangtok, 28. Juli 1914

Ich bin gestern umgezogen und schreibe dir in ganz neuer Umgebung. Man rechnet hier damit, dass der tibetische Premierminister in wenigen Tagen von der chinesisch-tibetischen Konferenz zurückkehrt, die etwa ein Jahr gedauert hat und unter der Schirmherrschaft und Kontrolle der britischen Regierung in Delhi und Simla stattfand. Diese Konferenz hat übrigens zu keinem Ergebnis geführt. Zwischen China und Tibet wurde weder eine Vereinbarung getroffen noch ein Vertrag unterzeichnet, und einem Gerücht zufolge ist es an der chinesischen Grenze bereits wieder zu Feindseligkeiten gekommen.

Was besondere Vorkommnisse anlangt, so ist zu erwähnen, dass es vergangene Woche einen heftigen Erdstoß gegeben hat.

Gangtok, 10. August 1914

Die Nachricht vom Kriegsausbruch hat hier, wie wohl überall, wie ein Blitz eingeschlagen. Für die betroffenen Menschen bedeutet das Schrecken und Elend. In allen Nationen wird Zerstörung und Trauer die Folge sein. Im Allgemeinen gesehen ist dieses Gewitter vielleicht besser als die Fortsetzung des »bewaffneten Friedens«, der alle Länder Europas stark in Mitleidenschaft zog. Besonders für uns, so scheint mir, ist die Lage so glücklich wie nur irgend möglich. Ein Krieg zwischen uns und Deutschland wäre früher oder später sowieso unvermeidlich gewesen. Wir hatten ihn bisher nur mit dauernden Zugeständnissen und Demütigungen vermeiden können: Algeciras, die Abtretung des Kongos und andere, weniger bedeutsame Ereignisse waren ein Zeichen unserer Ohnmacht und Furcht, was unsere Nachbarn nur immer anmaßender werden ließ. Eines Tages wäre das Fass übergelaufen, und wir wären verzweifelt in einen ungleichen Kampf gezogen, den wir von vornherein verloren hätten. Heute jedoch sieht es anders aus. Obwohl die russische Armee der deutschen wahrscheinlich nicht gleichwertig ist, wirft sie doch mit ihrer riesigen Menschenzahl ein entscheidendes Gewicht in die Waagschale. Russland hält lange stand; Deutschland dagegen wird vom russischen Getreide, von dem es lebt, abgeschnitten sein. Binnen weniger Monate wird das zu einer Hungersnot führen. Die Entscheidung Englands hat in Deutschland zweifelsohne Bestürzung hervorgerufen. Zu Lande können uns die Engländer zwar kaum nützlich sein, aber sie werden verhindern, dass unsere Atlantikhäfen bombardiert werden oder eine deutsche Flotte ins Mittelmeer gelangt. Vielleicht können sie uns auch zwei- oder dreihunderttausend Mann schicken. 200 000, für die Australien aufkommt und während des gesamten Krieges Ausrüstung liefern will, sind ihnen gerade erst zur Verfügung gestellt worden. Alle englischen Kolonien haben Soldaten und Geld angeboten. Sogar der Maharadscha von Nepal hat sich bereit erklärt, seine gesamte Armee in Europa kämpfen zu lassen. Die Radschas von Indien bieten Millionen an. Wahrscheinlich werden die Deutschen schlagartig ihre Handelsmarine verlieren, auf die sie so stolz waren. Sie haben sich in eine üble Lage hineinmanövriert. Jetzt haben sie alle Welt gegen sich. Ihr Angriff auf Belgien wird scharf verurteilt. Die englischen Zeitungen haben Deutschland zum Feind der Allgemeinheit erklärt, den man zum Wohle Europas vernichten müsse.

Ich habe vom tragischen Ende Jaurès'[16] gehört. Das geschah wirklich unerwartet. Wie ist die Haltung der französischen Parteien dazu? Ich nehme an, dass sich alle darin einig sind, das Vaterland verteidigen zu müssen. So absurd mir patriotische Erklärungen vor einer Fahne auch vorkommen mögen, so hielte ich es doch für idiotisch, über unterschiedliche Meinungen zu streiten, wenn es darum geht, das Haus zu verteidigen, wo

16 Jean Jaurès (1859–1914), französischer Sozialist und Philosoph.

man sein täglich Brot bekommt – und genau das ist ja für viele, wenn nicht die meisten, ihr Land. Für den Intellektuellen mag es noch einen anderen Grund geben, Frankreich zu verteidigen: Es verkörpert die Kultur, die Ideen des Fortschritts und der Befreiung des menschlichen Geistes gegenüber der Barbarei, dem autoritären Staat und reaktionären Ideen.

Nichts ist bei uns vollkommen, und doch besteht ein gewaltiger Unterschied zwischen dem Leben in unserer Republik – so mittelmäßig sie auch sein mag – und einem Leben unter dem Stiefel der preußischen Soldateska; darüber sollten sich alle im Klaren sein. Uns blieb jedenfalls keine Wahl.

25. August 1914

Ich habe soeben die Telegramme gelesen: nichts Neues. Brüssel ist eingenommen, die belgische Armee hat sich nach Antwerpen zurückgezogen. Ein deutsches Flugzeug ist über Assche abgestürzt (dies ist der Ort, wo meine Eltern ein Landhaus hatten; dort habe ich übrigens den Plan entworfen, auf einem kleinen, bewaldeten Hügel mit Namen »La Morette« ein *Yogi*-Leben zu führen!). Armes Belgien und arme Belgier! Wenn wir siegen, müssen die Deutschen eine gehörige Entschädigung zahlen – doch wer wird die Toten wieder lebendig machen können! Und was wird bei all dem aus meiner Mutter? Sie wird das Ganze wohl kaum verstehen, und ich fürchte sehr, dass sie den Schrecken nicht überlebt.

Lonak-Tal, Hochhimalaja, 28. September 1914

Gerade hat mir ein Träger deine beiden Briefe vom 3. und 22. August gebracht. Sie befanden sich mit anderen zusammen in einem kleinen Kasten, in dem der Maharadscha mir fünf Brote geschickt hat.

Lonak-Tal, Hochhimalaja, 28. September 1914

Der Bote kehrt morgen in zivilisiertere Regionen zurück und nimmt dann auch meine Post mit.

Der erste Teil meiner Reise war heiter und von schönem Wetter begünstigt. Unsere Karawane ist allerdings beim Hetschung- und beim Tangtschung-Pass, von denen der eine in etwa 4700, der andere in fast 5400 m Höhe liegt, in einen heftigen Schneesturm geraten. Wir mussten in sumpfiger, nicht weiter interessanter Gegend für eine Weile unser Lager aufschlagen.

Wie ich dir bereits geschrieben habe, hat sich der schottische Orientalist mit seinen Leuten und seinen Jaks meiner Karawane angeschlossen, und ich bin nicht böse darüber, denn der unwahrscheinliche, aber eben doch mögliche Fall ist eingetreten: Seit drei Tagen leide ich an einer sehr schweren und heimtückischen Grippe, habe hohes Fieber und obendrein noch Ohrenschmerzen (ein Abszess, wohl wieder einmal eine Mittelohrvereiterung).

Natürlich kann ein Reisegefährte, noch dazu ein Mann, da kaum helfen; aber er kann immerhin die Diener und das Gepäck beaufsichtigen, sodass ich im Zelt bleiben kann, statt im Wind hin- und herlaufen zu müssen.

Eins meiner vorhergehenden Lager befand sich am Fuße der hohen Eisgipfel des Kangchendzönga. Ich hatte den Wunsch, mir diese Kolosse ganz aus der Nähe, ohne durch andere Bergketten von ihnen getrennt zu sein, anzuschauen. Es war ein großartiges Schauspiel; ich sah eine riesige Moräne, die sich kilometerlang am Fuße der glitzernden Schneemassen hinzog.

Insgesamt betrachtet ist die Reise ganz schön beschwerlich. Die Temperatur sinkt nachts auf null Grad und ein Zelt, so bequem es auch sein mag, ist kein Haus. Auch die Höhe macht einem zu schaffen, sie erzeugt Atembeschwerden.

Gömpa am Tschörten Nyima La (Tibet),
6. Oktober 1914

Der schottische Orientalist kehrt morgen nach Sikkim zurück und bringt diesen Brief nach Gangtok zur Post. Ich bin noch immer sehr erkältet, aber die Ohrenschmerzen haben nachgelassen. Die Grenze überquerten wir an einem herrlichen Pass und … fanden stellenweise eine 50cm dicke Schneeschicht vor. Gestern Abend errichteten wir im Schutze einiger Felsen unser Lager, und heute Morgen bogen sich unsere Zelte unter der Last des Schnees durch, der über Nacht gefallen war. Es fror: drei Grad unter null in meinem Zelt, kein Feuer und dazu alle nur vorstellbaren Qualen in meinem Ohr und – nicht minder – in meinem Kopf. Weite Reisen sind schön, nicht wahr, mein lieber Alusch?

In Tibet war das Wetter trocken und kalt, und bei strahlendem Sonnenschein wehte jener schreckliche Wind, der mir bereits bestens bekannt war. Was soll man in dieser Einsamkeit beschreiben? Wir ziehen an den letzten schneebedeckten Himalajagipfeln entlang und sehen in der Ferne, jenseits der Steppenlandschaft, bereits die weißen Bergspitzen des Transhimlajas. Vier Tage lang sind wir im langsamen Trott der Jaks umhergezogen, bevor wir hier angelangt sind. Manchmal kam es mir so vor, als zögen uralte Erinnerungen – aus dem Schoße der Jahrhunderte – vor mir vorüber, und ich fühlte mich wie eine alte Nomadin, die im Rhythmus eines langsamen Reittieres durch die Wüsten Zentralasiens geschaukelt wird und – wie es heute der Fall war – dem Zug der mit Zelten und anderem Gepäck beladenen Lasttiere folgt … Träume, die die langen, eintönigen Reisetage begleiten. Manchmal sehen wir wilde Esel und Schafe, die in sicherer Entfernung vor uns fliehen. Und schließlich geht die Sonne in denselben Farben wie bei uns in Tunesien unter.

Die Ankunft am Fuße des Sonnentschörten-Passes (Tschörten Nyima La) ist fantastisch. Von einer sandigen Steilwand blickt man auf eine andere, oben spitze Felswand hinab, an der ausgewaschene Stellen glitzern; drunten im Tal fließt ein Rinnsal und dort, wo die Schlucht etwas breiter ist, steht ein halb verfallenes Kloster. Hinter all dem, fern und unglaublich hoch, klafft zwischen den Gebirgszügen eine Lücke, in die ein riesiger Gletscher eingelagert ist. Das Ganze lässt sich nicht beschreiben, es ist eine Landschaft aus einer anderen Welt! Diesen Besuch hier werde ich bestimmt nie vergessen; der Anblick ist einer der ergreifendsten, die sich mir je geboten haben.

Im Kloster trifft man lediglich drei anis (Nonnen) der bescheidensten Sorte: schmutzig und in Lumpen gehüllt, aber äußerst gastfreundlich. Sie zeigen mir sogleich die besten – als Zimmer bezeichneten – Löcher ihres baufälligen Gemäuers. Ich habe mich schon beinahe für eins von beiden, das immerhin wärmer als ein Zelt wäre, entschieden, als sich herausstellt, dass meine Diener nicht in der Nähe untergebracht werden können, und es wäre sehr unbequem für mich, wenn sie nicht in Reichweite wären. So schlage ich denn draußen mein Zelt auf. Es ist eigentlich recht wohnlich, doch in dieser Nacht herrscht darin eine Temperatur von unter fünf Grad. Allerdings ist die Luft so trocken, dass ich nicht allzu viel auszustehen habe.

Thangu, 17. Oktober 1914

Seit zwei Stunden befinde ich mich an einem geschützten Ort, der zumindest ansatzweise an die Zivilisation erinnert: ein kleines, im Gebirge verlorenes Holzhäuschen. Nach einem ganzen Monat im Zelt kommt einem eine solche Berghütte wie ein kleiner Palast vor. Ich füge diesem Brief die mit Bleistift in der *Gömpa* des Nyima La-Tschörtens geschriebenen Zeilen bei. Der schottische Orientalist ist noch immer hier. Wir waren gemeinsam in der Nähe des Passes, den er überqueren wollte, und erlebten den herrlichen Anblick von Schneemassen, die sich jenseits eines kleinen, zugefrorenen Sees pyramidenförmig auftürmten. Doch der Pfad war unter einer sieben bis acht Meter hohen Schneeschicht verschwunden. Es war unmöglich durchzukommen. So blieb denn diesem Gentleman nichts weiter übrig, als mit mir durch die tibetischen Steppen zu ziehen. Ein beschwerlicher, ein äußerst beschwerlicher Ausflug, Mouchy. Auf der anderen Seite des Himalajas herrscht strahlender Sonnenschein, ausgezeichnetes Wetter, aber zugleich eine hübsche Kälte: im Zelt sieben Grad unter null, draußen zehn Grad minus. Und dies ist nicht etwa die Nachttemperatur – nachts wage ich mich nicht unter meinen Decken hervor, um aufs Thermometer zu schauen –, sondern die um acht Uhr morgens. Alles war gefroren, mein lieber Alusch. Die Dosenmilch bildete in den Büchsen einen kleinen Eiskuchen; das Félix-Potin-Gemüse war hart geworden und ähnelte mit seinem Schmuck aus kleinen Kristallen den Süßigkeiten in einer Konditoreiauslage. Und der Wind erst! Alle meine Finger weisen tiefe Risse auf, obwohl ich immer dicke Wollhandschuhe getragen habe. Mein Gesicht dagegen ist dank einer Ölschicht, die ich zwei bis dreimal täglich auftrage, bisher gut davongekommen. Wie oft habe ich schon mein geweihtes Gewand aus dickem Tuch, das eigentlich einer hohen tibetischen Würdenträgerin zusteht, und meine Stiefel aus Lhasa gepriesen! Andere Kleidungsstücke hätten mich nie und nimmer so gut geschützt. Ich habe dort droben in der Einsamkeit viel meditiert; vielleicht haben die kräftige Luft und das raue Klima bewirkt, dass mein Geist jetzt mehr dem Tätigsein zuneigt, denn ich spüre den lebhaften Wunsch, zurückzukehren und einen ehrenvollen Platz unter den Orientalisten des Abendlandes einzunehmen. Vielleicht gibt es für diesen Wunsch auch noch andere Gründe als den schneidenden Wind der Steppenlandschaft; sie wären jedoch mystischer Art, und du würdest sie kaum verstehen, mein lieber Kleiner. Ich habe in diesem Kloster des Nyima La-Tschörtens ein paar erlesene Tage verbracht. Eine derart ungewöhnliche Landschaft kann man sich einfach nicht vorstellen! Ich bringe zwei Steinskulpturen von dort mit; eine stellt den historischen

Buddha dar, die andere seinen vorgeblichen Nachfolger, der eines Tages kommen soll. Es sind keine Michelangelos, aber es handelt sich doch um keineswegs üble Exemplare tibetischer Kunst. Die Nonnen wollten sie mir nicht ohne weiteres überlassen, obwohl ich ihnen Geld dafür bot.

Alles in allem war die einmonatige Reise recht kostspielig. Ich hatte neun Jaks, die Zelte und Gepäck trugen, und drei Reitjaks für mich und meine beiden Diener aus Gangtok. Aber dies sind nun einmal wenig alltägliche Dinge, die – von Forschern abgesehen – nur selten jemand tut.

Der Krieg? … Wie soll ich, während ich in Tibet herumspuke, davon etwas wissen! Ich schreibe dem Maharadscha, er möge mir Zeitungen schicken.

Eine Höhle bei Thangu, 2. November 1914

Nur ein paar Zeilen. Ein Bote des Maharadschas hat mir Brot, Kerzen und Zeitungen gebracht; er kehrt gleich wieder um, und ich benutze die Gelegenheit, diese Zeilen zur Post schaffen zu lassen.

Im Augenblick bewohne ich – wie ein vorgeschichtlicher Mensch – eine Felsenhöhle, deren Eingang mit einer Mauer aus Gesteinsbrocken verschlossen ist und die nur eine kleine, primitive Tür hat. Nach der großen Kälte, die ich in Tibet ertragen musste, kommt es mir hier beinahe warm vor. Meine Höhle liegt ungefähr 4000 m hoch an einem steilen, jedoch herrlich von der Sonne beschienenen Berghang. Seit wir, meine Diener und ich, hier sind, hat es nur zweimal geschneit; die uns gegenüber, etwas weiter nördlich gelegenen Berge sind jedoch alle weiß. Mein Gesundheitszustand ist sehr gut; ich habe erheblich abgenommen, was eine Folge der Kälte und der asketischen Ernährung ist (nur eine Mahlzeit am Tag, abgesehen von einer Tasse Kakao am Morgen und dem abendlichen Tee mit Milch). Ich freue mich hierüber, denn ich sah fast schon lächerlich aus.

Zwar kann ich mich immer noch nicht als schlank bezeichnen, bis dahin dauert es noch ein wenig, aber meine Körperformen sind doch vernünftiger geworden und ich fühle mich sehr viel flinker auf den Beinen.

Ich pauke eifrig Tibetisch und habe beschlossen, den Winter in Lachen zu verbringen, und zwar in dem Kloster, dem der *Yogi*, dessen Gast ich gerade bin, vorsteht. Dieser *Yogi* hatte eigentlich vor, sich wieder einmal für drei Jahre in seine Höhle zurückzuziehen, ich konnte ihn jedoch – welch Wunder! – dazu bewegen, seine Klausur um ein Jahr zu verschieben. Er wird mir Tibetisch beibringen und seinerseits Englisch lernen. Dies alles geschieht mit Blick auf unsere Zusammenarbeit an einem Werk, das ich gerade vorbereite. Es handelt sich um einen Vergleich zwischen *Lamaismus* und *Wedanta*. Wie ich dir bereits gesagt habe, empfinde ich große Hochachtung für diesen Mann. Er ist ein Denker von wirklich großem Format. Er hat mit den berühmtesten Lamas Tibets Umgang und sein kritischer Geist und seine intellektuelle Aufgeschlossenheit sind erstaunlich. Es handelt sich im Übrigen einfach um einen jener freien Denker (ich wage nicht, »Freidenker« zu sagen, da das Wort so abgegriffen ist), wie sie die großen Philosophien Asiens hervorzubringen vermögen.

Ich glaube nicht, dass ich in Lachen ein Schlemmerleben führen werde. Das Kloster reicht nicht an das in Phodhang heran, es ist die Wohnstätte schlichter Tibeter, die keinen Komfort kennen und unter der Leitung eines Abtes leben, der die Beschwerlichkeiten eines Eremitendaseins gewohnt ist. Ich weiß, ich werde nicht auf Rosen gebettet sein; aber es ist eine unverhoffte Gelegenheit, schnell Tibetisch zu lernen und in Theorien einzudringen, die kein Orientalist so recht verstanden hat. Da du mir, wie du schreibst, keine Geldmittel schicken kannst, bin ich zu großer Sparsamkeit gezwungen, und mich dort einzuquartieren, scheint mir die billigste Lösung zu sein. In meinem nächsten Brief werde ich dir ausführlicher darüber berichten.

Eine Höhle bei Thangu, November 1914

Vor einigen Tagen erhielt ich vom Maharadscha einen dicken Stoß Zeitungen, von denen einige bebildert waren. So sah ich Löwen in Schutt und Asche, andere Städte, die ich gut kannte, in Trümmern, die Preußen in Brüssel paradieren usw. Ich fühlte lebhaft, wie abscheulich die Lage ist.

Ich befinde mich noch immer in meiner Höhle. Der Großlama, der mir angeboten hat, seinen Berg mit mir zu teilen und mich tibetische Sprache und Philosophie zu lehren, ist sehr gütig zu mir und versorgt mich mit Jakbutter, Milch und Früchten. Hinsichtlich des Studiums stellt er hohe Ansprüche, treibt mich wie ein Rennpferd an und verlangt absoluten Gehorsam. Ich war dazu übrigens spontan bereit, denn ich kenne die diesbezüglichen Sitten hier. Das Ergebnis ist ausgezeichnet. Ich habe in vierzehn Tagen mehr gelernt als in Gangtok in einem Jahr.

Dieses karge Leben gefällt mir. Oh, du hast völlig Recht, wenn du schreibst: »Wenn man eines Tages kein Hähnchen mehr isst, so deshalb, weil einem nicht mehr daran liegt oder weil man dem Hähnchengeschmack jene Prinzipien vorzieht, um derentwillen man darauf verzichtet.« Das trifft hundertprozentig zu. Und die ganze Lehre Buddhas steckt darin. Er hat von den Menschen niemals verlangt – wie die Christen es tun –, sie sollten sich moralisch oder physisch durch Entsagung verstümmeln. Er hat ihnen lediglich nahe gelegt, sich aufmerksam umzusehen, sich über die Wichtigkeit der Dinge klar zu werden und sich anschließend zu entscheiden.

Neulich kam es in der Kargheit unseres Asketenlebens zu einem recht lustigen Zwischenfall.

Es war abends und ich war zusammen mit meinem Diener Aphur[17] in der Höhle des Lamas. Da sagt er zu mir: »Ich

17 Aphur ist der erste tibetische Vorname Yongdens, der kurz vorher zu Alexandra David-Néel gestoßen war.

werde Suppe trinken, Sie werden mir dabei Gesellschaft leisten.« Ich lehne dankend ab und erkläre ihm, dass ich zu dieser Stunde (etwa 9 Uhr) keinen Appetit auf Suppe habe. Aber das entspricht nicht der Etikette und schon gar nicht den Gepflogenheiten, die die Beziehungen zwischen Lehrer und Schüler regeln. Ich merke das und gebe nach. Außerdem habe ich diese tibetische Suppe beim Maharadscha schon oft gegessen und sie schmeckt mir. Trotz der späten Stunde wird sie mir also wahrscheinlich bekommen. Jedoch … der Maharadscha hat einen guten Koch und der *Yogi*, du ahnst es sicher, schon, ist sein eigener Küchenmeister! Er ist hervorragend und bewundernswürdig, was die Philosophie angeht, aber höchst mittelmäßig in der Kochkunst. Die Suppe erinnerte mich sofort an die Hammelfleischsuppe, die mir einst in Löwen eine meiner deutschstämmigen Tanten angetan hatte. Ich habe dir die Geschichte oft erzählt. Auch hier hieß es, Haltung bewahren und das Brechreiz erzeugende Gemisch hinunterzuschlucken.

Ich tat mein Bestes und rief dabei alle Erinnerungen an den Stoizismus zu Hilfe. Doch als ich die Tasse zur Hälfte geleert hatte, musste ich allen Anstrengungen zum Trotz schleunigst nach draußen. Mir war speiübel und ich kehrte in meine Höhle zurück. Ich verbrachte eine unruhige Nacht und hatte noch am Abend des folgenden Tages den Geschmack der Suppe im Munde. Ich hatte mir total den Magen verdorben. Meine Diener machten in der Einsiedelei kein Geheimnis daraus, dass ihre Herrin in ihr Gewand gehüllt auf dem Bett saß und nichts essen wollte. Daraufhin kam der *Yogi* nach mir sehen und war hocherstaunt, dass eine Suppe, die er doch täglich zu sich nahm, eine solche Wirkung bei mir tun konnte. Er setzte sich zu mir, wir unterhielten uns über ein berühmtes Sanskrit-Werk, das ins Tibetische übersetzt ist, und mein Leiden verging. Alles in allem war es gar nicht so schlimm. Eine lustige Geschichte, nicht wahr?

Gömpa in Lachen, 17. November 1914

Vor mittlerweile fünf Tagen habe ich meine Höhle verlassen, und zwar nicht etwa deshalb, weil es mir dort nicht gefallen hätte. Dieses vorgeschichtliche Leben zwischen den Felsen eines schroffen Berges fesselte mich durchaus, und ich wäre gern länger dort geblieben, hätte die Zeit und alles um mich her vergessen … aber ich war nicht allein! Über mir wachte in seinem Adlerhorst der Große Lama, und da er nun einmal – aus welchem geheimnisvollen Grund auch immer, ich bilde mir jedenfalls nicht ein, dass es nur meinetwegen geschah – das beträchtliche Opfer gebracht hatte, auf seine Einsamkeit vorerst zu verzichten, wollte er nicht, dass ich vom Schnee überrascht und in meinem Felsenversteck eingeschlossen würde. Inzwischen war auch schon auf unserer Seite des Berges ein wenig Schnee gefallen; die gegenüberliegenden Hänge lagen schon seit langem unter einer hohen Schneedecke. Meine Diener kochten im Freien und sahen, wie die weißen Flocken auf Suppe oder Omelett herabschwebten und sich auflösten. Für mich war das recht malerisch, für sie dagegen weniger schön, denn sie wohnten nicht wie ich in einer Höhle, sondern in einem einfachen, winzigen Zelt. Kurz und gut – der *Yogi* hatte beschlossen, dass wir aufbrechen. Ich musste mich beugen. An einem wunderschönen Tag zogen wir nach Lachen hinunter. Winterlandschaft: Schnee und rostbraune Blätter, jedoch Tropensonne und azurblauer Himmel.

Was ist mit dem Krieg? Die letzten Nachrichten, die ich kenne, sind einen Monat alt. Was ist seither geschehen? Wie viel weitere Massaker? Ich weiß lediglich, dass sich die Türken in einem Moment geistiger Verwirrung auf die Seite Deutschlands geschlagen und die Griechen sich daraufhin gegen sie in Marsch gesetzt haben. Die Engländer und wir haben die Dardanellen bombardiert. Das wird natürlich nicht zu einer raschen Beendigung des Konflikts beitragen. Kein europäischer Staat wird abseits stehen können.

Gömpa in Lachen, 25. November 1914

Ich habe deine Briefe und die Zeitungspäckchen erhalten. Du kannst beruhigt sein: Es dauert zwar seine Zeit, aber es trifft alles wohlbehalten hier ein. Obwohl die Zeitung aus Bône nur ein kleines Provinzblatt ist, habe ich doch meine Freude daran.

Kannst du mir erklären, weshalb die neue Zeitung Clemenceaus[18], »L'homme enchaîné«, von der Regierung beschlagnahmt worden ist?

Etwas ist in diesem schrecklichen Krieg trotz allem sehr tröstlich: die Einigkeit, die dadurch bei uns entstanden ist. Unabhängig von der Parteizugehörigkeit haben alle verstanden, dass mit dem Leben der Nation das Leben aller auf dem Spiele steht. Das ist schrecklich, gewiss, aber es ist doch schön zu sehen, dass wir nicht die Feiglinge und Schlappschwänze sind, für die viele uns hielten, dass wir des gleichen Heldenmutes wie unsere Vorfahren fähig sind, obgleich mancher unter uns die hohlen Wörter »Ruhm«, »Ehre« usw. schon weniger überschwänglich äußert. Die meisten waren Fanatiker, die genauso hypnotisiert »Vaterland! Vaterland!« schrien, wie andere »Gott!«, »Jesus!«, »Mohammed!« – oder in Indien: »Schiwa!«, »Wischnu!« – schreien, selbstverständlich ohne zu wissen, was damit eigentlich gemeint ist. Dieser Patriotismus war von Übel, wie übrigens alles, was auf Unwissenheit beruht. Wir haben den Vaterlandsbegriff wie den Gottesbegriff und viele andere Abstrakta genau analysiert, und die Vorstellung vom Vaterland, die wir heute haben, ist unendlich viel rationaler, vernünftiger. Das Vaterland ist kein Mythos mehr, es ist zu einer sehr nahe liegenden Wirklichkeit geworden, die unmittelbaren Interessen entspricht. Nicht um der Liebe zu einer Gottheit willen, die Wahnvorstellungen ihre Existenz verdankt, wollen wir keine Deutschen sein, sondern weil jeder Einzelne von uns sein Leben

---

18 Georges Clemenceau (1841–1929), französischer Staatsmann und Ministerpräsident.

leben will, und zwar wie es den Antrieben und der Besonderheit seiner Rasse entspricht. Wir sind Franzosen; es nicht mehr zu sein bedeutet aufhören zu existieren, und wir wollen nicht sterben. Wir werden obsiegen, das steht für mich außer Frage, aber es wird lange dauern, und es wird viel Blut fließen.

Ja, du hast ganz Recht, ich denke voll tiefer Trauer an das arme kleine Belgien. Schließlich sind mir viele der unbedeutenden Ortschaften, deren Namen die Zeitungen füllen, bestens vertraut. Oft sind es winzige Marktflecken, mit denen jedoch für mich Kindheitserinnerungen verbunden sind. Vor allem: armes Löwen. Ich kannte dort jeden Pflasterstein! Und Malines, Vilvorde, Termonde und schließlich Brüssel, wo ich sechzehn Jahre meines Lebens verbracht habe, wo mein Vater gestorben ist! … Ich kann mir nicht vorstellen, es darf einfach nicht wahr sein, dass sich die Deutschen dort breit machen. Der junge König hat allem Anschein nach Mut bewiesen. Seine Neffen dürften sich an der Front gegenüberstehen, denn von seinen Schwestern ist die eine in Frankreich (Herzogin von Vendôme), die andere in Deutschland, als Frau eines Hohenzollern, verheiratet.

Wie weit entfernt ist man doch in diesem ländlich-schlichten Kloster von all dem Leid! Das einzige Ereignis hier am Ort besteht darin, dass die Bauern nach Sikkim herunterkommen, um sich mit Reis einzudecken, oder nach Kampa-Dsong und Schigatse hinaufziehen, um Schafe und Gerstenmehl zu kaufen. Man muss sich den gegebenen Verhältnissen wohl oder übel anpassen. Auch ich bin daran interessiert, demnächst zu den Pässen an der Grenze aufzubrechen, denn ich brauche für die Monate, in denen uns der Schnee in unser Tal einschließt, einen Vorrat an Jakbutter und Gerstenmehl. Ich habe meine Ausgaben auf ein Minimum beschränkt und begnüge mich fast ausschließlich mit der Nahrung der Einheimischen, und die ist wenig abwechslungsreich! In Lachen werden Kartoffeln, Rüben und ein paar Pferdebohnen angebaut, das ist alles! Die Damen der Missionsstation teilen die Erzeugnisse ihres Gemüsegartens mit mir, sodass ich von Zeit zu Zeit einen Kürbis und ein paar Karotten bekomme. Mein *Yogi* findet, dass ich zu luxuriös lebe, und wirft mir im Stillen Sinnlichkeit und Epikureertum vor.

Ich habe herausgefunden, dass es in diesem granitenen Geist doch eine schwache Stelle gibt … eine Katze! Ein Schoßkätzchen, das mit ihm in seiner Höhle wohnt, nur ihn kennt und von Fremden nicht einmal einen leckeren Happen annimmt. Nun hatte aber die Ankunft der Träger und Pferde die Katze erschreckt und sie war am Tage unseres Aufbruchs fortgelaufen. Der Eremit ließ sie von zwei Männern suchen, doch das Tier war nicht zu finden. So machte sich schließlich der Asket als heldenhafter Vater heimlich selbst auf die Suche nach seinem Kind. Da er es nicht schätzt, dass man ihn begleitet, hat er niemandem etwas gesagt und weder Decken noch warme Kleidung, sondern nur etwas Gerstenmehl als Wegzehrung mitgenommen. Er war die ganze Nacht zu Fuß unterwegs und tastete sich mit einem Stock in der Dunkelheit an Wasserfällen, Gebirgsbächen und Felsen vorbei … Irgendwo ließ er sich nieder, um auf sein Miezekätzchen zu warten, das freilich mittlerweile ganz allein nach Hause zurückgekehrt war. Ich habe sogleich jemanden mit dem Pferd des *Yogis* losgeschickt, um ihn zurückholen zu lassen, denn er hätte vielleicht wochenlang auf seine Katze gewartet, die doch längst hier war. Es gefiel ihm gar nicht, dass ich mich eingeschaltet hatte, und er beklagte sich darüber, dass die Leute und das Pferd seinetwegen bemüht worden seien. »Wozu so viel Aufhebens um eine Katze!«, meint er … und vergisst dabei die Strapazen seines langen Nachtmarsches, die ihm eine heftige Rheumaattacke eingebracht haben, vergisst die vier Nächte, die er dünn bekleidet und ohne Decken in einer kalten Höhle zugebracht hat, vergisst auch das lange Fasten. Doch er hat seine Katze wieder, und wie freudig sie ihn bei seiner Rückkehr begrüßt hat! … Man bedauert es ein wenig, in der Vollkommenheit dieses blank polierten ehernen Blocks einen Makel entdeckt zu haben, doch dann lächelt man gerührt und ein wenig bewegt, denn diese Sentimentalität, dieser kindische Charakterzug hat viele Entsprechungen, die im Innersten unseres eigenen Herzens schlummern, im Herzen von armen, erbärmlichen Wesen, denn das sind wir alle, selbst die Größten und Stärksten unter uns. Oh ja, die Buddhas, die Übermenschen, die alle Schwächen abgelegt haben, sind selten!

Gömpa in Lachen, 6. Dezember 1914

In der vergangenen Woche habe ich die Hütte hergerichtet, die mir Schutz bieten soll, wenn ich wegen des Schnees nicht mehr in meinem Zelt wohnen kann. Oh, du kannst dir gar nicht vorstellen, wie ländlich schlicht die Hütte eines Dorflamas ist! Die Wohnung des ärmsten unserer französischen Bauern ist im Vergleich zu meiner Unterkunft ein Palast. Aber weißt du, in meinem Quasiforscherleben habe ich gelernt, mich mit wenigem zufrieden zu geben und mit diesem wenigen sogar so etwas wie Komfort zustande zu bringen. Meine Hütte hat ein Dach, aber keine Decke, und zwischen dem Dach und den Wänden klafft ein breiter Spalt, der eine höchst unangebrachte Belüftung ermöglicht. Aus wasserundurchlässigem Stoff, der zum Teil von meinen Zelten stammt, werde ich eine Decke einziehen, die ein Stück die Wände hinabreicht. Die Zwischenräume werde ich zustopfen, und ich bin sicher, dass ich es recht bequem haben werde, wenn alles fertig ist. Ich lasse übrigens mein größtes Zelt so lange wie nur irgend möglich offen stehen. Ich fühle mich dabei sehr wohl, und es ist warm genug darin, womit ich meine, dass es nicht friert. Die Temperatur sinkt im Innern des Zeltes auch nachts nicht unter fünf Grad. Nach der tibetischen Kälte kommt mir das geradezu mild vor.

Meine Vorräte habe ich jetzt fast vollständig beisammen: Kartoffeln, Rüben (das einzige Gemüse, das hier wächst), Pferdebohnen und Jakbutter, die man mir in Form von dicken, in Ziegen- und Schafleder eingenähten Kugeln gebracht hat. Sie sahen aus wie die – von oben gesehenen – mächtigen Köpfe enthaupteter Riesen. Diese Spukgegenstände kamen gestern Abend hier an und man legte sie in das kleine hintere Abteil meines Zeltes. Bevor ich mich schlafen legte, ging ich noch einmal hinter den Vorhang, um von dort etwas zu holen. Ich dachte schon gar nicht mehr an die Butter … Da stoße ich plötzlich mit dem Fuß an einen runden Gegenstand und erkenne im Halbdunkel ein halbes Dutzend dunkelgrauer Haarschöpfe auf dem Boden. Nach einem Augenblick der Verblüffung breche ich in herzliches Gelächter aus. Diese Butter muss noch geschmolzen werden, ein Teil wird dann eingesalzen. Meine Leute sind so unglaublich schmutzig, dass ich sie dauernd beaufsichtigen muss. Nur Ärger habe ich mit ihnen! Wie kompliziert doch das einfachste Leben für uns Abendländer ist!

Von der Klosterterrasse aus betrachte ich mir die umliegenden Berge, die Wälder, die der Winter gelb bis rotbraun gefärbt hat, und – weiter oben – den unberührten Schnee, der in der Sonne glitzert. Es packt mich der Wunsch fortzugehen; obwohl ich so weit weg bin, fühle ich mich noch immer in das Netzwerk der Welt und der Zivilisation verstrickt, ihren Konventionen und Verhaltensweisen zu sehr verhaftet. Noch bin ich nicht genug aus dem schlechten Traum erwacht, aus dem ermüdenden Traum des Lebens als Individuum. Sogar in meiner *Yogi*-Höhle ist mein Geist der eines Künstler-Philosophen geblieben, einer Amateurbuddhistin aus Paris. Fortgehen, sich vom Selbst befreien, von der Welt, die man in sich trägt … sein, was die Buddhas waren … Zu welchen Gedanken doch Butter Anlass sein kann! Doch nein, nicht allein die Butter war der Anlass, auch eine Stunde, die ich mit den Mädchen der Gewerbeschule in Lachen verbracht hatte. Dort sah ich nämlich, zu welch traurigem Ergebnis die Arbeit der Missionarinnen führt, dieser armen Seelen, die niemandem ein Leid zufügen wollen und doch gar zu kurzsichtig sind. Ich sah eine ganze Reihe junger Mädchen und Frauen, die heimtückisch geworden sind. Sie glauben nicht mehr an die

Landesreligion, haben vom Christentum nichts verstanden, sondern sind lediglich dahinter gekommen, dass die Damen der Mission ihren Schäfchen »geben«. Sie schenken ihnen rosa oder blaue Hemden oder gestreifte Röcke. Die Lamas geben ihnen nichts, sie beschränken sich aufs Nehmen – ich spreche vom niederen Klerus, der etwa dem Siziliens oder Spaniens entspricht. Und die Lama-Philosophen gar zeigen sich angewidert, ziehen sich in die Einsamkeit zurück. Ich glaube, die Mädchen der Schule wären durchaus zu einem Sinneswandel bereit, wenn die Dschebtsun rimpotsche, die edle Ehrwürdige, die ich bin, mehr gäbe als die christlichen Damen. Ich finde diese Art von Proselytenmacherei abscheulich. Da ich nicht an die ewige Verdammnis glaube, gebe ich mich wie Buddha damit zufrieden, die Ideen vorzutragen, die ich für heilsam halte. Wer nicht will, braucht sich ja nicht darum zu kümmern ... Er wird später – vielleicht in einem Jahrhundert oder erst in einer Million Jahren – eine andere Existenz durchlaufen. Im Grunde genommen sind Religionen, Philosophien, die Welt und die Lebewesen, die sie in vielerlei Gestalt bevölkern, nur ein Traum, bewegte Bilder auf einer Kinoleinwand. Es ist die Geschichte, die der unwandelbare »Eine« sich selbst erzählt, wie die *Wedanta*-Philosophen sagen; oder eine Geschichte, die niemand niemandem erzählt ... Deshalb lächelt derjenige, der das große Geheimnis kennt, über das Trugbild seines Lebens und des Lebens der anderen; er lächelt über das Trugbild der Welt – und der große Frieden umgibt ihn.

Du fragst mich in deinem Brief: »Warum gehst du dorthin, nimmst die Kälte, die Einsamkeit in Kauf? ...« Weshalb ich in dieses faszinierende Land gezogen bin? Nun, was weiß ich ... einfach so ... und doch auch aus vielerlei Gründen, etwa weil man in der unendlichen Weite des Raums – wie in unserer Sahara – andere Träume träumt als in einer Stadt, weil man dort ungewöhnliche Empfindungen hat. Meine hiesigen Freunde meinen lächelnd, ich sei in einer meiner vorherigen Existenzen eine Nomadin in Innerasien gewesen ... und dort oben in den weiten Steppen kehrt wohl – im tiefsten Grunde meines Selbst – die Erinnerung daran zurück.

Gömpa in Lachen, 14. Dezember 1914

Diese Woche wurde von einem völlig unerwarteten Ereignis überschüttet, das mich vor drei Tagen wie ein Blitz aus heiterem Himmel traf: Mein junger Freund und Gefährte bei so vielen Ausflügen durch den Himalajadschungel, der Maharadscha von Sikkim, starb ganz plötzlich nach kurzer Krankheit, die den Ärzten ein Rätsel war. Als mich die Nachricht erreichte, war er bereits sechs Tage tot. Wir sind hier weit von Gangtok entfernt.

Armer Junge! Er hing so sehr am Leben, war trotz seiner 37 Jahre so knabenhaft geblieben! Vor etwa drei Monaten, an einem regnerischen Morgen hatten sich unsere Wege in einem Gebirgstal zwischen verschneiten Pässen getrennt. Während er zur *Gömpa* von Talung und von dort nach Gangtok hinabstieg, zog ich hinauf in die Schneeregion am Fuße des Kangchendzönga-Massivs, zum Zemugletscher und von dort aus weiter in Richtung Tibet. Er trug an diesem Tage europäische Kleidung: einen Bergsteigeranzug; als er sich von mir entfernte, sprang er munter von Fels zu Fels, drehte sich von Zeit zu Zeit um und rief mir laut zu, während er seinen Hut schwenkte: »Goodbye, don't stay too long!« (Auf Wiedersehen, bleiben Sie nicht zu lange weg.) Und er verschwand an einer Wegbiegung … Danach habe ich ihn nicht mehr gesehen! Ich empfand wirkliche Sympathie für diesen armen kleinen Zwergstaatenkönig, dessen mutterlose Kindheit so unglücklich gewesen war und der nur einen Feind hatte: seinen Vater. Er vertraute mir seine Sorgen an, sprach mit mir – wie du weißt – sogar über seine Herzensangelegenheiten. Ich las die Briefe seiner Verlobten, und er erzählte mir vom Leid der anderen, seiner Geliebten, die er nicht heiraten konnte. Es fällt mir schwer, mich an den

Gedanken zu gewöhnen, dass er tot ist. Ich kann mir einfach nicht vorstellen, dass ich ihn in jenem Haus, das fast schon ein wenig das Meine war, nicht mehr antreffen werde, dass er nicht mehr die Betstube betritt, in der er die religiösen Ratschläge aufbewahrte, die ich für ihn niedergeschrieben hatte. Aus und vorbei, es gibt ihn nicht mehr; nur eine Hand voll Asche ist übrig geblieben von dem Lama-Prinzen, der wie sein berühmter Glaubensgenosse, der Dalai-Lama, eine »Inkarnation« war. So geht's im Leben, nicht wahr? Denn das Leben besteht aus Trennung, Zerfall und Tod.

Gömpa in Lachen, 18. Dezember 1914

Diese Woche war von zwei Ereignissen geprägt, an denen Lachen nicht gerade reich ist. Gestern kamen die Bauern von ihrer letzten Winterreise nach Tibet zurück. Die Karawane war malerisch anzusehen: die Jaks, die mit Vorräten beladenen Maultiere, die Schafherden, die die Männer vor sich her trieben. (Die armen Tiere werden in ein paar Tagen zu Trockenfleisch verarbeitet, das ein oder sogar mehrere Jahre aufgehoben wird.) Dies alles kam unter lautem Schreien den Weg herunter – ein Bild aus einer anderen Zeit, als noch Nomadenherden über die Erde zogen. Vorgestern wurde wenige Schritte hinter meinem Zelt eine Frau eingeäschert, denn dort befindet sich der »Friedhof«, der eigentlich Verbrennungsstätte heißen sollte, denn die Toten werden hier nicht begraben. Ich habe mir die Prozedur, die wegen der unsachgemäßen Holzaufstapelung etwa fünf Stunden dauerte, angeschaut und habe den Beteiligten gegen Abend ein paar Ratschläge erteilt. In Indien legt man nämlich den Leichnam mitten in den Scheiterhaufen hinein, sodass er ganz von Holz umgeben ist und rasch verbrennt. Hier setzt man den Verstorbenen oben auf den Holzstoß, und ein beträchtlicher Teil des Holzes bewirkt lediglich, dass der Leichnam angeräuchert wird, sich krümmt und zusammenschrumpft.

All das wäre für einen Europäer widerlich anzusehen, aber in Asien ist man nicht so empfindlich. Schließlich zog man den verkohlten Rest hervor, rollte ihn zur Seite, legte frisches Holz auf und schob ihn wieder ins Feuer. Mit Schlägen löste man Fleischstücke ab, die so besser verbrannten, und nach geraumer Zeit begann das Spiel von vorn. Als der Scheiterhaufen entzündet war, hatten sich alle Zuschauer entfernt, und nur vier waren zurückgeblieben: die beiden mit der Verbrennung beauftragten Männer, ein Neffe der Verstorbenen und ich. Die Nacht brach herein, ein kalter Wind machte sich auf, doch Feuer und Glut strahlten Wärme aus. Da ich eine Erkältung befürchtete, trat ich nahe heran und hielt meine Füße ans Feuer. Ich musste an meinen kleinen Freund denken, der in dem seidenen Gewand eines Kolibriprinzen immer so lustig aussah. Vor nur wenigen Tagen war auch er ein solcher unförmiger schwarzer Klumpen gewesen, wie er hier vor mir in der roten Glut schmorte, und heute war er nicht einmal mehr das, er war überhaupt nichts mehr … Wäre ich in Gangtok gewesen, hätte ich – genau wie bei dieser Toten – gesehen, wie seine kleinen Hände im Feuer zuckten und sich verdrehten, wie plötzlich die Haare aufloderten und der Schädel zerbarst … Ich habe ihn nicht wirklich gesehen, aber ich habe in Indien so vielen Verbrennungen beigewohnt, dass ich alles genau vor mir sehe, als wäre ich dort gewesen.

Doch das ist vorbei … und das Leben geht weiter. Der junge Nachfolger des Maharadschas hat mir durch Boten einen rührenden Brief übersandt, der als Geschäftsbrief endet. Trotz seiner Trauer hat er mir die Sachen besorgt, die ich benötige. Es ist ein junger Mann, einundzwanzig Jahre alt, sehr zurückhaltend und klug und hat eine gute, englische Erziehung genossen. Er stellt mir die gleiche Frage wie sein Bruder! »Wann kommen Sie nach Gangtok?« Wir sind gute Freunde. Als sein Bruder zum Maharadscha inthronisiert wurde, hatte er mir sein Zimmer und seinen kleinen Empfangsraum abgetreten, und ich benutzte in Gangtok seine Möbel und sein Geschirr mehrere

Monate lang … Das Leben geht weiter. Er wird Maharadscha, eines Tages kommt er mich besuchen, ich werde ihn besuchen, und in der gewohnten Umgebung wird lediglich ein neues Gesicht auftauchen!

Oh, wie verrückt wäre man, wollte man sich an dieses Spiel flüchtiger Schatten klammern, das man die Welt nennt!

Gömpa in Lachen, 30. Dezember 1914

Während der letzten Tage habe ich sehr viel Arbeit gehabt. Du fragst dich vielleicht, was man hier wohl zu tun haben kann. Nun, ich will es dir sagen: Ich musste noch letzte Vorräte beschaffen, denn es fängt bald zu schneien an. Also habe ich einen Diener nach Gangtok geschickt, der Lebensmittel, Mehl, Reis, Mais, Streichhölzer, Petroleum usw., holen soll. Dann musste ich meine Hütte weiter herrichten und mit der Innenausstattung beginnen. Ich habe alle Löcher und Spalten, so gut es ging, mit Stroh zugestopft, Papier darüber geklebt und anschließend Stoffstücke darauf festgenagelt. Im Großen und Ganzen habe ich es wie bei einem Zelt gemacht, und meine Hütte ist auch so etwas wie ein Zelt geworden. Unter dem Holzdach habe ich eine Decke aus wasserdichtem Tuch eingezogen, die Wände sind mit Stoff bespannt. Mit »Wand« ist hierbei lediglich ein mit etwas Lehm beschmiertes Flechtwerk gemeint; du kannst dir vorstellen, dass das in einem Land, wo der Schnee manchmal zwei Meter hoch liegt, nicht gerade warm hält und man die Innenseite unbedingt verkleiden muss. Ich hätte nicht geglaubt, dass mein Blut, das an höhere Temperaturen gewöhnt ist, sich als so widerstandsfähig erweisen würde. Ich leide überhaupt nicht unter der Kälte, obwohl ich außer einem kleinen Kohlenbecken, das man mir abends ins Zelt bringt, kein Feuer habe. Doch zurück zum Thema »Arbeit«: Ich backe mir mein Brot selbst und stelle auch kleine Kuchen fürs Frühstück her. Nun, Brot und Kuchen sind nicht immer zart! Ich backe nur alle zwei bis drei Wochen einmal, aber es ist schon ein großer Luxus, Brot zu haben, selbst wenn es ein wenig hart ist.

Mein Weihnachten bestand aus einem sehr einfachen Abendessen im Missionshaus, an dem außer den Damen des Hauses noch ein junger Engländer teilnahm, der auf der Durchreise war und für ein Museum eine zoologische Sammlung zusammenstellt.

Am Abend zuvor hatten die Lamas ihre rituellen Rezitationen zum Angedenken des Maharadschas begonnen. Sie veranstalten zu diesem Zweck eine beachtliche Schlemmerei: Die Zelebranten verschlingen Reis und Tee in kaum vorstellbaren Mengen. Letztes Jahr hielt ich mich gerade im Kloster Phodhang Tumlong auf, als die gleiche Zeremonie für den Vater meines armen Freundes stattfand. Damals wäre ich nie auf die Idee gekommen, dass ich schon bald der Zeremonie beiwohnen würde, die *ihm* gälte! Man hat seinen Leichnam zu ebenjenem Kloster bei Tumlong gebracht, dessen Abt er war. Ein hoher Lama, sein künftiger Nachfolger als Abt, hat den Schädel aufgeschnitten. Man wird ihn in der *Gömpa* aufbewahren und später als Pokal aufstellen. Anschließend wurde der Leichnam auf dem Dach des Klosters verbrannt. Alles, was ich von diesem Jungen, der das Leben so sehr liebte, wieder sehen kann, ist also ein Stück Knochen, eine Schale, wie ich sie auf meinem Regal stehen habe und in die ich Nadeln hineinlege sowie verschiedene kleinere Gegenstände, die ich abends aus meinen Taschen herausnehme. Woher mag diese namenlose obere Schädelhälfte stammen, die mir als Aufbewahrschale dient? Sie hat zwei *Yogis* gehört, von denen einer tot ist und der andere sie mir geschenkt hat. Sie haben aus dieser Schädel-Schale große Mengen Gerstenmehlsuppe und getrocknetes Fleisch gegessen, denn altem Brauch folgend benutzen die *Yogis* der tantrischen Sekten einen Schädel als Geschirr. Um der Tradition Genüge zu tun und einem tibetischen Freund eine Freude zu machen, habe ich neulich ein wenig Hirsebier aus einem Schädel getrunken, sozusagen als tantrische Kommunion und Toast auf den großen *Padmasambhawa.* Ich will dergleichen jedoch nicht zur Gewohnheit werden lassen; das Ganze ist doch gar zu kindisch in seinem naiven Bestreben, Furcht erregend zu wirken!

Armer kleiner Maharadscha! Und doch: Wenn ich nach Phodhang zurückkehre und die aus seinem Schädel hergestellte Schale sehe, werde ich meine Bewegtheit nur schwer verbergen können.

Gömpa in Lachen, 10. Januar 1915

Bereits zwei Nächte lang hat es ausgiebig geschneit und ich habe leider zu viel Vertrauen in die Stabilität meines Zeltes gesetzt. »Es wird schon bis zum Tagesanbruch halten«, sagte ich mir, »und dann werden die Diener es vom Schnee befreien.« Ich hatte das Dach bereits mehrmals geschüttelt, gegen Morgen jedoch hatte ich eine böse Vorahnung und stand rasch auf. Ich zünde eine Laterne an, ziehe meinen Oberrock und die tibetischen Stiefel an und will gerade Hilfe herbeirufen. Doch als ich den Vorhang am Eingang aufmache, passiert es: Die hintere Stange bricht. Das Zelt fällt teilweise in sich zusammen, wird jedoch zum Glück noch von der vorderen Stange gehalten. Ich stürze mit meiner Laterne in die Nacht hinaus und schreie laut nach den Dienern. Darüber wachen die Lamas auf; einige eilen herbei. Man bringt Schaufeln. Es lagen sage und schreibe sechzig Zentimeter Schnee auf dem Zelt, und das dichte Schneetreiben hielt an. Wir hatten bis zum Tagesanbruch alle Hände voll zu tun; gegen acht Uhr hörte es auf zu schneien und wir machten uns daran, meine Sachen herauszuholen. Zum Glück war nichts durch den Einsturz des Zeltes beschädigt worden. Ich muss lediglich zwei Stangen erneuern.

Gömpa in Lachen, (?) 1915

Man weiß wirklich nicht recht, was man euch, die ihr in Europa und unseren Kolonien so tragische Stunden erlebt, schreiben soll. Was kann schon ein in irgendeinem Himalajawinkel verlorener »Beinahe-*Yogi*« denen Interessantes erzählen, die Zeugen und Betroffene eines so beklemmenden Schauspiels sind. Die Ruhe, die Gelassenheit, die Gleichgültigkeit unserer einsamen Schneeregion, der Friede, der den Geist all derer erfüllt, die sich hier aufhalten, müssen denen unangebracht, ja ärgerlich erscheinen, die in der Welt der Tatmenschen, der Lebendigen geblieben sind … wo man sich gegenseitig umbringt.

Ja, mein Lieber, wir sind hier von dieser mörderischen Aufregung weit entfernt, doch die Gemüter sind die gleichen: streitsüchtig, egoistisch, brutal. In mehr als einem Bauern aus Lachen steckt der Keim zu einem teutonischen Soldaten, und es fehlt diesem Keim vielleicht nur an Möglichkeiten zur Entfaltung.

Darf ich es trotzdem wagen, ein Stück Lamalandschaft zu entwerfen, das in der vergangenen Woche etwas Abwechslung ins *Gömpa*-Leben gebracht hat? Ein Schüler des hohen Lamas ist zu Besuch gekommen. Selbst eine außergewöhnliche Erscheinung, hat mein Gastgeber auch Schüler, die sich von der Masse der Lamas unterscheiden. Der Ankömmling ist wie sein geistlicher Lehrer ein *Gömptschen*, ein Eremit. Er sitzt normalerweise vierzig bis fünfzig Kilometer südlich von Lachen auf einem bewaldeten Berggipfel. Er ist jung – ich schätze ihn auf zwanzig bis vierundzwanzig Jahre –, ärmer als Hiob, klug und ernst. Als ich ihm den Tee reiche, sagt er mir, er habe schon drei Jahre lang keinen mehr getrunken. Er trägt den weißen Asketenrock der Nga-Lu-Sekten (tibetischer Tantrismus); das heißt, *eigentlich* ist der Rock weiß, in Wirklichkeit jedoch hat der grobe Kattun eine schmutzige, milchkaffeebraune Farbe angenommen. Seine übrige Kleidung besteht nur aus einem dunkelroten Hemd. Trommel *(damaru)* und Schienbeintrompete *(kangling)* trägt er umgehängt. Obwohl er sehr hässlich ist, strahlt seine Persönlichkeit eine gewisse Ästhetik aus. Er hatte, glaube ich, ebenso sehr den Wunsch mit mir zusammenzutreffen, wie ich mit ihm, und als ich in der Abenddämmerung von einem Spaziergang durch den Dschungel zurückkehre, bemerke ich, wie er vom Balkon der *Gömpa* zu mir herunterschaut. Am nächsten Morgen sehe ich ihn jenen eigentümlichen Tanz proben, den die *Nga Lu* auf tibetischen Friedhöfen aufführen, inmitten der zerstückelten Leichname, die man den Raubtieren zum Fraß hingeworfen hat. Sie singen dabei den von einer Philosophie des Schreckens erfüllten Gesang, den ich eines Tages übersetzen und veröffentlichen will, falls diejenigen, die so viel Vertrauen zu mir hatten, dass sie ihn mich gelehrt haben, einverstanden sind.

Wenn ich auch den Gedanken, der im Hymnus ausgedrückt ist, voller Begeisterung bewundere, so gilt das doch nicht für die Trommel, die Schienbeintrompete und den Tanz, die ihn begleiten. Weshalb nur muss man dieses philosophische Juwel mit all dem kindischen Theater umgeben? Ich würde es wirklich gerne wissen. Nun, an besagtem Morgen »probte« der junge *Yogi* vor seinem Meister und mir; er flüsterte die Worte nur, denn sie gelten als sehr geheim. Er drehte und wand sich und schlug dazu den Takt auf einem ärmlichen *damaru*, das halb zerbrochen und nur wenige Groschen wert war. Es herrschte zwar strahlender Sonnenschein, doch man denkt in solchen Augenblicken unwillkürlich an eine finstere Nacht, in der Knochen und Haarschöpfe auf dem Boden verstreut liegen, und man sieht nur den einen Menschen, wie er – im Unermesslichen verloren – unter klarem Himmel zwischen Skelettresten tanzt und seine stolze Freude darüber in die Welt hinausschreit, dass Götter und Dämonen eitler Trug sind, dass alles nichtig und leer ist, nicht wirklicher als Luftspiegelungen, und dass er selbst, der ironische Tänzer, auch nur ein Phantom, ein flüchtiger Schatten ist. Ob er das wohl alles versteht, der arme Schüler? Ich frage seinen Lehrer und er antwortet mir: »Er begreift es … ein wenig.«

Als der Tanz zu Ende ist, trinken wir Tee, und ich plaudere in meinem Negertibetisch mit dem jungen Mann. Er ist alles andere als dumm und … begreift wohl auch … ein wenig.

Am kommenden Morgen macht er sich wieder auf den Weg. Ich bin gerade mit dem *Gömptschen* auf der Terrasse, als er sich der tibetischen Etikette gemäß mit dreifachem Kniefall von ihm verabschiedet und anschließend seinen Segen empfängt. Mit ein paar durchdachten, wohlgesetzten höflichen Worten sagt er mir Lebewohl und folgt dem schmalen Pfad, der durch den Ort hinabführt. Als er die »Hauptstraße«, einen Maultierweg, erreicht hat, dreht er sich mehrmals um, schaut zu seinem Lehrer, der auf der Terrasse steht, und hebt zum Zeichen der Verehrung die gefalteten Hände. An einer Wegbiegung bleibt er lange stehen, verneigt sich und verschwindet.

Meine Fortschritte in der tibetischen Sprache überraschen mich selbst. Ich unterhalte mich bereits stundenlang mit dem *Gömptschen*; das Ganze ist noch ein Kauderwelsch, aber ich mache mich verständlich und verstehe auch selbst sehr gut. Bei meinem Lamalehrer in Phodhang war das keineswegs so; es gelang mir kaum, ihm die einfachsten Dinge begreiflich zu machen, und hier erörtere ich philosophische Probleme. Dieser *Gömptschen* ist schon ein Zauberer. Alle behaupten es und ich glaube es beinahe schon selbst.

Gömpa in Lachen, 18. Januar 1915

Die gesamte vergangene Woche war erfüllt von den Volksbelustigungen anlässlich des tibetischen Neujahrsfestes *(Losar)*. Es handelt sich um recht primitive Vergnügungen, die in endlosem Essen und Trinken unter freiem Himmel bestehen. Die Bewohner von Lachen feierten drunten auf dem Markt, wo die Männer die Angelegenheiten des Gemeinwesens zu bereden pflegen. Die Lamas vergnügten sich weiter oben, am Berghang, auf der Terrasse der *Gömpa*. Überall bot sich das gleiche Schauspiel dampfender Kochtöpfe und auf dem Boden sitzender Leute, die mit den Fingern das für einen abendländischen Betrachter wenig appetitliche Mahl verteilen. Die jungen Lamanovizen vertrieben sich unterdessen mit naiver sportlicher Betätigung die Zeit, hüpften auf einem Bein um die Wette usw. Sie übten sich sogar – wie bei uns zu Hause die kleinen Mädchen – im Seilspringen, brachten dabei allerdings sehr viel weniger Anmut auf.

Ich habe in unserem Kloster noch keinen betrunkenen Lama bemerkt, obwohl die mit dem Nationalbier angefüllten Bambusschalen reichlich herumgereicht wurden. Vielleicht hat meine Anwesenheit den Eifer der Zecher etwas gemäßigt, ich weiß es nicht. Jedenfalls vermute ich, dass es in so mancher *Gömpa* anders zugeht. Der Maharadscha ist tot, das hat man sofort gemerkt. Die Reformen, die er durchzuführen versuchte, sind mit ihm gestorben, vor allem das Verbot, gegorene Getränke in die *Gömpas* zu bringen. Auf alle diese bäuerlichen Lamas muss ich wie ein lebender Vorwurf wirken: Ich trinke weder Bier noch Wein und esse kein Fleisch. Sie wissen sehr wohl, dass ich die Ordensregel verkörpere, gegen die sie verstoßen. Sie haben zwar deswegen Achtung vor mir, halten diesen Weg jedoch für zu steil, als dass sie ihn ebenfalls begehen könnten. Oder aber sie denken sich überhaupt nichts. Ich bin eben ein Wesen anderer Art, und sie kommen nicht einmal auf den Gedanken, einen Vergleich zwischen meinem und ihrem Verhalten anzustellen.

Da ich das Schauspiel dieser barbarischen Fresserei und der rituellen Zeremonien, die von ohrenbetäubendem Getrommle begleitet sind, wenig schätze, habe ich mich während dieser Tage ins Gebirge geflüchtet. Auf den sonnenbeschienenen Hängen ist der Schnee schon wieder vollständig geschmolzen. So ließ ich mich denn auf einem Felsen nieder, fesselte mich mit meinem Gürtel in der Art der tibetischen *Yogis* – eine ausgeklügelte Methode, die die fehlende Rückenlehne ersetzt und einem eine höchst bequeme Körperhaltung verschafft – und verbrachte die Zeit mit tibetischer Lektüre und meinen Träumen. Gestern hat mein alter *Yogi* mit skeptischem Lächeln zu mir gesagt: »Mem Sahib empfand an allen diesen Tagen ein geistiges Unbehagen!« Ja, ein wenig schon. Mein generationenalter Hugenotteninstinkt hat sich noch nicht völlig der philosophiegeschwängerten Gleichgültigkeit gebeugt, die der Buddhismus lehrt. Ich glaube immer noch, dass es Leute gibt, die falsch handeln und die man bekehren oder bessern müsste …

Mein Freund, der Eremit, ist da anderer Meinung. Für ihn sind die Menschen, was sie sein können, oder genauer, sie sind überhaupt nicht; die Welt ist nur ein Schattenspiel auf einer Kinoleinwand, und er selbst ist einer dieser Schatten. In meinem Verstand glaube ich das genau wie er … aber manchmal lehnt sich etwas in mir gegen seine lächelnde Gleichgültigkeit auf, und ich halte ihm in meinem Negertibetisch eine nette Predigt. Er sagt dann immer: »Sie sollten zu den Damen in der Mission hinübergehen, die ebenfalls glauben, es sei Kuntschos Wille, dass alle Menschen einander ähnlich sind.« (Mit *Kuntscho* bezeichnen die christlichen Missionare Gott; in Wirklichkeit bedeutet der Ausdruck so viel wie allerhöchstes oder köstliches Ding. Man charakterisiert damit die buddhistische Trias: Buddha – Dharma – Sangha, d. h. Buddha, Lehre/Gesetz und Gemeinschaft der Jünger.)

Ich gehe übrigens oft in die Missionsstation. Die Ladys sind gastfreundliche Frauen, man bietet mir immer Tee und Kekse an, gelegentlich auch ein Abendessen. Gestern haben sie in meiner Zelle den Tee genommen. Es lässt ihnen keine Ruhe, dass der *Gömptschen* und ich so gut miteinander auskommen. Sie sehen in ihm nur einen hässlichen, dreckigen Alten. Als solcher erscheint er auch mir, doch sehe ich noch etwas, was sie nicht sehen: die Schönheit des Denkens, die hinter diesem wenig anziehenden Äußeren verborgen ist.

Auf jeden Fall besitzt der *Yogi* eine Tugend, die man bei seinen Landsleuten höchst selten antrifft: Er ist großzügig und uneigennützig. Vor wenigen Tagen hat er mir ein sehr schönes tibetisches Buch gebracht, eine wertvolle alte Ausgabe, wie man sie im Guimet-Museum sehen kann. Er bestand darauf, dass ich es annehme. Ich wusste nicht recht, was ich ihm als Gegenleistung schenken könnte. Bestimmt hat er zu Neujahr viele Leute empfangen, ihnen viel Tee und Leckereien gereicht. Also dachte ich, ein wenig Geld wäre ihm, arm wie er ist, willkommen, um seiner Schwester beim Ausgleich der Haushaltsbilanz behilflich zu sein.

In Tibet ist es nicht unzulässig, Geld zu schenken, man kränkt damit niemanden; sogar dem Dalai Lama darf man es schenken, nur muss es sich um eine ansehnliche Summe handeln. Ich bin im Augenblick schlecht bei Kasse, bot ihm daher zehn Rupien an, die er natürlich zurückweisen wollte. »Das wäre ja eine üble Sache, wenn ich Ihnen Ihr Geld wegnähme«, meinte er. »Sie haben viele Ausgaben, müssen Diener bezahlen usw. Sie sind eine Lady, ich hingegen brauche nichts …« Kurz, ich bat ihn so lange, bis er die zehn Rupien nahm. Der *Gömptschen* wusste allerdings, dass ich noch etwas Butter zum Schmelzen und als Vorrat brauchte. Und so kommt er denn bald mit einem Mann zurück, der mit Butter beladen ist. Man wiegt sechs Seers (ungefähr 12 kg) ab, ein Seer kostet eine Rupie. Als alles genau gewogen ist, sagt der *Gömptschen* zu mir: »Sie brauchen nichts zu bezahlen, es ist ein Geschenk von mir«, und eilt schleunigst fort. Auf diese Weise gab er mir zum Teil zurück, was ich ihm geschenkt hatte.

Kloster in Lachen, 8. Februar 1915

Wir stecken bis zum Hals im Schnee, oder doch beinahe. Die Schneedecke ist im Durchschnitt einen Meter hoch. Gestern habe ich bei herrlichem Sonnenschein einen *Tschörten* gebaut. Dieses buddhistische Bauwerk findet man unter verschiedenen Bezeichnungen in ganz Asien. Auf Ceylon heißt es *Dagoba*, in

Birma *Pagode*, in Indien *Stupa*, in Tibet *Tschörten*. Es handelt sich um ein rundes Gebäude auf normalerweise viereckigem Sockel.

Am Abend dann das ganz große Abenteuer! Man macht uns auf einen Hund aufmerksam, der sich in einiger Entfernung von uns vergeblich darum bemüht, sich durch den Schnee einen Weg zu bahnen. Das arme Tier scheint wirklich in höchster Not zu sein. Die Nacht rückt näher, was soll aus ihm werden? Ich sage: »Ich hole ihn.« Die Leute um mich her schreien auf, denn es ist nirgends ein Weg freigeschaufelt. Ich muss durch eine kleine Schlucht hindurch und auf der anderen Seite den Hang hinaufsteigen. Nun ja, ich werde schon sehen, wie weit ich komme. Ich habe lange Flanellhosen, hohe Filzstiefel und einen Regenmantel an. Auf denn! …

Das ist rasch hingeschrieben, aber glaub mir, ich kam in dem Schnee, der mir bis zu den Hüften reichte, nicht gerade schnell vorwärts. Mit einem Stock tastete ich den Untergrund ab, um nicht in irgendeinem Loch zu versinken. Nach einem guten Stück Wegs entdecke ich einen meiner Jungen, der gerade aus dem Ort zurückkehrt. Ich rufe ihn zu mir und er begleitet mich. Es war eine richtige Polarexpedition, zumindest genauso kalt.

Wir kommen vom Pfad ab. Mein Diener stürzt in ein Loch, ich ziehe ihn am Kopf wieder heraus; wenig später erweist er mir den gleichen Dienst. Wir klettern über Felsen, die wir nicht sehen können, und gelangen schließlich zu dem Hund. Er sitzt im Schnee fest und kann sich nicht rühren. Zu allem Überfluss zeigt uns das scheue, in Panik geratene Tier die Zähne, obgleich es noch ein ganz junges Hundchen ist. Kurz: Wir legen dem Tier einen Strick um den Bauch und befördern es im Schlepptau zum Kloster, wo sich der Hund, oder vielmehr die Hündin – es handelt sich nämlich um ein weibliches Tier – sehr grimmig zeigt.

Nach einer ausgiebigen Mahlzeit macht das Tier heute bereits einen friedlicheren Eindruck, und in ein paar Tagen wird es vollends brav sein. Es ist behaart wie ein Jak und ganz schwarz: schwarze Nase, schwarze Augen; nur die Spitzen seiner Pfoten sind dunkelgelb. Hunde dieser Rasse bewachen in den Steppen Tibets die Jakherden und die Nomadenzelte. Es sind halb wilde, sehr starke Tiere, die von Fremden gefürchtet werden. Was soll nun aus der jungen Hündin werden, die ich gerettet habe? Sie hat auf jeden Fall einen großen Teller Reis leer gefressen, den ich ihr mit der Hand hingehalten habe. Als ich sie jedoch anschließend streicheln wollte, schaute sie etwas grimmig drein, zeigte mir jedoch nicht ihre spitzen weißen Zähnchen, was ja schon ein Fortschritt ist.

Das wären bereits alle Ereignisse, von denen ich dir berichten kann, mein Lieber. Doch nein, da ist noch etwas ganz anderes. Ich habe damit begonnen, zusammen mit dem *Yogi* die Vita des Dichter-Asketen *Milarepa* zu lesen. Während meines ersten Aufenthaltes in Sikkim habe ich sie bereits in englischer Übersetzung gelesen. Doch jetzt, wo das Original, ein ehrwürdiges, dickes tibetisches Buch, vor mir liegt, beginnt mein Orientalistenherz doch ein wenig zu pochen. Der *Gömptschen* hat zu mir gesagt: »Wir beginnen mit diesem Werk, denn der Gegenstand, von dem es handelt, ist Ihnen bereits vertraut. (Er weiß, dass ich auf Französisch eine Lebensbeschreibung *Milarepas* angefertigt habe; das Manuskript ist druckfertig.) Auch ist die Sprache, in der das Buch geschrieben ist, sehr schön, sehr literarisch, und Sie werden darin viele nachahmenswerte Beispiele für den mündlichen und den schriftlichen Gebrauch finden.«

Gömpa in Lachen, 14. Februar 1915

Du schreibst: »Vielleicht bereust du es eines Tages, so weit weg geblieben zu sein, während wir hier diese tragischen Stunden durchmachen.« Ich glaube kaum. Ich habe über diese Frage mit all dem Scharfsinn und der Gründlichkeit nachgedacht, die eine Folge ständigen Analysierens und Meditierens sind. Wäre ich ein Mann, hätte ich bestimmt wie alle anderen gehandelt und mich gemeldet. Als Frau jedoch blieb mir nur der Dienst als Krankenschwester. Wäre ich in der Nähe gewesen, hätte ich mich gleich am Tage nach der Kriegserklärung zur Verfügung gestellt. Doch da ich weit weg bin, wären wahrscheinlich bei meiner Ankunft schon alle Stellen besetzt gewesen, und man hätte mich gar nicht genommen. Vielleicht hätte ich es trotzdem versuchen sollen, aber ich hatte nicht genügend Geld für die Reise, und dann war da, offen gestanden, auch noch eine andere Sorge im Spiel: Ich befürchtete, nicht mehr hierher zurückkehren zu können, die Studien, die ich in Asien betreibe, nicht wieder aufnehmen zu können. Ja, mich fesselt das Leben eines studierenden Asketen, das ich hier führe. In Indien sagt man, den *Sannjasin* halte – unabhängig von seinen Taten oder Gedanken – auf ewig ein Zauber gefangen, von dem er nicht mehr loskomme, wenn er erst einmal so mutig und unvorsichtig gewesen sei, das uralte Gewand der hinduistischen Mystik anzulegen. Ich neige kaum zum Aberglauben und doch sage ich mir manchmal: Wer weiß? Eine Tradition und eine jahrtausendealte Kette des Denkens sind eine wirkende Kraft, eine im Bereich des Geistigen ebenso reale Energie wie die Elektrizität im Bereich des Physischen. Aber lassen wir das.

Du wirst lachen, mein Lieber, mir ist etwas Seltsames passiert. Fast möchte ich glauben, dass es sich ebenfalls um Zauberei handelt. vielleicht wirkt sich dabei die Tatsache aus, dass ich so nahe bei den Schrecken einflößenden Gottheiten eines Tempels der *Nga-Lu*-Sekte wohne. Ich weiß es nicht. (Ich schreibe *Nga-Lu*-Sekte, um mich verständlich zu machen. Da *Lu* das tibetische Wort für »Sekte« ist, stellt der Ausdruck natürlich einen schrecklichen Pleonasmus dar.) Doch hier meine Geschichte: Seit langem schon – ich wechsele meine Leute nur selten – habe ich zwei junge Strolche um mich herum, die mir bei dem einfachen Leben, das ich hier führe, gute Dienste tun. Sie haben, ohne eine Miene zu verziehen, im Freien gekocht und standen dabei bis zu den Knien im Schnee, der ihnen in großen Flocken in die Kochtöpfe fiel. Als ich keine Träger hatte, schleppten sie meine Bündel über abschüssige Berghänge, und als ich neulich in Ohnmacht gefallen war, hielt mich der Koch, der sofort herbeigeeilt war, in seinen Armen, und die treue Seele heulte wie ein Schlosshund. Trotzdem, die beiden stehlen. Es verschwinden immer nur Kleinigkeiten, aber ich finde so etwas unerträglich. Nachdem bereits Umschläge, Nägel mit Kupferköpfen usw. abhanden gekommen waren, erwische ich sie neulich dabei, wie sie sich gerade einen halben Sack Gerstenmehl aus Schigatse unter den Nagel reißen. Ich überlege einen Augenblick, was zu tun ist. Sie mit geringerer Bezahlung zu bestrafen, dürfte kaum Eindruck auf sie machen. Im Übrigen entlohne ich sie im Augenblick gar nicht mit Geld, sondern nur mit Lebensmitteln und Kleidung. Also bleiben nur Stockhiebe übrig, von denen ich allerdings nicht sehr begeistert bin. Es sind schließlich keine Kinder mehr, der eine ist zwanzig und der andere zweiundzwanzig Jahre alt. Aber ich weiß, dass der Rohrstock hier üblich ist und sie seine Sprache am allerbesten verstehen. Ich bin nicht etwa erzürnt – möchte eher lachen – und habe drei oder vier Minuten darüber nachgedacht, bevor ich mich entschließe. Ich hole also meinen Stock aus der Ecke hervor und verabreiche beiden eine gehörige Tracht Prügel, gegen die sie sich nicht einmal zur Wehr setzen, da sie selbst sich für schuldig halten. Anschließend sind sie ungemein folgsam und versehen ihre Arbeit mit der größten Sorgfalt. Das ist seltsam, nicht wahr? Doch am eigenartigsten war für mich als Philosophin die Feststellung, dass ich mich während der Bestrafung, die ich ganz ruhig und kalt begonnen hatte, allmählich in einen beträchtlichen Zorn hineinsteigerte. Manchmal, sogar sehr oft, löst eine geistige Erregung die entsprechende körperliche Aktion aus: Man ist wütend, also schlägt man. Aber hier war es genau umgekehrt. Die körperliche Handlung erregte Nervenzentren, denen ein bestimmtes Gefühl entspricht: Ich schlug und fühlte den Zorn in mir aufsteigen. Die Feststellung ist erstaunlich und verdeutlicht einmal mehr, dass wir nur Maschinen sind.

Die offizielle Inthronisierung des neuen Maharadschas findet in der kommenden Woche statt. Er und seine Schwester haben mich herzlich eingeladen, nach Gangtok zu kommen; ich werde es jedoch nicht tun. Ich finde immer weniger Gefallen an Festessen und Empfängen.

Kloster in Lachen, Poststation,
Chunthang (Sikkim) über Indien, 21. Februar 1915

Da das Gehirn beim Aufnehmen und Behalten neuer Wörter manchmal müde wird, lerne ich zur Abwechslung einmal etwas ganz anderes. Schon lange wollte ich mit den Handtrommeln umgehen lernen, mit denen die Lamas zu ihren Rezitationen den Takt klopfen. Das sieht nach nichts aus, aber man muss schon ein wenig üben, bis man die Handgelenkbewegung heraushat, mit der man die beiden kleinen an der Handtrommel befestigten Kugeln in jeweils anderem Rhythmus zum Schlagen bringt. Was die kleine Trommel angeht, habe ich es fast schon geschafft; bleibt noch die größere, die die *Gömptschen* zum Friedhof mitnehmen. Man kann sich dabei eine Weile entspannen. Da ich die erste tibetische Schriftart bereits recht gut beherrsche, habe ich unter Anleitung des Dorfschullehrers damit begonnen, die zweite zu erlernen. Er kommt dreimal in der Woche und ich zahle ihm dafür vier Rupien im Monat (etwa 6,80 Francs). Ich habe schon eine stattliche Anzahl Krähenfüße zu Papier gebracht; sie sehen wie Tierkarikaturen oder eine Mikrobenkultur aus, doch es wird langsam besser. Als ich mit der anderen Schrift anfing, war es zum Heulen, und jetzt schreibe ich fast schon eine elegante Kalligraphie.

Kloster in Lachen, 27. März 1915

Was kann sich in einem Lamakloster im Himalaja schon an Wichtigem ereignen, sieht man einmal von jenen Kleinigkeiten ab, wie sie nur die Bergbewohner interessieren, die unmittelbar von ihnen betroffen sind! Die Leute im Ort haben ihre Kartoffeln gepflanzt. Eine der Missionarinnen ist zurückgekehrt und arbeitet unermüdlich im Gemüsegarten der Missionsstation. Dieser Eifer wirkt ansteckend und ich frage mich, ob ich nicht auch ein paar Gemüsepflanzen anbauen sollte, die eine wünschenswerte Bereicherung meiner Anachoretenkost wären. Meine Absicht wurde von der braven Frau sehr begrüßt und sie hat mir einen stattlichen Vorrat an Saatgut geschenkt, das aus Finnland stammt. Du fragst vielleicht: Warum gerade aus Finnland, das so weit weg liegt? Nun, es ist die Heimat der Missionare, und die finnischen Samenkörner gedeihen hier gut. Es versteht sich von selbst, dass die Pflanzen, die sich dem Klima der heißen indischen Ebene angepasst haben, hier kläglich zugrunde gehen würden. Nun gut, ich werde das Saatgut teilen; die erste Hälfte werde ich in einigen Tagen hier aussäen, und zwar auf zwei kleineren Anbauflächen in günstiger Lage, die heute bereits ein erstes Mal umgegraben worden sind. Die andere Hälfte werde ich in zwei Monaten in Dewa-Thang säen, wenn ich mich dort eingerichtet habe. Der Höhenunterschied macht diese spätere Aussaat erforderlich. Wenn die *Dewas* meine kleinen Felder segnen, wenn sich die Insekten nicht in übermäßig großer Zahl dort tummeln, wenn die Ziegen nicht über den Zaun springen, wenn noch viele weitere *wenn* in Erfüllung gehen, werde ich junge Erbsen, grüne Bohnen, Salat, Mohrrüben, Petersilie, Kohl und sogar Schwarzwurzeln und Bitterkarotten ernten, die mich an mein armes Belgien erinnern.

Mein Diener ist vor drei Tagen nach Kalkutta aufgebrochen und wird mein Gepäck herschaffen.

1. April 1915

Obwohl ich von Geldüberweisungen abgeschnitten bin, werde ich während des Krieges doch nicht hungers sterben. Der Maharadscha von Nepal hat von meiner Lage erfahren und mir auf der Stelle einen reizenden Brief und etwas Geld geschickt. Nicht etwa als Leihgabe – dafür ist er ein viel zu großer Herr –, sondern als Geschenk, wie man es in Indien jenen Personen zu überreichen pflegt, die sich für den geistlichen Stand entschieden haben. Das bedeutet, der Spender erklärt dem, der seine Gaben anzunehmen geruht, seinen untertänigsten Dank. Das ist sehr liebenswürdig von ihm.

Kloster in Lachen, 10. April 1915

Ein Lama von der *Tschörten* Nyima-*Gömpa* in Tibet, die ich letztes Jahr besucht habe, ist auf der Durchreise hier und wird demnächst den Tee bei mir nehmen. Morgen esse ich mit den Damen der Missionsstation zu Mittag, ich mache große Fortschritte in der tibetischen Umgangssprache. Ich bereite auch schon langsam mein Lager für die Sommernächte vor. In vierzehn Tagen will ich zu der Stelle hinauf, wo es so lange aufgeschlagen bleiben soll, bis ich einen endgültigen Standort ausgewählt habe. Ich werde ungefähr eine Woche dort bleiben, die ich entweder im Zelt oder in jener Höhle verbringe, in der ich schon einmal gewohnt habe. Ja, mir ist klar, dass dich diese Dinge wenig interessieren. Manchmal denke ich so bei mir: Wenn Mouchy hier wäre, wenn er an diesen Bergen Gefallen finden könnte, an der unberührten Landschaft, den langen Stunden stillen, einsamen Meditierens, den tibetischen Dichtern und Philosophen … wie anders wäre unser Leben! Ja, aber der liebe Alusch hat dafür nichts übrig. Viele sehen die Dinge wie du, das ist sicher. Ich bin ein Phänomen und falle in der zivilisierten Welt aus dem Rahmen. Ich war schon als kleines

Kind so. Zweifellos regt sich in meinen Adern der atavistische Trieb asiatischer Nomaden. Hier, wo die Menschen an eine Kette von Existenzen glauben, sagt man von mir: »Mem Sahib war früher ein großer tibetischer Lama!« Ich weiß hierüber nicht so gut Bescheid wie sie. Doch im Gedächtnis meiner Körperzellen schwingt eine Vergangenheit, die Richepin in folgenden Versen sehr poetisch heraufbeschwört:

»Fahrend Volk zieht dort vorüber.
Müde trotten ihre Pferde
Unbekanntem Ziel entgegen.
Sind wie rasch entschwundne Wolken;
Möchte ihre Träume kennen!
Doch der Wind nur gibt mir Antwort:
Fort, nur fort. Die Welt ist weit!«

Ich war, glaube ich, zwanzig Jahre alt, als ich das in den »Turanischen Liedern« gelesen habe. Und droben, in der herbstlichen Steppe, auf dem Rücken meines Jaks, inmitten des Gebimmels der Glocken der Lasttiere und der schrillen Pfiffe der Treiber, eingelullt vom Lied des Windes, fiel mir diese Strophe wieder ein. Tagelang zogen wir durch immer die gleiche Landschaft, die endlos wie der Ozean zu sein schien. Man glaubte, kein Ziel zu haben, man spürte auch gar kein Bedürfnis, irgendwo anzukommen. Wozu! Wir zogen weiter, immer weiter, wie die »rasch entschwundenen Wolken«.

Der Lama ist gekommen und bald wieder gegangen. Wir haben uns über die in der Einsamkeit des Ödlandes gelegene *Gömpa* unterhalten. Ich habe ihm die Aufnahmen gezeigt, die ich dort gemacht habe; einige habe ich ihm geschenkt, worüber er sich sehr gefreut hat. Als ich mich in seiner *Gömpa* aufhielt, war er gerade nicht da. Er bedauert das sehr und hofft, dass ich meinen Besuch im kommenden Sommer wiederhole. Vielleicht tue ich es wirklich. Es ist nicht sehr weit, höchstens vier bis fünf Tagereisen. Ich könnte einen Monat lang dort bleiben und Tibetisch sprechen … Mein Besucher ist ein junger

Mann von etwa zwanzig Jahren, Sohn eines berühmten Lamas der Rotmützen-Sekte; er wirkt aufgeweckt und ist ein sehr liebenswürdiger Junge. Einer seiner Onkel, der bereits tot ist, war allem Anschein nach nicht nur in Philosophie bewandert, sondern ein wirklicher Philosoph; der Neffe tritt vielleicht in seine Fußstapfen. Bis dahin wird er bestimmt ein angenehmer Gastgeber in seinem abgelegenen Kloster sein. Bereits jetzt hat er mir eine stattliche Menge heiliges Holz versprochen, von dem es heißt, es gehöre den lokalen Gottheiten, weshalb ich meinen Dienern untersagt hatte, es als Brennholz zu verwenden, und stattdessen nur Jakmist benutze. Schließlich will ich niemanden verletzen und die Landessitten respektieren. Der junge Zauberer jedoch steht mit den Gottheiten seines Landes auf du und du, winkt ab und meint: »Wenn ich in den Wäldern im Tal Brennholz mache, sind die Götter nicht gekränkt. Sie werden Ihren Holzvorrat bekommen!« Wie nett und köstlich ist es doch, seine Suppe auf Reisig kochen zu können, das von Göttern stammt!

Kloster in Lachen, 6. Mai 1915

Nachdem ich ein paar Tage in Dewa-Thang verbracht habe, bin ich jetzt wieder in Lachen. Der Ausflug war köstlich, denn von einem kurzen Hagelsturm abgesehen war das Wetter ausgezeichnet. Überall blüht der Rhododendron und das Gebirge ist ein richtiges Märchenparadies. Am letzten Tag meines Aufenthaltes in Dewa-Thang bin ich in das sumpfige Tal am Fuße des Berges, auf dem mein Zelt stand, hinabgestiegen. Ich gelangte bis zu den Ausläufern der gegenüberliegenden Bergkette, die nach Norden zeigt und deshalb noch tief verschneit war. Ich bin dort in ein wahres Meer von Schnee – mit fünf bis sechs Meter hohen Wellen – hineingeklettert. Die Schneeschmelze setzt in dieser Gegend frühestens in sechs Wochen ein. Ich habe auch einen kleinen schwarzen See besichtigt, von dem die

Bauern in Lachen behaupten, in ihm wohne ein böser Geist, der die Gestalt eines Ochsen habe. Um dorthin zu gelangen, mussten wir durch den Fluss, und da das Wasser bereits recht tief war, nahm mich ein Lama huckepack, der bis auf weiteres meinen Diener vertritt, der nach Kalkutta unterwegs ist. Auf dem Rückweg rutschte er auf den schlüpfrigen Steinen in der Flussmitte aus, und wir hätten beinahe ein bedrohlich kaltes Bad genommen. Da ich Steine in den schwarzen See geworfen hatte, erblickten meine Leute natürlich darin die Ursache des Hagelsturms, der – kaum hatten wir unser Lager erreicht – auf uns herniederging. Ich gab ihnen zu bedenken, dass es schon vor unserer Ankunft am See ein wenig gehagelt hatte, doch schien sie das nicht recht zu überzeugen. In Dewa-Thang und auf den Steilhängen, die diese kleine Hochebene überragen, liegt nirgends mehr Schnee – von winzigen Flecken unter den Bäumen abgesehen. Es ist Frühling und die Sonne sticht bereits. Im Gesicht ist meine Haut ganz verbrannt. Was ich dort oben getrieben habe? Oh, mein lieber großer Freund, das ist eine Sache für sich. Du hättest herzlich gelacht, wenn du mich hättest sehen können. Ich wollte dir ganz einfach Konkurrenz machen und den Beruf des Architekten und Ingenieurs ausüben! Auf einem Abhang, in unmittelbarer Nähe der Felswand und auf einem Untergrund, der etwa so viel Halt bietet wie eine Sanddüne, lasse ich ein paar Baracken bauen. Zunächst werden ein bis zwei kleine Terrassen angelegt, dann wird das Ganze an Bäumen befestigt, die als Stützpfeiler dienen. Das wird, so hoffe ich – ja ich bin sogar sicher –, halten. Ein Fachmann allerdings wäre bestimmt weniger zuversichtlich.

Und wozu überhaupt diese Baracken? Nun, ich kann den Sommer über nicht in meiner Zelle in Lachen bleiben. Ein Schlupfloch dieser Größenordnung ist im Winter, wenn man am Ofen kauert, gerade noch annehmbar; sobald jedoch die Sonne etwas wärmer scheint, fehlt es einem dort an Luft und auch an Licht. Außerdem brauchen die Lamas des Klosters diese Hütte, die sie mir nur vorübergehend abgetreten haben, vielleicht wieder selbst. Während der trockenen Jahreszeit ist es in meinen Zelten reizend; wenn jedoch der Regen kommt und der Boden allmählich aufweicht, verliert das »Zelten« seine Anziehungskraft. Kurz und gut, der Maharadscha von Nepal will mir zu einem Quartier verhelfen, das meinen eigenen Vorstellungen entspricht und wo ich, im Einklang mit den in Tibet herrschenden Sitten, mein Studium des tibetischen *Tantrismus* fortsetzen und mein Werk über den *Wedanta* abschließen kann. Wenn ich fort bin, wird meine Hütte einem Lama, der gern viel allein ist, zur Verfügung gestellt werden. Da wir hier nicht in Nepal sind, kann der Maharadscha den Bau nicht selbst in Auftrag geben. Er hat sich darauf beschränken müssen, mir Geld zu schicken, weshalb es also meine Aufgabe ist, die Pläne auszuarbeiten. Du kannst dir natürlich denken, dass es sich nicht um ein Haus in dem Sinne handelt, wie es sich ein Europäer vorstellt. Ich baue mir eine tibetische *Yogi*-Einsiedelei, und zwar ganz im Stile der Bauernwohnungen – von geringfügigen Verbesserungen abgesehen. Da das Gelände nicht eben ist, sind die einzelnen Zimmer stufenförmig angeordnet und bilden jeweils eine Hütte mit eigenem Dach. Die Lachener Bauern haben den Bau in Akkordarbeit übernommen. Alle gesunden Männer des Ortes, etwa siebzig, machen sich in vierzehn Tagen ans Werk; sie rechnen damit, den »Palast« innerhalb von zwei Wochen fertig zu haben. Sie werden 160 Rupien für diese Arbeit erhalten, das entspricht 275 Francs. Neben den Kosten für das Holz sind noch ein paar andere Ausgaben zu bestreiten, doch das hält sich in Grenzen. Das Holz holt man sich übrigens direkt aus dem Wald und zahlt dem Staat dafür eine unerhebliche Gebühr.

So werde ich es mir bequem machen können. Ich werde meine Bücher aus den Kisten hervorholen, Unterlagen und Karteikarten über die orientalischen Philosophien ordnen, einen gebildeten Lama bei mir wohnen haben, der mich im literarischen Tibetisch unterrichtet, usw.

Die Einsiedelei wird sich genau an der Stelle befinden, wo ich mich bereits vergangenen Herbst in einer Höhle aufgehalten habe. Ein Teil meiner Wohnung wird sogar aus dieser Höhle bestehen. Die landschaftliche Lage ist herrlich: viel Sonne! Die Höhe beträgt etwa 3900 Meter; Bezugspunkt für diese Schätzung ist eine nahe gelegene Stelle, die offiziell vermessen worden ist. Das ist etwas niedriger als unser Montblanc, aber das Klima im Himalaja ist ganz anders als in Europa.

Kloster in Lachen, 16. Mai 1915

Ich war entzückt über deinen ausführlichen Brief vom 4. April und alles, was du mir über deine Tätigkeit in Bône erzählst.

Nächste Woche trifft der Maharadscha von Sikkim hier zu einem zweitägigen Besuch ein. Es ist ein netter, dreiundzwanzigjähriger Bursche, der die Hochschule besucht hat. Die Regierung hat ihm einen Mentor an die Seite gegeben, der ihm wie ein Schatten folgt und genau vorschreibt, was er zu tun oder zu sagen hat. Dieser Besuch stimmt mich etwas melancholisch. Ich muss an den Tag zurückdenken, als der verstorbene Bruder des jetzigen Radschas hier ankam. Ich befand mich damals in Lachen und hatte von meinen Dienern am Eingang des Bungalows einen Triumphbogen aus grünen Zweigen errichten lassen. Ich selbst stand mit meinem Fotoapparat am Wege, um den malerischen Zug zu fotografieren … Ich habe noch ganz genau vor Augen, wie der kleine Prinz mich bemerkt, seinen Hut schwenkt und mir von weitem zuruft, welche Belichtungszeit und Blendenöffnung ich nehmen soll. Er wirkte so jung, so voller Lebensfreude, und zwei Tage später brachen wir dann nach Norden, ins Steppengebiet auf … Von all dem ist nur ein Stück Schädel übrig geblieben, das im Kloster Phodhang in einem Kasten liegt. Es geht ein Gerücht um, mit dem ich mich besser nicht weiter befasse: Er soll vergiftet worden sein! Er hatte immer große Angst davor! … Am besten, man vergisst alles …

Kloster in Lachen, 27. Mai 1915

Ich befinde mich inmitten von Kisten und einer Schar junger Lamas, die meine Sachen einpacken und zunageln. Ich verlasse Lachen morgen mit einer Armee von siebzig Leuten, die mir in Dewa-Thang meine Unterkunft bauen werden. Das Wetter ist schlecht, es regnet in Strömen, und das ist nicht gerade angenehm, wenn man reist. Ich musste überrascht feststellen, dass sich nachts manchmal ein Fluss durch mein Zelt ergießt und den Teppich unter Wasser setzt. Es ist meine eigene Schuld, denn ich habe nicht, wie es üblich und nötig ist, einen Entwässerungsgraben angelegt.

Der Maharadscha ist gestern wieder abgereist. Solche Stippvisiten bringen immer viel Aufregung mit sich, denn ein Maharadscha kommt natürlich nicht allein. Gestern habe ich zu einem Dreiklassentee geladen: den jungen Radscha und seinen Lehrer in mein Zelt, die »Kazis« (den hiesigen Landadel) in die Hütte, in der ich den Winter verbracht habe, die Diener schließlich unter eine Veranda. Alle waren anscheinend sehr zufrieden.

Ich mache mein Handgepäck fertig, ein Haufen Leute hält mich mit Fragen auf. Zwei Fremde, die mir der Maharadscha schickt, sind gerade eingetroffen; sie sollen die Bäume aussuchen, die ich außer den Bauern zum Bau der Hütten brauche. Sie stehen mir unentgeltlich zur Verfügung (die Bäume, nicht die Fremden), ich brauche an den Staat Sikkim also keine Gebühren zu zahlen, sodass mein Haus letzten Endes nicht sehr teuer wird.

Dewa-Thang, 3. Juni 1915

Ich habe das Tintenfass vor der Reise entleert und die Flasche mit Tinte befindet sich in irgendeiner vernagelten Kiste. Ich schreibe deshalb mit Bleistift, wie du siehst.

Ich bin vor drei Tagen hier eingetroffen. Unterwegs habe ich mein Zelt an einer sehr schönen, aber von winzig kleinen giftigen Fliegen verseuchten Stelle aufgeschlagen. Auch in Lachen treiben diese lästigen Insekten ihr Unwesen. Um sie sich vom Leib zu halten, zündet man mit den grünen Zweigen einer Art Duftkiefer ein Feuer an; der Qualm vertreibt die Fliegen.

In Dewa-Thang herrscht zwar nicht ausgesprochen schlechtes Wetter, denn morgens oder am Nachmittag scheint manchmal die Sonne; aber es regnet doch sehr oft, vor allem abends, und ich kann Regen nicht ausstehen. Schon wenn ich in einem Haus wohne, habe ich für Regen wenig übrig; im Zelt jedoch ist Regen etwas Grauenhaftes.

Mir wurde immer klarer, dass ich ein festes Dach über dem Kopf brauche, wenn ich meine Studien hier fortsetzen will. Seit September habe ich ausschließlich gezeltet und – abgesehen von der Woche, die ich in Thangu im Bungalow verbracht habe – nie in einem Haus geschlafen. Glaub mir, das ist ein raues Leben, dem viele nicht gewachsen wären. Während all dieser Zeit hielt ich mich meistens im Freien auf, denn meine Hütte in Lachen war so winzig, dass ich sie fast nur zum Schlafen benutzen konnte. Den ganzen Winter über, selbst wenn der Schnee zwei Meter hoch lag, habe ich in meinem kleinen Zelt regelmäßig mein Wannenbad genommen … Im Alter von achtzehn Jahren hätte ich das nicht so ohne weiteres gemacht. Damals war ich eher zimperlich!

Ich habe mich jetzt also zu einem Baustellenleiter im Dschungel gemausert! Ich bin ständig zwischen Bäumen, Brettern und Planierarbeiten unterwegs. Das Ganze hat zwar keine riesigen Ausmaße, aber die Arbeit ist schwierig. Besonders eine Mauer, die eine Terrasse abstützt, bereitet mir Kopfzerbrechen.

Glaubst du, dass man auf eine Mauer aus trockenen, ohne Mörtel aufeinander geschichteten Steinen eine Schicht Zement auftragen kann? Du tätest mir einen großen Gefallen, wenn du mir hierzu einen fachmännischen Rat geben könntest. Ich kann den Ingenieur in Gangtok jederzeit noch nachträglich um ein oder zwei Sack Zement bitten und die Mauer, die ungefähr sieben Meter lang und acht Meter hoch ist, damit verputzen lassen.

Wenn alles fertig ist, sieht mein Schloss, das aus Baumstämmen, mit der Axt zugehauenen Brettern und Dächern aus Borke besteht, wie die Behausung von Pionieren in Amerikas Wildem Westen oder von Goldgräbern am Klondike aus.

Habe ich dir schon erzählt, dass ich auf den Rat des Residenten hin – er ist im Tibetischen ein Experte – ein von der Regierung veröffentlichtes Wörterbuch erworben habe? Es ist ein gewaltiger Band, sehr schlecht zu handhaben und ungewöhnlich schwer.

Auch der Preis ist ungewöhnlich und entspricht dem Gewicht des Buches: 32 Rupien, etwa 55 Francs. Sobald ich eingerichtet bin, beginne ich zusammen mit einem Brahmanen aus Gudscherat, der an der nepalesischen Schule in Gangtok lehrt, wieder mit einigen Sanskritübersetzungen. Vielleicht kommt er in diesem Sommer her und bleibt vierzehn Tage hier; aber das ist nicht unbedingt erforderlich, denn wir arbeiten auch über eine gewisse Entfernung gut zusammen.

Lager in Dewa-Thang, 12. Juni 1915

Meine Hütte ist fast fertig. In zwei Tagen wäre sie sogar ganz fertig geworden, aber mir sind die Nägel ausgegangen. So haben alle meine Arbeiter die Gelegenheit genutzt, sich davonzustehlen und ihre Erzeugnisse (Färberpflanzen) in der nahe bei Kampa Dsong gelegenen tibetischen Stadt zu verkaufen. Vor Ablauf von zwei Wochen werden sie kaum zurück sein, und mir bleibt nichts weiter übrig, als hier im Zelt auf sie zu warten. Ich habe Bretter unter das wasserdichte Tuch legen lassen, das hält die Feuchtigkeit des Bodens etwas ab. Aber obwohl ich mittlerweile ans Leben im Zelt gewöhnt bin, möchte ich doch gern ein Haus haben – so primitiv es auch sein mag –, denn wir sind gerade mitten in der Regenzeit.

Lager in Dewa-Thang, 12. Juni 1915

Ich befinde mich hier in 3900 m Höhe und der Regen hat verständlicherweise nicht die gleiche Temperatur wie auf Ceylon. Die winzige Hochfläche, wo ich meine Zelte aufgeschlagen habe, ist von unwegsamen Bergen umgeben, die in zerklüfteten, scharfkantigen Felsspitzen enden. Etwas tiefer erstreckt sich ein schmales Tal voll jener Zwergsträucher mit aromatischen Blättern, die die Luft mit dem für den Hochhimalaja typischen Duft erfüllen. Das Tal endet in einem Halbkreis schneebedeckter Berge, von denen Sturzbäche niedergehen.

Diese Landschaft ist sehr schön, erhaben und auch ein wenig schrecklich, denn sie übersteigt menschliches Fassungsvermögen. Wenn man in große Höhen kommt, bietet sich dieses Bild überall im Himalaja. Nirgends habe ich etwas gesehen, was sich mit diesem Land vergleichen ließe. Zwischen 4000 und 6000 m Höhe stößt man auf außergewöhnliche, gigantische Landschaften, die einer anderen Welt zuzugehören scheinen. Ja, vielleicht lässt es sich so in Worte fassen: Man wagt sich nur schüchtern in dieser Einsamkeit voran, wie ein Eindringling, der sich in eine fremde Wohnung eingeschlichen hat. Montblanc, Jungfrau, Meije usw. sind Maulwurfshügel dagegen. Man muss gesehen haben, wie das Massiv des Kangchendzönga über unbeschreiblichen Moränen aufragt; vorher kann man sich gar nicht vorstellen, dass es so etwas geben könnte.

Hier freilich erreicht die Landschaft noch nicht solche Proportionen, und die kleine bewaldete Hochfläche von Dewa-Thang mildert mit ihrem parkähnlichen Aussehen die Formstrenge der umgebenden Natur beträchtlich. Trotzdem ist auch hier noch alles größer und majestätischer als in Europa. Oh, ich verstehe durchaus die Faszination, die der Himalaja seit Jahrhunderten auf die Hindus ausübt, und dass sie ihn zur Wohnstätte ihrer Gottheit *Schiwa* gemacht haben.

Aus meinem Lager in Dewa-Thang, 20. Juni 1915

Der gestrige Tag war reich an Überraschungen. Ich fand in meinem Postsack ein Geschenk der jungen Schwester des Maharadschas von Sikkim. Dieses liebe kleine Mädchen glaubte, ich müsste hier frieren, und hat mir deshalb einen weißen Wollschal mit großen Troddeln angefertigt, der wirklich überaus hübsch ist. Sie hat ihn ganz allein gestrickt und schickt ihn mir mit gänzlich unbefangenen lieben Grüßen. Die Damen der Missionsstation haben mir frisch eingemachte Erdbeerkonfitüre, Sirup und eine Schachtel mit Kuchen geschickt. Ein mit mir befreundeter Gentleman aus London schließlich, der zu seiner Bestürzung erfahren hatte, dass du mir kein Geld schicken kannst, hat mir fünf Pfund (125 Francs = 75 Rupien) geschickt; »probeweise«, wie er sagt, um festzustellen, ob das Geld ankommt. Wenn ja, will er eine weitere Überweisung vornehmen oder sich dir – falls du zu London eine bessere Verbindung hast – als Mittler zur Verfügung stellen, damit du mir zukommen lassen kannst, was du möchtest. Ich brauche im Augenblick nichts, und es wird am besten sein, wenn du diesem liebenswürdigen Mann so schnell wie möglich sein Geld zurückerstattest.

Der Lama-*Yogi* ist nach Tibet aufgebrochen, wo er mehrere ehemalige Mitjünger treffen will, um mit ihnen den fünfzehnten Todestag ihres *Gurus* (ihres philosophischen Lehrmeisters) zu begehen. Dieser *Guru* lebte in der Gegend von Kampa hoch droben auf einem Berg in einer großen Höhle. Der Lama kehrt erst in einigen Wochen zurück, und es ist durchaus möglich, dass ich mich dann – etwa im August – ebenfalls in Tibet aufhalte.

Ein dortiger Lama hat mich eingeladen, ihn in seinem Kloster zu besuchen. Der Vater dieses Lamas genießt in der gesamten Gegend von Kampa großes Ansehen als Zauberer; ich kenne ihn nicht persönlich, aber der gute Mann scheint eine wirklich interessante Erscheinung zu sein. Seinen Sohn dagegen kenne ich gut. Es ist ein netter junger Mann, fünfundzwanzig Jahre alt und selbst schon Zauberer; es macht ihm viel Spaß, mich kreuz und quer über Berge und Steppen zu führen, mir Legenden zu erzählen und mir eine Unzahl von Plätzen zu zeigen, an denen eigentümliche Überlieferungen gepflegt werden. Diese beiden gehören zwar nicht der Gattung »Philosoph« an, sind dafür aber typische Vertreter tibetischen Brauchtums.

Meine neue Adresse lautet: De-Tschen Aschram, über Lachen, Poststation Chunthang, Sikkim, über Indien.

De-Tschen bedeutet »Großer Friede«, so heißt die Hochebene, auf der ich mein Quartier habe. La-Tschen bedeutet »Großer Pass«.

Lager in Dewa-Thang, 29. Juni 1915

Ein Lama, der nach Lachen zurückkehrt, trägt diesen Brief zu den Missionaren, die ihn nach Chunthang befördern werden.

Da ich ein paar Tage schönes Wetter hatte, habe ich zwei Bergbesteigungen unternommen. Eine war besonders erfolgreich und führte mich auf einen Pass, der meinen Berechnungen zufolge zwischen 4500 und 4700 Meter hoch sein dürfte. Ich bin ganz allein mit meinem Spazierstock losmarschiert, und da ich den Weg nicht kannte, war der Aufstieg stellenweise so steil, dass ich auf allen vieren, ja auf den Knien klettern musste – kein sehr ästhetischer Anblick! Aber es war niemand da, der sich über mich hätte lustig machen können. Beim Abstieg fand ich dann den richtigen Weg, der sehr bequem war und über grasbewachsene Hänge führte. Der Pass wirkt – zwischen riesigen schwarzen Felsen und in einer Landschaft von überwältigender Schönheit – unnahbar, doch daran habe ich mich inzwischen gewöhnt.

Der unbeschreibliche Herr Sen hat mir geschrieben, dass alle Gepäckstücke abgeschickt sind und mein Diener unterwegs ist. Das kann nichts schaden. Der Regierungsvertreter hat liebenswürdigerweise angeordnet, dass meine Kisten rasch und sorgfältig hierher geschafft werden sollen.

De-Tschen Aschram bei Lachen, 12. Juli 1915

Wenn ich das Tageblatt, das du mir schickst, lese, vergesse ich manchmal, wo ich bin, und kehre in Gedanken nach Frankreich zurück, mitten in das fieberhafte Geschehen dieser tragischen Stunden.

Und dann erstaunt mich plötzlich meine Umgebung: Die hohen Berge, die Einsamkeit, die ganze Himalajalandschaft kommen mir wie ein Traum vor und ich bin überrascht, den befremdlichen Klang tibetischer Wörter über meine Lippen gehen zu hören. Es erscheint mir unmöglich, dass ich mich hier befinde; es ist mir unfassbar, dass ich es sein soll, die diese fremde Sprache spricht! Ein Strom der Sehnsucht und des Heimwehs steigt in mir auf. So etwas passiert mir nicht oft. Nicht nach dem Abendland sehne ich mich – ich fühle mich hier in den Bergen wohl –, sondern nach dir, bester Freund. Ich möchte dich wieder sehen, dich umarmen … Und dann denke ich nach … wir sind so verschieden, trotz unserer großen Zuneigung zwei völlig verschiedene Charaktere! …

Ich habe meine Zelte abgebrochen und mich vorläufig dort eingerichtet, wo die Diener wohnen sollen. Dies ist der einzige Teil meines Bretterverschlages, der bereits fertig ist. Ich habe hier drinnen mein Feldbett, einen Falttisch und einen Faltstuhl. Auf ein paar Koffer habe ich tibetische Läufer gelegt und auf diese Weise einen schmalen Diwan erhalten. Auf dem Boden liegen ein Teppich und ein Jakfell. Es sieht hier immer mehr nach Wildwest aus, und ich fühle mich auf Schritt und Tritt an James Fenimore Cooper erinnert. Im anderen Raum stehen mehrere Kisten, ein Waschtisch mit Schüssel und Wasserkanne, ein kleiner Ofen, den die Missionare in Lachen angefertigt haben, und ein Regal, auf dessen

Brettern die unterschiedlichsten Dinge liegen. Auf dem einen befinden sich philosophische, tibetische und sanskritische Bücher, auf einem anderen Pfeffer, Salz, Butter, Öl, Essig, Marmeladentöpfe usw. Ich wohne hier nur vorübergehend; in drei Wochen oder einem Monat werde ich wohl in meine richtigen Räume einziehen können, die größer und bequemer, vor allem aber nicht so ausgiebig belüftet sind, denn sie stoßen an eine Felswand.

Heute habe ich mit meinen Dienern einen Pfad angelegt. Wir haben alles schön planiert und ich verfüge jetzt über einen zweiunddreißig Schritt langen Spazierweg, der völlig eben ist und mit dem Haus auf gleicher Höhe liegt. In diesem abschüssigen Gelände war das gar nicht so einfach. Morgen werden sich meine Jungen, die heute noch Erdarbeiter gewesen sind, in Maurer verwandeln; wir bauen nämlich den Herd für die neue Küche. Oh, das Leben hier ist recht rau, und während ich mit meinen Wörterbüchern und Lexika fleißig weiterpauke, übe ich nebenher noch die verschiedensten Berufe aus.

Der Maharadscha hat mir gerade durch Boten aus Gangtok meine Ration tibetischen Tee geschickt. Wie du weißt, wird dieser Tee zu ziegelsteingroßen Blöcken zusammengepresst. Die bessere Qualität ist ziemlich teuer, etwa 8 Rupien, also fast 14 Francs, je Block. Ich habe übrigens noch nie welchen gekauft, denn der verstorbene Maharadscha hat mich immer reichlich damit eingedeckt. Sein Bruder und Nachfolger setzt diese Tradition fort. Der Träger, ein in Südsikkim geborener Nepalese, hatte noch nie eine so große Reise gemacht und war auch noch nie in solche Höhen hinaufgestiegen. Er hat sieben Tage für den Herweg gebraucht und war ganz verdutzt, sich plötzlich in einer solchen Gegend zu befinden. Zu meinen Dienern sagte er: »Dieser Ort eignet sich nicht für gewöhnliche Menschen, hier können nur *Sadhus* leben.« Mit *Sadhu* (wörtlich: der Heilige) bezeichnet man in der indischen Umgangssprache den *Sannjasin*. Die Jungen haben sehr gelacht.

De-Tschen Aschram, 29. Juli 1915

Mein »Haus« bzw. die Baracke, die ich mit diesem anspruchsvollen Namen beehre, macht mir viel Kummer. Es musste fast völlig abgebrochen und wieder neu aufgebaut werden.

Ganz unerwartet ist Sikkim von einer Heuschreckenplage heimgesucht worden. In geringer Anzahl sind sie sogar bis hierher gekommen; in Lachen, das tiefer liegt, fressen sie alles kahl. Die Bauern sind verzweifelt, sie werden im kommenden Winter nichts zu essen haben. In Tibet wird wieder gekämpft, und in einem Erlass wird die Ausfuhr von Gerstenmehl verboten oder doch erheblich eingeschränkt. Auch diese Quelle ist also für die Sikkimesen versiegt. Reis und Mais werden unerschwinglich sein, und mir ist bereits klar, dass ich für die Wintervorräte viel Geld ausgeben muss, denn auch meine Diener wollen ernährt sein.

In bestimmten Gegenden Indiens ist bereits eine Hungersnot ausgebrochen. Wir scheinen uns in einem Zeitalter der Katastrophen zu befinden.

De-Tschen Aschram, 8. August 1915

Mein »Privathotel«, wie du meine huronische Hütte scherzhaft nennst, wird hoffentlich Ende des Monats fertig sein. Diese Baracke hat mir viel Kummer gemacht. Die ersten Erbauer hatten mir lediglich ein Kartenhaus hingestellt. Nichts daran war stabil, und als ich mich eines Tages an eine Wand lehnte, gab sie nach, und ich wäre beinahe rücklings in die Tiefe gestürzt. Kurz und gut, alles ist neu gebaut worden. Es sieht zwar nicht gerade hübsch aus, aber es hält jetzt. Wenn das Bauwerk fertig gestellt und getüncht ist, schicke ich dir ein Foto davon. Zunächst ist da ein langes, an den Felsen gelehntes Zimmer, das ich mit Vorhängen unterteilt habe. Der vordere Teil ist mein Arbeitszimmer, wo ich auch esse;

im hinteren Teil befindet sich mein Schlafzimmer, das durch eine dreistufige Treppe mit der Höhle verbunden ist, in der ich bei einem früheren Aufenthalt in dieser Gegend gewohnt habe. An diesem langen Zimmer läuft ein ziemlich breiter Balkon entlang, an den sich ein winziges Badezimmer anschließt. Unter dem Balkon befindet sich der Gang, der zur Küche führt und von dem aus auch die Toiletten zu erreichen sind. Oberhalb des langen Zimmers befinden sich, in stufenförmiger Anordnung, zwei kleinere Räume. Der eine dient nötigenfalls als Gästezimmer, wenn meine Freunde aus der Missionsstation hierher kommen; der andere birgt einen Teil meiner Vorräte. In einiger Entfernung davon befindet sich die Hütte, wo meine Diener Quartier genommen haben; auch dort ist eine kleine Vorratskammer untergebracht. Aufgrund dieser Beschreibung könnte man sich etwas sehr Geräumiges vorstellen; in Wirklichkeit ist jedoch alles sehr klein. Auch muss man in dieser einsamen Gegend alles mit Säcken und Kisten voll stopfen, denn an Nahrung findet man weit und breit nicht einmal ein Körnchen Salz. Man muss für mehrere Monate Lebensmittel vorrätig haben und meine Diener haben großen Appetit.

Meine Geringschätzung für die Nichtigkeiten der Welt geht nun freilich nicht so weit, dass ich die unbearbeiteten Bretter, die die Wände bilden, einfach so nackt stehen ließe. Ich beklebe sie mit Papier; die anderen Sachen aus Holz – Türen, Fenster usw. – werde ich anstreichen. Natürlich werden meine Diener und ich alle Tapezier- und Malerarbeiten selbst ausführen. Wir sind zwar keine Fachleute, aber mit vereinten Kräften werden wir eine brauchbarere Unterkunft zustande bringen als die, die uns die Zimmerleute zurückgelassen hatten. Die Farbe ist vielleicht ein »Luxus«, das Papier jedoch hält warm und verstopft die zahlreichen Ritzen zwischen den Brettern. Ich ahne bereits, wie der Winter in Schnee und 3900 m Höhe sein wird.

De-Tschen Aschram, 20. August 1915

Meine Hütte ist jetzt beinahe fertig. Die Lamas, die als Schreiner gearbeitet haben, sind nach Lachen zurückgekehrt, wo sie das alljährliche Fest zu Ehren des Gottes vom Kangchendzönga feiern werden, der kein anderer ist als der indische Kubera, der Plutos der hinduistischen Mythologie. Der Buddhismus dieser Bergbewohner ist ein bloßes Lippenbekenntnis. In Wirklichkeit handelt es sich um Heiden, Animisten und Fetischisten. Lediglich einige hohe Lamas verstehen etwas von Philosophie. Die Masse indessen gibt sich hinsichtlich des niederen Charakters ihrer Religion keinerlei Täuschung hin; sie weiß, dass es eine höhere, wahrere gibt, glaubt aber, dass sie von Durchschnittsmenschen nicht zu begreifen ist, und bemüht sich daher gar nicht, Klarheit über sie zu gewinnen. Die frommen Leute glauben, dass sie eines fernen Tages, wenn sie nach zahlreichen Wiedergeburten viele gute Taten vollbracht haben, über einen Verstand verfügen werden, mit dem sie sich an diese hohe Religion der Buddhas heranwagen können. Vorläufig jedoch benehmen sie sich wie Wilde, und die gelehrten Lamas unternehmen keinerlei Anstrengung, sie aufzuklären. Bei dieser Gleichgültigkeit spielt sicherlich Habgier eine Rolle, denn die Rituale, Beschwörungen usw. sind mit Geschenken verbunden; doch dies ist nicht der einzige Grund. Die Lamas glauben ganz einfach, es sei absurd, einen von Geburt an Blinden Blumen, Landschaften oder das Licht der Sonne sehen lehren zu wollen. Ihnen erscheint es viel barmherziger, ihm dabei behilflich zu sein, in seiner Blindenwelt möglichst friedlich und glücklich zu leben.

Ende August oder Anfang September 1915

Ich möchte dir für die technischen Ratschläge bezüglich meiner Mauer danken. Ich habe sie drei Monate lang beobachtet, und zwar während der Regenzeit, d. h., wenn sich die Erdrutsche ereignen. Sie hat sich nicht bewegt.

Ich glaube, dass es diejenigen am besten getroffen haben, die abgeschieden und fern vom Trubel der Welt ihr Leben verbringen. Ich glaube dies, doch ich bin kein Buddha; meine Weisheit ist zerbrechlich und ungefestigt. Ich zweifle nicht im Geringsten an der Schönheit und Größe der Entsagung eines echten *Sannjasins*, dem alle Dinge dieser Welt nicht mehr bedeuten als eine Hand voll schmutziger Lumpen und der alles als eine Wasserblase oder Luftspiegelung ansieht ... aber ich fühle mich trotzdem bei weitem nicht als ein solcher *Sannjasin*. Ich habe mit ihm kaum mehr gemeinsam als die Farbe des Gewandes ... und das ist wenig. Ich muss an all die vielen denken, die sich in diesem Augenblick in der Heimat abmühen und aufopfern, ich muss an dich denken, der du eine so wichtige Rolle – ja die wichtigste überhaupt – in meinem Leben spielst, und ich frage mich dann, ob es recht ist, dass ich hier bin. Zu guter Letzt wird vielleicht im rauen Klima dieser Gipfel die Weisheit – die wirklich große, die der Buddhas – doch noch in meinem Geiste erblühen. Doch selbst Weisheit und Buddhas sind Teil des trügerischen Scheins: Ideen, Bilder ohne Wirklichkeit, vom Geist des ewigen Träumers erschaffene Phantasiegebilde.

Jetzt, wo fast alles fertig eingerichtet ist, habe ich unter der Leitung von zwei kompetenten Männern, die mir als Lehrer dienen, zwei sprachwissenschaftliche Arbeiten begonnen; eine über das Tibetische, die andere über das Sanskrit. Im Falle des Tibetischen handelt es sich um meinen alten Übersetzer, der nach Gangtok zurückgekehrt ist, nachdem er der britischen Regierung auf der englisch-chinesisch-tibetischen Konferenz in Indien zur Verfügung gestanden hatte; im Falle des Sanskrit um einen *Pandit* der nepalesischen Schule in Gangtok. Sprachpraxis und Lesekenntnisse erwerbe ich bei dem Lama-*Yogi*; in der Umgangssprache übe ich mich in Gesprächen mit meinen Dienern und allen anderen Personen, die mir begegnen.

Wenn es doch nur etwas wärmer wäre! Ich kann Kälte nicht ausstehen und hier gibt es keinen Sommer! Auf Tibetisch sage ich im Scherz: »Tada gunka tschung-tschung dug! Dschugla gunka tschempo jong inkiam diru gunka namgjün.« Ich gebe dir die phonetische Umschrift, damit du einen Eindruck vom Klang der Sprache gewinnst; die Transliteration entspricht jedoch in gar keiner Weise der tatsächlichen Orthographie. Die Übersetzung lautet: »Jetzt herrscht Winter, bald herrscht tiefer Winter, hier herrscht immer Winter!«

Da ich in der Nähe eines Lamas wohne, der sich im tibetischen Tantrismus sehr gut auskennt, hoffe ich auf eine günstige Gelegenheit, etwas über jene Dinge in Erfahrung zu bringen, von denen die europäischen Gelehrten bisher kaum etwas wissen. Es ist sehr schwierig, einen Lama zu finden, der bereit ist, einen zu unterweisen. Diese Leute halten Geheimnisse und Mysterien für unbedingt notwendig. Vielleicht haben sie damit gar nicht einmal so Unrecht, denn ihre extremen und unverstandenen Lehren führen zu mancherlei Verirrung. Jedenfalls ist das Studium sehr interessant und wird von den Orientalisten kaum oder doch nur nebenher betrieben. Sir Woodroffe aus Kalkutta hat sich dem Studium des indischen Tantrismus mit Leib und Seele verschrieben, aber als unkritischer Anbeter. Er ist ganz im Aberglauben versunken und hat sich keinerlei geistige Unabhängigkeit bewahrt, um die verschiedenen Anschauungen der Sekte, die er untersucht, auch bewerten und gegeneinander abgrenzen zu können.

All dies muss jemandem, der sich im Krieg befindet, wie eitles Geschwätz vorkommen. Das ist zwangsläufig so, und doch gab es schon viele Kriege, es wird sie auch in Zukunft geben. Menschen müssen sterben, doch sie starben auch vorher und werden es weiterhin tun. Die Ideen aber, die angesichts brutaler Tatsachen so unwirklich und zerbrechlich scheinen – sie haben

Dauer. Sie überleben die Menschen und die Katastrophen der Natur oder der Geschichte; eine Generation nach der anderen zehrt von ihnen, verehrt sie oder tut sie in den Bann. Bücher wie die *Bhagawadgita* oder die Bibel prägen seit Jahrhunderten Millionen von Gehirnen … Heute, im fieberhaften, tragischen Handeln besteht man nur aus Fleisch, Nerven, rohen Gefühlen; doch das Unwetter geht vorüber, und viele Menschen werden dann ihren fragenden Blick wieder dem geheimnisvollen, von anderen Welten übersäten Himmel zuwenden, dem Geheimnis ihres Soseins und ihres Daseins. Ich weiß nicht, ich wage nicht zu entscheiden, ob ihr Meditieren zu etwas anderem taugt, als sich selbst das Gefühl der Qual oder Glückseligkeit zu verschaffen; aber ich weiß, dass die Menschheit nicht imstande ist, auf diese Träume zu verzichten.

De-Tschen Aschram, 7. September 1915

Ich war tief betroffen, deinem Brief entnehmen zu müssen, mein Lieber, dass du dich bei seiner Abfassung in einer schmerzlichen geistigen Verfassung befandest. Wenn dich diese Zeilen erreichen, wird diese »seelische Krise«, wie unsere romanschreibenden Psychologen zu sagen pflegen, längst vergessen sein, denn nichts ist wechselhafter als der Geist, sagt Buddha. Aber sie kann wiederkehren, und du solltest dich ihr nicht hingeben.

Gewiss, ich verstehe dich. Es gibt Menschen, für die die Einsamkeit sehr schmerzlich ist. Dies, so glaube ich, trifft zwar auf jedermann zu, doch je nach geistiger Beschaffenheit ist das Erscheinungsbild der »Einsamkeit« verschieden. Es gibt Leute, die das physische Alleinsein nicht ertragen können. Meine arme Mutter mochte weder in einem Eisenbahnabteil, einem Haus noch nur einem Zimmer allein sein. Sie musste Stimmen hören, Menschen sehen. Diese Mentalität des Schafes, das nicht fern von der Herde leben kann, war bei ihr geradezu krankhaft. Davon kann bei dir keine Rede sein. Du bist ein intelligenter

Mensch und verfällst nicht in derlei fast schon tierische Verschrobenheiten.

Andere wieder leiden unter affektiver Einsamkeit, unter einem Mangel an Freundschaft oder Zärtlichkeit. Sie wollen, dass man sich um sie kümmert, sie verhätschelt. Dies ist bei Kindern der Fall – bei kleinen und großen! Einige sind einfach dumm und nehmen alle Zeichen der Zuneigung für bare Münze; sie sind sich ganz einfach nicht klar darüber, dass in Wirklichkeit jeder nur sich selbst liebt, nur auf seine eigenen Empfindungen bedacht ist. Vor vielen Jahrhunderten legte ein unbekannter Denker in einer der *Upanischaden* einem *Rischi*, der sich mit seiner Frau unterhielt, folgende Worte in den Mund: »Aus bloßer Eigenliebe sind wir gute Gatten, Kinder, Eltern, Freunde …« Manch einer findet Schmerzen, Entsagungen oder Opfer ergötzlich. Man sagt etwa: »Wie lieben doch diese Frau oder dieser Mann jene andere Person! Alles opfern sie ihr!« Tatsächlich jedoch lieben sie nur die Empfindung, die dieses Opfer ihnen verschafft.

Intelligente Menschen wie du erliegen nicht einem solchen Irrtum. Sie kennen die Nichtigkeit der schönen Worte und Gunstbezeigungen, aber sie sehnen sich trotzdem danach, denn sie finden den geistigen Kitzel, der damit verbunden ist, angenehm. Wieder andere Leute sind leidenschaftliche Wahrheitssucher. Sie sind ganz versessen darauf, alles zu zerstören, um zu sehen, wie es im Innern beschaffen ist; sie müssen alles sezieren. Zu diesen Besessenen gehöre ich selbst.

Doch unter eben diesen intelligenten Menschen gibt es auch Leute, denen – wie dir – die Wahrheit völlig egal ist. Sie sagen sich: »Wenn das Brot und die Butter, die ich esse, gut schmecken und nahrhaft sind, dann zum Teufel mit der Frage, ob sie aus reinem Weizen oder reiner Sahne gemacht sind. Was die Person, die mich liebkost, im Grunde ihres Herzens denkt, ist mir gleichgültig. Ihre Hände sind sanft und verschaffen meiner Haut ein Wohlbehagen, und nur darauf kommt es an. Liebevolle Worte empfangen mich, klingen wie Musik in meinen Ohren; ob sie aufrichtig sind oder nicht, will ich gar nicht wissen.« Auch dies ist eine Form der Klugheit, und vielleicht für den, der unter seinesgleichen leben will, sogar die beste. Es ist die deine, ich weiß.

Dann sind da noch Leute, die die geistige Einsamkeit nicht ertragen können. Zu ihnen gehöre ich. Mit niemandem über meine Studien oder über Philosophie reden zu können – welch eine Strafe! Ich habe in Tunis jahrelang darunter gelitten. Eine beiläufige Bemerkung über religiöse oder philosophische Fragen kam dir wie das Gefasel eines Irren vor …

Mein Lieber, dies ist gewiss wieder einer jener endlosen Vorträge, mit denen ich dich schon so oft gelangweilt habe. Was soll man machen? … Hunde bellen, Katzen miauen, das ist ihre Natur. Ich philosophiere, das ist meine Natur, und es geschieht ebenso spontan und unwillkürlich – und ist genauso unwichtig.

Ich würde dir gern einmal ins Gewissen reden, um deine Krankheit zu heilen, aber du wünschst ja gar keine Heilung, ich würde dir nur lästig sein. Du siehst in der Welt nicht »einen Haufen Unrat«, wie Buddha sagt. Ich habe sie von klein auf so gesehen, obwohl ich, wie so mancher andere, den verirrten Hund spielen wollte und in den übel riechenden Haufen hineingebissen habe – was mir heftigen Brechreiz verursacht hat.

Würde ich dir sagen, dass an deinen Wünschen und an dem, was du vermisst, alles falsch und nichtig ist, so könnte ich dich doch nicht überzeugen. Also wechsle ich lieber das Thema. Sei mir nicht böse, wenn dir meine Worte missfallen; ich halte sie für weise.

Mein lieber Mouchy, ich glaube kaum, dass in den schweren Stunden, die unser Land durchmacht, Zeit für unser privates Wehwehchen bleibt. Jeder von uns muss sich jetzt um anderes sorgen als sein kleines »Ich« und seine kindischen Ansprüche. Viele geben bereitwillig ihr Leben dafür, damit Frankreich nicht untergeht und die Barbarei nicht triumphiert. Wirklich: Denkt man an die vielen, die fern von den Ihren auf dem Schlachtfeld sind und ihre Familien mittellos zurückgelassen haben, dann kommt es einem schäbig vor, daran zu denken, dass das eigene Haus leer – ohne Liebkosung oder Kuss – ist. Es hat sich bei uns etwas Herrliches ereignet: Wir hielten uns für energielos und sind jetzt voller Tatkraft. »Seid frohen Mutes!« war für die meisten die Einheit stiftende Losung. Diese Entschlossenheit wird uns retten.

Ja, es ist zweifellos leichter, durch entsprechende Taten die heroische Stimmung aufrechtzuerhalten. Die Tat berauscht wie der Wein, doch in diesem schrecklichen Krieg sind ja Taten kaum möglich. Die langen Monate im Schützengraben entmutigen die Männer eher, als dass sie sie in Begeisterung versetzen könnten.

Seit der Abreise des schottischen *Bikkhus* habe ich nichts mehr über den Krieg erfahren. Ich überweise heute einer Tageszeitung in Kalkutta den Betrag für ein sechsmonatiges Abonnement, denn ich kann die Ungewissheit nicht länger ertragen. In vier aufeinander folgenden Nächten hatte ich schreckliche Alpträume: Die Deutschen hatten Paris eingenommen. Man bereitete die Friedensverhandlungen vor; wir waren besiegt. Belgien fiel an Deutschland … und dergleichen mehr. Ich bekam heftige Herzbeschwerden.

Was mich selbst angeht, so habe ich keineswegs darauf verzichtet, nach Hause zurückzukehren. Ich befasse mich zurzeit mit dem Einzigen, was mir hier möglich ist – mit orientalistischen Studien. Ich tauge lediglich zu einer Gelehrten. Im Augenblick lässt sich damit wenig anfangen, später jedoch wird es vielleicht einmal nützlich sein. Wir haben den Deutschen im Bereich der Orientalistik die Vorherrschaft überlassen müssen. Ich würde ihr Ansehen – und wäre es auch nur ein ganz klein wenig – liebend gern ein bisschen ankratzen und den leider viel zu kleinen Kreis französischer Orientalisten um meine Person erweitern.

De-Tschen Aschram, 18. September 1915

Ein paar Worte zu meinem Ausflug. Der Lama war sehr beschäftigt; er hat die ganze Zeit bei den Cowboys zugebracht, die seine Jaks beaufsichtigen, hat den Rindern Salz zu fressen gegeben, die Jungtiere gezählt usw. Somit stand er mir natürlich nicht, wie vereinbart, bei meinen Kletterpartien als Begleiter zur Verfügung. Ich bedauerte das übrigens keineswegs. Dank der Hinweise, die er mir gegeben hatte, konnte ich ganz allein – was schon immer ein besonderer Genuss für mich war – zwei sehr ausgedehnte Fußmärsche unternehmen. Am ersten Tag bin ich fünf Stunden ohne Unterbrechung gewandert, habe steile Berghänge erklommen und in der Ferne, weit unter mir, die Ebene von Gjang-gan entdeckt, wo ich einst – auf meiner ersten Reise nach Tibet – ein ziemlich unzulängliches Zelt aufgeschlagen hatte. Am zweiten Tag habe ich mich zum Fuße der riesigen schneebedeckten Gipfel begeben, bin an gewaltigen Moränen vorbeigekommen und schließlich an einen Talkessel gelangt, in dem ein herrlicher kleiner See mit opalfarbenem Wasser schlummert: ein richtiger See für Nixen und Nymphen. An diesem Tage war ich sechs Stunden unterwegs. Als ich dann bei Einbruch der Dunkelheit zurückkehren wollte, hatte ich mich verlaufen. Sehr dichte, tief hängende Wolken versperrten mir die Sicht, und obwohl ich ganz in der Nähe meines Lagers umherirrte, konnte ich es doch nicht wieder finden. Als ich gerade die genau entgegengesetzte Richtung einschlagen wollte und mich bereits mit dem wenig verlockenden Gedanken vertraut gemacht hatte, die Nacht im Freien, nur in meinen dünnen Regenmantel gehüllt, verbringen zu müssen, wies mir ein Junge, der eine Jakherde zusammentrieb, den Weg.

Am folgenden Tag brachen wir erneut auf und wählten für den Rückweg eine andere Strecke als die, auf der wir gekommen waren. Sie war kürzer, aber auch schwieriger und führte über einen Pass, dessen Höhe ich auf über 5000 m schätze. Die herrliche Landschaft bestand vornehmlich aus grauschwarzen zerklüfteten Felsen. Kurz nachdem wir den Pass überquert haben, überrascht uns die Nacht. Wir müssen zelten. Die Männer finden kein Wasser. Ich bemühe mich, sie davon zu überzeugen, dass es ganz in der Nähe Wasser geben muss, denn zwei kreisrunde Feuerstellen aus aufeinander geschichteten Steinen lassen darauf schließen, dass der Ort von den wenigen Reisenden, die durch diese Gegend kommen, als Rastplatz benutzt wird. Sie irren jedoch wie Schwachköpfe zwischen den Felsen umher und behaupten, es ließe sich kein Wasser finden. Wäre es nicht schon so dunkel, begäbe ich mich selbst auf die Suche. Der Lama ist übler Laune, und auch meine Diener sind von dem Gedanken, keine Abendmahlzeit zu bekommen, wenig erbaut. Sie tun trotzdem ihre Pflicht, richten das Zelt her und stellen mein Bett auf. In meiner Thermosflasche ist noch etwas Tee, ich trinke einen halben Becher, knabbere am Reiseproviant und lege mich schlafen. Am nächsten Morgen kann ich mich natürlich nicht waschen; abgesehen vom Rest Tee und einer Kleinigkeit zum Knabbern gibt es auch kein Frühstück. Als wir die Zelte abbrechen, entdeckt einer von diesen Idioten das winzige, aber kristallklare Rinnsal, das in unmittelbarer Nähe unseres Lagers fließt. Doch es ist schon alles eingepackt und wir brechen auf.

Diesmal ziehen die Jaks auf einem anderen Weg weiter und wir klettern zu Fuß über unvorstellbar steile Hänge einen Berg hinauf. Das Wetter ist schön, die Sonne wärmt uns und die Landschaft ist herrlich. Ich bummele den ganzen Weg über, alle sind weit vor mir. Ich komme mir vor wie die »kleine Ziege des Herrn Seguin« in der Erzählung von Daudet. Aber es gibt hier keine Wölfe, und die einzige Gefahr besteht darin, dass man abrutscht und auf einen spitzen Felsen stürzt, der einem den Schädel zertrümmert. Doch es stößt mir nichts dergleichen zu, und ich erreiche bald meine Hütte, vor der gerade die Jaks mit meinem Gepäck eingetroffen sind. Ich muss alles auspacken und einsortieren. Ein unerfreuliches Geschäft! Einer meiner Diener hat Urlaub, sodass mir nur der zweite und ein kleiner Junge zur Verfügung stehen. Ich muss ihnen behilflich sein.

Ich bekomme jetzt aus Kalkutta die Tageszeitung, die ich abonniert habe.

Es ist tatsächlich so, dass die Boches auf der ganzen Linie gesiegt haben, und wenn die Alliierten jetzt Frieden schließen müssten, würde er von Deutschland diktiert werden. Die Zeitungen sprechen bereits nicht mehr von einer Vernichtung, sondern nur noch vom Verschleiß der Deutschen. Danach sieht es allerdings gar nicht aus. Ich bin zwar weiterhin davon überzeugt, dass wir am Ende siegen werden; es ist jedoch zu befürchten, dass wir die Deutschen nicht so schlagen können, wie sie es verdienen und wie es nötig wäre, damit Europa sich in aller Ruhe erholen kann, ohne ständig befürchten zu müssen, dass das grässliche Ungeheuer, da es am Leben geblieben ist, eines Tages zurückkehrt.

Als der Krieg nur ein Spiel gegenseitigen Überbietens war, als man der Laune von Königen oder der Schachzüge von Kapitalgebern wegen kämpfte, brauchte man sich um so etwas wie Krieg nicht weiter zu kümmern. Heute jedoch kämpfen wir gegen die Barbarei. Wir wollen unsere Zivilisation retten, die die *Kultur-Boches* bedrohen. Deshalb ist es für jemanden, der »in der Welt« lebt, der an ihre Tatsächlichkeit glaubt und nicht, wie ich, einem Jenseits anhängt, das du gern als »Schattenreich« bezeichnest, eine heilige Pflicht, sich einsatzbereit zu halten.

Ich sehe in allem, selbst den Schrecken dieses Krieges, nur mehr Träume, Alpdrücken, Schatten auf einer Kinoleinwand. Ich blicke um mich, sehe die riesigen Berge und meine Einsiedlerhütte. Ist dies alles nicht viel zu fantastisch, um wahr zu sein? Ich wende mich der Vergangenheit zu, den Ereignissen in meinem und anderer Leute Leben; ich sehe mich als Kind in Saint-Mandé, als junges Mädchen in Brüssel; ich höre meinen Vater und meine Mutter reden; ich bin auf einmal wieder in Tonking, in Indien, Tunesien, halte Vorträge an der Sorbonne, bin Künstlerin, Journalistin, Schriftstellerin; Kulissenbilder,

Redaktionsräume, Schiffe, Eisenbahnen – alles läuft wie ein Film vor mir ab. Freude, Lachen und Triumphgefühle kommen darin ebenso vor wie Schmerz, Tränen, Entsetzen und unbeschreibliche Qual. All dies ist eine Parade von Schattengestalten, ein Spiel der Phantasie. Es gibt weder ein »Selbst« noch die »Anderen«; es gibt nur den ewigen Traum, der weitergeht und kurzlebige Gestalten, unwirkliche Ereignisse hervorbringt. Ergo … Die Schlussfolgerung liegt auf der Hand.

Wenn wir aus diesen Höhen herniedersteigen und uns ganz alltäglich ausdrücken, kann ich noch hinzufügen: Ich hätte eine gute Krankenschwester abgegeben; als Mitglied einer wohltätigen Gesellschaft habe ich in Brüssel so manche Stunde im Krankenhaus zugebracht. Ich wäre sogar beinahe Arzt geworden, nur meine Mutter ist schuld daran, dass ich mich nicht für diesen Beruf entschieden habe. An Verwundeten, an Sterbenden, denen ich hätte helfen können, hat es bestimmt nicht gefehlt, und ich hätte eine andere Einstellung ins Krankenhaus mitgebracht als die große Mehrheit der Krankenschwestern. Das scheint mir wahrscheinlich, doch es bleibt ein Zweifel, und dieser Zweifel wird stärker werden und eines Tages vielleicht Gewissensbissen ähneln: Habe ich nicht doch falsch gehandelt?

Gewiss, meine Haltung war nicht frei von egoistischer Feigheit. Ich hatte Angst, nie mehr nach Asien zurückkehren zu können, wenn ich es erst einmal verlassen hätte.

Heute ist daran nichts mehr zu ändern. Da ich, wie du, zu denen gehöre, die nicht der Armee von heute, vielleicht aber der von morgen angehören, ist es am besten, wenn ich mir überlege, wie ich die kleine oder große Aufgabe, die mich dort erwartet, bewältigen kann.

Du schreibst: »Glücklich ist der zu nennen, dem der Glaube an irgendwelche Ideen in Stunden der Einsamkeit oder Bitternis Trost spendet.« Gewiss, damit hast du Recht. Aber noch richtiger wäre es zu sagen: »Glücklich ist, wer gelernt hat, gelassen zwischen den Erscheinungsformen des Daseins hindurchzuschreiten; wer trotz des Alleinseins keine Einsamkeit kennt und für den selbst der bitterste Kelch ohne Geschmack ist.« Vielleicht sehnt sich mancher, wenn diese erschütternden Stunden erst einmal vorbei sind, nach dieser Philosophie des Jenseits von Freude und Leid, und vielleicht tun wir, die wir ihm Zugang dazu verschaffen, ein ebenso frommes und mildtätiges Werk wie die, die den Verwundeten Arzneien reichen, um ihre Schmerzen zu lindern.

Ich zweifle nicht, dass ich zurückkehren werde. Eines Tages werde ich von meiner Klause, von den Bergen und dem alten *Yogi* Abschied nehmen; ich werde den Pfad nach Dewa-Thang hinabgehen und ihm nie mehr hinauf in die Berge folgen.

Meine Freundinnen in der Missionsstation, die ein mit einsamem Meditieren ausgefülltes Leben nicht verstehen, sagen oft zu mir: »Man muss eine Lampe sein. So steht es im Evangelium.« Man sollte hinzufügen: »Man muss eine Lampe sein, die leuchtet.« Auf dieser Welt gibt es nämlich viele »Lampen«, die finster sind und ihre eigene Überflüssigkeit in der Dunkelheit, die sie erhellen wollen, spazieren führen.

Buddha schwebte etwas Bestimmtes vor; aber die große Mehrzahl seiner Jünger hat dieses Etwas nie wahrgenommen, und deshalb lassen einen ihre Reden kalt.

Nun denn, wenn ich weiterhin und mehr als je zuvor Orientalistin sein will, so gebe ich mich natürlich nicht damit zufrieden, ein Lampengehäuse ohne Licht zu sein. Meine Studien und meine Betrachtungen sollen es mir ermöglichen nachzuvollziehen, was den Buddhas vorschwebte. Wenn ich dies lebendig und überzeugend zu beschreiben vermag – wie sie selbst es getan haben –, dann lohnt es sich vielleicht, davon in Wort und Schrift zu berichten. Wenn nicht, so sehe ich keinen Sinn in einer solchen Tätigkeit; denn Schreiberlinge und Schwätzer gibt es genug auf der Welt.

De-Tschen Aschram, 30. September 1915

Ich leide augenblicklich unter einer doppelten Unpässlichkeit: einem Rheumaanfall und einer Grippe, die einer meiner Diener liebenswerterweise an mich abgetreten hat.

Ich hatte sehr viele Unannehmlichkeiten mit einem Kamin, den man zunächst zweimal instand gesetzt, dann jedoch abgerissen hat, um ihn durch einen Ofen zu ersetzen. Da ich am Qualm fast erstickte, war es praktisch unmöglich, Feuer zu machen.

Mein *Yogi*-Lama hat sich in seine Höhle – wie eine Schnecke in ihr Haus – zurückgezogen. Er ist ein ungewöhnlicher Mensch, voller Gegensätze. Einmal genial, dann wieder so kindisch, dass man weinen oder – was ja zum gleichen Ergebnis führt – Tränen lachen möchte. In ihm wirkt die Mentalität der *Marpa* und anderer in der Religionsgeschichte Tibets berühmter Lamas nach: eine sehr barbarische Philosophenmentalität. Oh, für einen Orientalisten ist es fesselnd, dieses lebendige Stück tibetischer Seele zu studieren!

Noch ein Wort zu meinem Koch: Nachdem er seine Tracht Prügel bezogen hatte, kehrte er nach Lachen zurück, wo er sich seine Dulzinea, die die Missionarinnen unter ihr gottesfürchtiges Dach aufgenommen hatten, im Schutze der Nacht wiederholte. Eine von ihnen ließ, als sie am nächsten Morgen das Verschwinden des Mädchens bemerkte, ihr Pferd satteln und verfolgte die Flüchtige. Ich halte so etwas für unsinnig. Diese Dienerin ist mindestens vierundzwanzig Jahre alt; da sie sich nun einmal für meinen Koch entschieden hat, ist es am besten, man lässt sie heiraten; außerdem ist es allein ihre Sache. Man bot mir an, ein paar Männer auszuschicken, die meinen Diener aufspüren und gefesselt zurückbringen sollten. Ich habe dieses freundliche Angebot abgelehnt. Schließlich hat er kein Verbrechen begangen. Das Mädchen ist eher älter als er und er hat ihr gewiss nicht Gewalt angetan.

De-Tschen Aschram, 2. November 1915

Gestern habe ich mit zweien meiner Diener einen langen Ausflug in ein Tal am Fuß des ewigen Schnees unternommen. Den Weg bildete die meiste Zeit über ein Gebirgsbach, der sich durch die riesigen Felsen ergoss. Stundenlang kletterten wir durch die labyrinthischen Gesteinsmassen hinauf und waren bemüht, ein Fußbad in dem reichlich herabplätschernden Wasser zu vermeiden.

Das Ganze war eine Strapaze. Auch war das Wetter ziemlich schlecht: Auf dem Rückweg wehte uns eiskalter Schnee ins Gesicht. Trotzdem ist es immer wieder lustig, sich in frischer Luft herumzutreiben.

Ich habe schon so viele Pläne gemacht, die nicht in Erfüllung gegangen sind, dass ich mittlerweile gar keine mehr mache. Trotzdem denke ich daran, dass ich in einigen Monaten – natürlich erst, wenn der Krieg vorbei ist! – von hier abreise. Vielleicht fahre ich nach Japan, das ich sehr gern kennen lernen würde. Unter den Professoren an der Universität von Tokio habe ich gute Bekannte … Anschließend würde ich dann heimkehren, falls Herr Alusch ein Plätzchen für mich übrig hätte, wo ich mich meiner orientalistischen Arbeit widmen könnte … Aber darüber können wir immer noch sprechen.

De-Tschen Aschram, 2. Dezember 1915

In Sikkim herrscht große Aufregung, denn man hat mit der Einberufung begonnen. Die Bauern erklären, sie wollten keine Soldaten werden, leisten dem Gestellungsbefehl nicht Folge und sprechen gar von Aufstand. Ein Sturm im Wasserglas! Doch seit dem Tode des Maharadschas herrscht wirklich ein schreckliches Durcheinander. Der britische Regierungsvertreter hat den ganzen Sommer in Tibet zugebracht, wo er sehr viel wichtigere Dinge zu erledigen hatte als im winzigen

Sikkim. England verleibt sich gerade seelenruhig das Gebiet um Gjangtse ein. Hier halten sich derweil nur ein paar Büroangestellte auf. Der kleine Maharadscha zählt nicht, denn er ist ein Junge ohne Autorität. Jeder macht, was er will. Die Bauern sind anmaßend geworden und versuchen jeden, der ihre Dienste in Anspruch nehmen will, auszubeuten. Die Dorfoberen terrorisieren ihre Untertanen und zanken ständig mit ihnen herum.

Trotz meiner Zurückgezogenheit habe auch ich darunter zu leiden. Meine Lebensmittellieferungen treffen immer später ein. Wenn ich bei jemandem Kartoffeln kaufe, putzt ihn sein Chef, der sie mir gern selbst verkauft hätte, herunter und zwingt den armen Teufel, die Hälfte des erzielten Erlöses an ihn abzutreten. Ein schreckliches Wehklagen ist die Folge. Ich habe den solcherart Ausgeplünderten geraten, in Gangtok gerichtliche Schritte einzuleiten; sie haben jedoch nicht den Mut dazu. Zwischen den Lamas und den Leuten in Lachen wäre es beinahe zu Handgreiflichkeiten gekommen. Welch ländlicher Friede! Es gibt also doch Leute, bei denen Nachsinnen oder Versenkung im erhabenen Himalaja nicht zu Gedanken der Ruhe führt. Tatsächlich nehmen sie vom Himalaja nicht mehr wahr als von ihrem Vieh, das bei den Gipfeln weidet. Zum Glück dringt von diesem Tumult nur ein schwaches Echo an meine Ohren.

Es fängt zu schneien an. Ich mache mir um meinen Reistransport Sorgen, der in etwa zwei Wochen hier eintreffen soll. Vielleicht kommt er gar nicht mehr durch! Solche Erwägungen kommen einem Städter gewiss komisch vor, nicht wahr?

Der *Yogi* hat sich zwei Wochen lang ganz in seiner Höhle abgekapselt, weshalb unsere Tibetischlektüre bis vorgestern nicht stattgefunden hat.

De-Tschen Aschram, Mitte Dezember 1915

Auf meinem Himalajahang bin ich von Afrika weit entfernt, und auch das Klima ist nicht gerade ähnlich. In meinem Ankleidezimmer friert es sogar tagsüber. Das Wasser in den Kannen ist ein einziger kompakter Eisklumpen. Ansonsten ist das Wetter jedoch herrlich: strahlender Sonnenschein und praktisch keine Schneefälle. Die Einheimischen meinen, ich hätte Glück, denn der Winter sei hier keineswegs immer so. Trotzdem bin ich umgezogen, habe also das lange Kolonnadenzimmer verlassen und mich in die angrenzende Höhle begeben. Dort zieht es nicht; eine Mauer und ein riesiges Felsgewölbe schützen mich wirksam gegen den Wind. Die Höhle ihrerseits ist durch eine Wand von meinem Zimmer getrennt. Nach draußen geht nur ein kleines, winddichtes Fenster. Diese steinzeitliche Behausung ist mit einem Ofen und einem Teppich ausgestattet, die nun freilich alles andere als steinzeitlich sind. Ich habe mir aus losen Brettern ein Bett zurechtgemacht, in dem ich es schön warm habe. Die Stühle habe ich in meinem Zimmer gelassen und sitze, wie in Asien üblich, nur auf Kissen, was viel wärmer ist. Meine Höhle hat nicht gerade riesige Ausmaße, aber du kannst dir natürlich denken, dass ich nur selten Besuch bekomme. Die Einrichtung besteht aus meinem Bett, zwei als Sitzmöbel dienenden ausgestopften Säcken, auf denen ein gelber und ein blauer Wollteppich liegen. (Der gelbe, den die Schwester des Maharadschas angefertigt hat, ist für mich, der blaue, der aus Schigatse stammt, für den Lama, wenn er kommt, um mit mir zu lesen oder zu plaudern.) Zwischen beiden Sitzen liegt ein niedriger Koffer, der als Tisch dient. Auch ein Ofen nebst Brennholzkasten ist vorhanden. Ansonsten bleibt gerade noch genug Platz, damit ein Diener den Tee servieren oder andere Arbeiten erledigen kann. Du fändest bestimmt alles sehr erbärmlich, mein Lieber, doch in diesem Land ist so etwas eine Luxuswohnung.

Ich nehme an, dass in etwa acht Tagen der für dieses Jahr letzte Reistransport aus dem Süden eintrifft. Die noch ausstehenden Nahrungsmittel aus dem Norden, also aus Tibet, dürften in drei bis vier Tagen hier sein. Alle Kammern werden dann gefüllt sein und der Schnee mag ruhig kommen. Meine Vorräte lassen sich zwar nicht mit den großen Warenhäusern in Paris vergleichen, sind aber dennoch beachtlich. Es handelt sich um etwa 120 Pfund Butter, 500 Kilo Reis, die gleiche Menge Mais, 80 Kilo Weizenmehl, ebenso viel Gerstenmehl, ungefähr 1200 Kilo Kartoffeln, Rüben, tibetische Radieschen, etwa 150 Kilo Linsen und Bohnen verschiedener Art, Gewürze, Konserven, Tee usw., außerdem 40 Kilo Hammelfett für die Diener und vierzig ganze Schafe, die in einer natürlichen Gefrierkammer hängen, wo das Fleisch so hart wie Holz ist und mit Axthieben zerlegt wird. Im Winter kann ich meine Diener nicht zu vegetarischer Kost verpflichten. Es herrscht strenge Kälte und die Höhe tut ein Übriges. Auch fühlen sich diese Jungen natürlich überhaupt nicht zum Anachoretentum berufen; sie bleiben nur unter der Bedingung in dieser Einsamkeit, dass sie viel und gut zu essen bekommen … denn das Essen ist bei den Tibetern das Allerwichtigste. Anfangs hielt ich das hart gefrorene Fleisch, dieses vom Wind – nicht etwa von der Sonne – getrocknete Tasajo für eine recht dürftige Sache. Ich habe es dann einmal gekostet, und es erscheint mir durchaus essbar, wenn es natürlich auch bei weitem nicht wie eine zarte Pariser Lammkeule schmeckt. Man geht dabei folgendermaßen vor: Zunächst löst man von dem Stück, das man essen will, die Haut ab, legt es in eine Schüssel und wäscht es mehrmals in heißem Wasser; danach lässt man es abtropfen und kocht es nach Belieben. Die Tibeter sind mäßige Köche. Sie kennen nur gekochtes oder in kleine Stücke geschnittenes, recht scharf gebratenes Fleisch. Ich habe versucht, eine Lammkeule in der Schmorpfanne zuzubereiten, und hatte Erfolg. Es ist übrigens nicht sehr angenehm hier im Winter als Vegetarier zu leben. Von Kartoffeln und einigen für mich schwer verdaulichen Rüben abgesehen, gibt es hier nämlich kein Gemüse. Ich glaube zwar, dass ich in meiner Gefräßigkeit auch ab und zu ein Stück Hammelfleisch essen werde, im Allgemeinen jedoch bekommt die fleischlose Kost meiner Verdauung sehr gut.

Ich habe diesen Brief für ein paar Tage unterbrechen müssen, denn ich war damit beschäftigt, die Einlagerung meiner Vorräte zu beaufsichtigen. Diese Arbeit ist jetzt abgeschlossen, und die Räume sind so hergerichtet, dass sie auch den demnächst eintreffenden Nachschub aufnehmen können. Meine Diener hören mit Lachen und Fröhlichsein gar nicht mehr auf, denn ein solcher Berg »essbarer« Dinge macht sie ganz selig!

In ein paar Tagen ist Neujahr, und ich habe beschlossen, es angemessen zu feiern. Es wird Butterreis mit Zucker und Korinthen geben. Dieses Gericht ist in Tibet eigentlich den Radschas, sehr hohen Lamas und einigen anderen bedeutenden Persönlichkeiten vorbehalten. Den Dienern ist es fast ein wenig bange davor, so etwas vorgesetzt zu bekommen. Wir werden am Flussufer ein Picknick veranstalten; die Jungen können dort Fußball spielen, um die Wette laufen und über Hindernisse hüpfen. Es wird sogar Preise zu gewinnen geben. In Kalkutta habe ich einen Drachen und Fähnchen bestellt (ein französisches, ein belgisches und ein englisches, zu jeweils 60 Centimes). Oh, es wird bestimmt ein großartiges Fest werden! Du kannst dir vorstellen, dass es für die Jungen nicht sehr lustig ist, an einem so abgeschiedenen Ort und vor allem ohne Freunde zu leben. Deshalb muss ich von Zeit zu Zeit für etwas Unterhaltung sorgen.

De-Tschen Aschram, 26. Dezember 1915

Was besondere Vorkommnisse in De-Tschen angeht, so ist zweierlei zu sagen: Ich war vor kurzem krank und meine Hütte wäre beinahe abgebrannt.

Ich weiß gar nicht recht, was mit mir los war: Schon seit mehreren Tagen hatte ich Fieber. Gegen Abend wird mir plötzlich schrecklich kalt und ich bekomme heftige Nervenschmerzen und kann nichts essen. Ich gehe zu Bett und schlafe rasch ein. Gegen Mitternacht jedoch wache ich auf, muss brechen und klappere mit den Zähnen, obwohl es in meiner Höhle beileibe nicht kalt ist. Als der Anfall vorbei ist, lege ich mich wieder hin, doch bald geht alles von vorne los. Es geht mir wirklich schlecht, und ich schlage schließlich den Gong, um meine Diener zu rufen. Sie machen Feuer und bringen mir heißes Wasser. Eine Stunde lang kauere ich mich an den Ofen, dann schicke ich den Jungen, der bei mir geblieben ist, fort und gehe wieder zu Bett. Ich nicke ein wenig ein, werde jedoch durch ein knisterndes Geräusch alsbald wieder aus meinem komaartigen Zustand geweckt. Ich glaube, mein kleiner Zimmergenosse (ein junger Kater) zerkratze die Holzwand, rufe »kscht, kscht!«, um ihn zu verscheuchen, doch ohne Erfolg. Als ich die Augen öffne, sehe ich, dass die Decke des an die Höhle angrenzenden Zimmers in Flammen steht. Ich springe aus dem Bett, laufe hinaus, schlage den Gong und rufe aus Leibeskräften meinen Jungen zu, sich zu beeilen. Unterdessen hole ich die vollen Wasserkannen aus meinem Ankleidezimmer – im Nachthemd, was angesichts der Kälte nicht gerade dazu beiträgt, meinen Gesundheitszustand zu verbessern! Schließlich sind sie aufs Dach geklettert und löschen das Feuer mit Wasser. Ursache des Brandes war das Ofenrohr! Drinnen ist jetzt alles entsetzlich schmutzig und ich zittere vor Kälte. Es ist fünf Uhr morgens; man macht in einem anderen Ofen Feuer und reicht mir Tee. Als die Gefahr gebannt ist, besteht mein Oberdiener darauf, dass ich mich wieder hinlege. Er hat Recht und ich folge seinem Rat. Man macht mir eine Wärmflasche für die Füße zurecht. Alle wollen dableiben, um mir heiße Getränke zu bereiten, auf das Feuer aufzupassen usw.; doch ich möchte lieber allein sein und schicke sie weg. Am nächsten Tag habe ich Fieber, am Tag darauf geht es mir schon wieder etwas besser, und dann war Weihnachten. Da sich die Jungen so sehr einen Ausflug gewünscht hatten, haben wir am Flussufer, ein paar Kilometer von hier entfernt, gepicknickt. Sie haben dort nach tibetischer Art Essen gekocht und ein paar Spiele veranstaltet, für die ich eine Siegprämie von 20 Centimes (2 Annas) ausgesetzt hatte.

De-Tschen Aschram, 12. Januar 1916

Ich sehe mich heute gezwungen, über etwas Unangenehmes zu sprechen: Es dreht sich um das liebe Geld. Ich habe von Herrn Woodroffe einen Brief bekommen, in dem er mir von einigen Schritten, die er für mich unternommen hat, Kenntnis gibt. (Es geht dabei um den Händler, der mir fotografische Artikel liefert, sowie um die auf einem Entgegenkommen des Oberpostdirektors beruhende Vereinbarung, selbst bei starkem Schneefall meine Postverbindung nach Chunthang auch außerhalb der regulären Fristen aufrechtzuerhalten.) In seinem Brief schreibt er unter anderem: »Falls Ihr Gatte noch immer Schwierigkeiten hat, Ihnen direkt nach Indien Geld zu schicken, kann er es an meinen Notar in Frankreich (Les Andelys, Eure), Herrn Lefèvre, überweisen.«

Obwohl die Lebensmittel, da sie von sehr weit hergeschafft werden müssen, teuer sind, entstehen mir jetzt, wo meine Hütte fertig ist, keine größeren Ausgaben. Doch falls du mir etwas schicken willst, wäre ich dir dankbar, wenn du den Betrag so bemisst, dass auch wirklich etwas für mich übrig bleibt. Ich habe dir ja bereits gesagt, in welcher Absicht die Spende von Seiten des Maharadschas von Nepal erfolgt ist und dass das Geld nicht für Kleidung oder Lebensmittel, sondern für meine orientalistischen Studien verwendet werden soll. Ich kann somit für den Unterhalt meiner Baracke aufkommen, die *Pandite* bezahlen, die mir als Lehrer dienen und denen ich meine Übersetzungen zur Korrektur vorlege, usw. Aber ich brauchte eben auch für mich selbst ein paar Kleinigkeiten.

Natürlich ist es mir peinlich, dich darum zu bitten, aber immerhin hast du mir schon lange nichts mehr geschickt. Wir wissen nicht, wann der Krieg vorbei ist, und es ist angenehm, wenn man sich fern der Heimat nicht in allzu großen Geldverlegenheiten befindet. Man weiß ja auch nicht, welche unvorhersehbaren Ereignisse noch eintreten. Der Betrag, um den ich dich bitten möchte, erreicht nur deshalb so rasch eine beträchtliche Höhe, weil ich viel zurückzuzahlen habe. Wenn du mir 5000 Francs schicken könntest, würden etwa 1500 bis 1700 Francs für mich übrig bleiben, was ungefähr 900 Rupien entspricht. Das ist, wie du siehst, kein Vermögen, aber es würde mir helfen.

De-Tschen Aschram, 23. Januar 1916

Es ist nun schon lange her, seitdem ich zum letzten Mal Post bekommen habe. Morgen oder übermorgen werde ich deshalb meine Boys zur Poststation schicken. In dieser Jahreszeit ist das immer eine Staatsaktion. Man kann z. B. nicht wissen, ob bei ihrer Rückkehr der Weg noch frei ist oder sie die Strecke bereits blockiert finden. Das Wetter hat sich zwar sehr gut gehalten, aber jeden Tag türmen sich mehr Wolken am Himmel auf, und es ist jederzeit mit starken Schneefällen zu rechnen.

Ich bin hier mit drei Jungen und einer älteren Frau zusammen, die die Mutter eines von ihnen ist. Ich sehe sie allenfalls morgens und zur Abendmahlzeit, die sie mir in die Höhle bringen. Manchmal mache ich, was auf Tibetisch »tsam« heißt. Das bedeutet, dass ich tagelang niemanden sehe und auch mit niemandem spreche. Man bringt mir das Essen ins Nachbarzimmer, betätigt eine Glocke, um mich zu verständigen, und geht wieder. Diese Tage völliger Einsamkeit sind sehr erholsam.

Gestern habe ich die Jungen auf eine kleine Hochebene, die oberhalb meiner Einsiedelei liegt, zum Spielen geführt. Schließlich muss ich ihnen ein wenig Ablenkung verschaffen.

Sie sind zweiundzwanzig, achtzehn und fünfzehn Jahre alt. Dieses abgeschiedene Leben ist nicht gerade lustig für sie. Sie haben einen großen Ball zum Fußballspielen und so etwas wie einen Drachen, mit dem sie jedoch nicht umzugehen verstehen. Als sie sich richtig ausgetobt hatten, haben wir im Wald Feuer gemacht und Tee gekocht – tibetischen Tee, versteht sich, mit Salz und Butter; dazu gab es gerösteten Reis. Der Lama, seine Gefährtin sowie ein kleines Waisenkind, das er großzieht, hatten sich uns angeschlossen. Wir waren insgesamt acht Personen, die einzigen menschlichen Wesen in dieser Einöde. Wir hatten kein sehr gutes Wetter; während wir unseren Tee tranken, fing es zu schneien an. Ich schaute mir diese Wilden an, wie sie so ums Lagerfeuer herum saßen: Es hätte ein Stich aus Jules Verne oder einem vergleichbaren Erzähler sein können, und ich fühlte mich daran erinnert, wie ich als kleines Mädchen in Brüssel Reiseberichte verschlang, mich von ihren Illustrationen in Bann schlagen ließ … Alles tritt ein, nicht wahr, sogar das Unwahrscheinliche, vielleicht sogar vornehmlich das Unwahrscheinliche!

De-Tschen Aschram, 25. Januar 1916

Die Jungen sind heute Morgen aufgebrochen, um meine Post fortzuschaffen, und heute Nachmittag sind hier oben zwei Lamas eingetroffen, die die unlängst angekommene Post heraufgebracht haben. In dem Packen war auch der Morgenrock, den du mir geschickt hast. Ich bin ganz entzückt, ihn hier zu haben. Die Zollgebühren betragen 2,4 Rupien, das entspricht etwa 3,80 Francs. Das ist nicht zu viel und ich bezahle die Summe gern. Ich bin sehr froh darüber, dieses warme Kleidungsstück wieder bei mir zu haben, denn etwas Vergleichbares wäre in Indien auf gar keinen Fall zu beschaffen gewesen.

Als ich diesen Kimono wieder sah, war ich ziemlich bewegt. Ich glaubte mich plötzlich wieder in das geräumige Wohnzimmer in der Abd-al-Wahhab-Straße versetzt: Ich saß am Klavier, du gingst gerade ins Büro und sagtest mir auf Wiedersehen … Diese Erinnerungen machten mir das Herz schwer und ich stand eine ganze Weile da, hielt den Morgenrock in Händen und war den Tränen nahe …

De-Tschen Aschram, 31. Januar 1916

Das Wetter ist fabelhafter als je zuvor. Schon zwei Tage lang haben wir Sonnenschein ohne Frost. Trotz der Kälte, von der ich dir bereits erzählt habe, darfst du dir nicht vorstellen, De-Tschen läge in einem unfreundlichen und nebligen Land mit blassem Himmel wie etwa Belgien oder England. Es ist nur deshalb so kalt, weil mein Quartier fast 4000 m hoch liegt. Die Sonne jedoch ist beinahe die der Tropen, der Himmel erinnert mich an unser Afrika und ist vor allem sehr viel hübscher als der *grüne* Himmel Indiens.

Ich habe etwas Eigentümliches festgestellt: Hier ist alles ohne Geschmack: Obst und Gemüse (ob wild gewachsen oder angebaut) schmecken wie Wasser. Daran ist ohne Zweifel die beträchtliche Höhe schuld. Noch etwas weiter oben wachsen überhaupt nur mehr Flechten. Das erstaunt mich auch gar nicht weiter, aber kannst du dir vorstellen, dass auch die Eier meiner Hühner – schöne große Eier – ohne jeden Geschmack sind? In den dreißig Kilometer entfernten, etwas tiefer gelegenen Dörfern dagegen sind sie schon wieder ausgezeichnet. Wirkt sich die Höhe auch auf die Hühner aus? Sie sind indes wohl genährt, laufen den ganzen Tag in der Sonne umher und fressen reichlich Mais.

De-Tschen Aschram, 3. März 1916

Obwohl es in diesem Jahr nur spärlich geschneit hat, ist der Weg doch für mehrere Wochen blockiert, und wir sind auf unserem Berg vom Rest der Welt abgeschnitten. Der Anblick der riesigen weißen Berge war beim letzten Vollmond unglaublich großartig. Hinzu kommt eine ungewöhnliche Stille; alle Bäche und Kaskaden sind erstarrt und stumm, kein Vogel ist zu sehen – abgesehen von den beiden Raben, die in unserer Nähe überwintern und fast schon zum Haushalt gehören.

In dieser Jahreszeit pflegen sich die hohen Lamas einen Monat lang völlig zurückzuziehen und auch mein Nachbar ist diesem Brauch gefolgt. Er hat mir allerdings erlaubt, jeden zweiten Tag zu ihm hinaufzuklettern, um unter seiner Anleitung weiterhin Tibetischlektüre zu betreiben. Ich habe den Unterricht nicht ein einziges Mal versäumt. Ich zog mir eine Reithose und hohe tibetische Stiefel an und schickte manchmal zwei Diener voraus, die mir als »Schneepflug« dienten und den Weg freimachten. Droben zog mir dann die gute alte Frau am Feuer Hose und Stiefel aus, ich schlüpfte in einen Umhang und ein Paar Pantoffeln, die man dort oben für mich bereithielt, und begab mich sogleich in die Höhle, die mein gelehrter Lama nicht verließ. Es gab Tee und ein paar Leckereien aus der näheren Umgebung. Bevor ich aufbrach, brachte mir die tüchtige Tibeterin meine Hose und meine Stiefel, die sie inzwischen getrocknet hatte, und ich kletterte wieder hinab.

Zuvor – aber das liegt schon weit zurück – haben wir das tibetische Neujahrsfest gefeiert. Primitivere Völker bleiben Tieren sehr ähnlich: Am meisten Freude bereitet ihnen das Essen. Übrigens steht ihnen mancher Zivilisierte darin kaum nach. Also habe ich meine vier Diener ordentlich voll gestopft. Später hat mich dann der Lama mit meinen vier Wilden zu sich eingeladen. Das Wetter war schön. Der Lama und ich saßen in einem kleinen Zelt auf Kissen. Wir aßen nach chinesischer Art, was in Tibet eine sehr hohe Auszeichnung ist. Unter den vielen Dingen, an denen wir uns labten, war eine sehr gute Suppe – ich werde Sophie das Rezept schicken. Danach tranken wir Buttertee mit Salz; anschließend weitere Gänge und dazwischen jeweils wieder Buttertee. Die Diener haben von allem gegessen, genau wie wir – nur in welchen Mengen! Während der Mahlzeit hörte ich, wie einer von ihnen folgende sehr realistische Überlegung anstellte: »Es wäre doch wirklich jammerschade, wenn die vielen schönen Sachen nicht auch alle in den Magen hineinpassen würden!«

De-Tschen Aschram , 16. März 1916

Von hier gibt es nichts Neues zu berichten. Die einzigen Lebewesen, die etwas Abwechslung in dieses Dasein bringen, sind die Hündin und der Kater. Wie fast alle jungen Tiere sind sie sehr drollig. Die Menschen wirken dagegen wie Maschinen. Immerhin verrichten sie ihren Dienst recht anständig und mehr verlange ich auch gar nicht.

Ich selbst komme mit dem Tibetischen zügig voran. Ich beherrsche es jetzt gut genug, um mit dem Lama über philosophische Probleme diskutieren zu können. Ich muss allerdings hinzufügen, dass er über eine bemerkenswerte Intelligenz verfügt und selbst die leiseste Andeutung versteht. Andererseits spricht das natürlich auch ein wenig für mein Kauderwelsch. Lesen ist schwieriger, aber auch in dieser Hinsicht komme ich voran, und ich schreibe Briefe, die mich an meine ersten Schreibversuche in englischer Sprache erinnern. Oh, diese Zeiten liegen weit zurück! Ich beherrsche das Englische mittlerweile so gut, wie es einem Ausländer überhaupt nur möglich ist.

Falls es das Wetter zulässt, steige ich nächste Woche zu einem Pass hinauf, der oberhalb meiner Behausung liegt, und betreibe dort oben ein wenig camping, wie die Engländer sagen, die diesen Sport sehr schätzen. Ein ganz kleines Zelt, ein Jakfell und nur ein paar Decken, keine Diener, sondern völlige Einsamkeit.

Obwohl es hübsch kalt ist, werde ich meine Morgenwäsche am Bach erledigen. Ich will dort oben allein sein, um einige Theorien der Lamas über die Erzeugung von Wärme zu überprüfen. Sie lassen sich in ihren Büchern endlos über dieses Thema aus und manche Einsiedler leben tatsächlich nackt inmitten der Schneemassen. Ich habe mich immer schon von »interessanten« Dingen angezogen gefühlt. Diese Sache beschäftigt mich schon lange. Ich kenne das Verfahren ein wenig und habe es mit mäßigem Erfolg schon selbst erprobt. Trotzdem bin ich etwas skeptisch und möchte mir das Ganze gern aus der Nähe anschauen.

De-Tschen Aschram, 28. März 1916

In meiner Einsiedelei gibt es nichts Neues, abgesehen von einem neuerlichen Rheumaanfall, der wie üblich von Fieber begleitet ist. Eine üble Sache hat man mir da vererbt. Aber bei meinen Eltern war Rheuma nie mit Fieber verbunden. Es handelt sich in meinem Fall wohl auch ein wenig um Gicht. Glücklicherweise bin ich noch recht flink auf den Beinen. Mein Leiden ist zwar nicht sehr ausgeprägt, aber gleichwohl ein böses Vorzeichen für die kommenden Jahre.

Morgen schicke ich meinem ehemaligen Übersetzer in Gangtok, der inzwischen mein Lehrer geworden ist, die Übertragung eines tibetischen Gedichts. Dies ist mein erster Versuch in dieser Art und ich bin ein wenig stolz darauf. Vielleicht ist die Übersetzung nicht einmal ganz gelungen; ich halte sie trotzdem für nicht übel.

Mein Oberdiener geht für einen Monat in Urlaub. Er ist der Einzige, mit dem ich Englisch sprechen kann. Wenn er fort ist, bin ich ganz auf mein noch elementares Tibetisch angewiesen, das freilich täglich besser wird. Ich habe übrigens keine Angst davor. Vergangenes Jahr habe ich mich in ähnlicher Lage gut aus der Affäre gezogen, und damals konnte ich bei weitem noch nicht so gut sprechen wie jetzt.

De-Tschen Aschram, 3. April 1916

Ich habe kurz nacheinander die Briefe erhalten, in denen du mir von deiner Reise nach Béchar erzählst und mir eine Geldsendung ankündigst. Zunächst möchte ich dir sehr für die liebevolle Fürsorge danken, die du mir gegenüber immer an den Tag gelegt hast. Ich bin wie mein Vater ein »Gehirn-Mensch« und äußere selten Gefühle. Du darfst mir jedoch glauben, mein lieber Mouchy, dass ich über die echte und beständige Freundschaft, die du mir entgegenbringst, sehr gerührt bin. Halte mich bitte nicht für vergesslich oder undankbar, weil mich genau jener mystische Traum in die Ferne gelockt hat, der auch einen Buddha und einen Jesus Heim und Familie vergessen ließ … und noch viele andere, deren Namen in Asien voll Verehrung ausgesprochen werden. Ohne ihr Format zu haben, ist es mir gelungen, schattenhaft zu sehen, was ihnen vielleicht in mystischer Versenkung klar und unmittelbar erfahrbar geworden ist – das, was sich jenseits des jammervollen und schmerzlichen Wirrwarrs befindet, in dem sich wie toll die Lebewesen tummeln.

Die augenblicklichen Ereignisse, das abrupte Ende der pazifistischen Träume und einer Kultur, die man dem Gipfel entgegenstreben sah, die Rückkehr zur Barbarei, das Morden, all das Gemetzel sind wenig geeignet, jemanden für die Welt zurückzugewinnen, der sich ihr bereits von Jugend auf entfremdet hatte.

De-Tschen Aschram, 27. April 1916

Mein lieber Mouchy, ich spüre, dass dich dies alles wenig interessiert. Zwischen uns beiden besteht der Unterschied, dass ich mich für das, was du machst, interessiere, du jedoch für meine Arbeit nichts übrig hast. So oder beinahe so war es immer schon. Nur aus Freundlichkeit und liebevoller Anteilnahme lasest du meine Manuskripte und Bücher. Am Inhalt selbst lag dir nichts. So ist es auch heute noch. Ich verdanke dir viel und es fällt mir leicht, es zuzugeben; aber mein Leben und meine Arbeiten sind dir gleichgültig. Das muss vielleicht so sein. Wer den Weg geht, den ich gehe – sei er groß oder klein, ein Buddha oder ein Wurm, mit Riesenschritten oder kriechend –, ist allein. Ihn darf man weder beklagen noch bewundern; die Menschen sind genau das, wozu sie imstande sind. Sie sind das Ergebnis vielfältiger Ursachen, und als solche sind sie weder in ihren Entscheidungen frei noch sind sie sich über die Beschaffenheit der Fäden im Klaren, mit denen ihre Bewegungen gesteuert werden.

28. April 1916

Der Frühling und das sonnige Wetter haben mich zu dem spontanen Entschluss veranlasst, einen Ausflug zu unternehmen und einen See zu suchen, von dem man mir erzählt hatte und der irgendwo – Genaues wusste ich gar nicht – liegen sollte. Ich habe die beiden Jungen mitgenommen (wie du weißt, ist mein Oberdiener in Urlaub); der Lama hat sich uns mit einem anderen Jungen angeschlossen. Du kannst dir vorstellen, dass unser Gebirge kein zivilisiertes Gebirge mit gepflegten Wegen oder Hinweisschildern des Touring Clubs ist. Man klettert, so gut es eben geht, über Felsen, durch Dornengestrüpp und steile, grasbewachsene Hänge hinauf. Wir erklommen schließlich einen Felskamm, den ich einfältigerweise für den Gipfel des Berges gehalten hatte, auf dem ich wohne. Ich musste bald feststellen, dass dieser vermeintliche Gipfel lediglich der Rand einer weiten, hügeligen Hochebene ist, die bis an andere Berge heranreicht, die noch viel höher sind als meiner. In einer Senke, zwischen Felswänden, fanden wir schließlich an völlig unberührter Stelle den See. Sein Wasser war klar und kalt, auf seinem Grund lagen herabgestürzte Felsbrocken. Wir haben am Ufer »geluncht«; es gab hart gekochte Eier, Kekse (der Konditor war ich selbst) und Konfitüre (sie stammte aus London). Der Lama sang mir einen Hymnus vor, der von einem berühmten Kirchenfürsten, einer historischen Persönlichkeit, stammte; die wirkliche Gestalt des berühmten *Ladzunpa* freilich ist hinter den zahlreichen Legenden kaum mehr erkennbar. Die Dichtung ist in all ihrem philosophischen Nihilismus sehr schön. Dieser ernste, bedächtige Gesang bildete mit der uns umgebenden Landschaft eine vollendete Harmonie. Ich vergaß darüber sogar den eigenartigen, lächerlichen gelben Hut des Lamas. Den Kleinen und der Hündin machte alles sehr viel Spaß, sie tollten wie eine Schar Wilder im Gebirge umher. Neuneinhalb Stunden sind wir am Ufer des Sees entlanggewandert; daraus magst du ermessen, dass ich noch nicht völlig gebrechlich bin.

De-Tschen Aschram, 10. Mai 1916

Ich hatte eine leichte Grippe, die ich erfolgreich mit Phenazetin und Eukalyptol behandelt habe. Ich war recht erstaunt, plötzlich wieder verschnupft zu sein und husten zu müssen, denn ich war schon lange nicht mehr erkältet. Seltsam, in der Backofenatmosphäre von Benares hatte ich dauernd Schnupfen, und hier habe ich bis neulich noch keine Erkältung gehabt, obwohl ich bei strenger Kälte in einer ausgiebig belüfteten Baracke wohne und sogar dem Beispiel der tibetischen *Yogis* gefolgt bin, die sich in einem Musselingewand in den Schnee setzen. Ich glaube, die große Reinheit der Luft in diesen Höhen tut Wunder.

Du hältst das folgende Thema bestimmt für eine Lappalie, aber sowohl in den Zeitungen, die du mir schickst, als auch in den illustrierten Katalogen der Warenhäuser Kalkuttas habe ich derart eigenartige Karikaturen von Frauenkleidung gesehen, dass ich sehr neugierig geworden bin. Kleiden sich die Frauen jetzt wirklich wieder nach der Mode von 1830? Ist es denn möglich, dass sie sich, nachdem sie jahrelang geschmackvolle Kostüme und Kleider in nüchternem Schnitt getragen haben, wieder so grotesk ausstaffieren? Der Augenblick für eine Maskerade und solche Kindereien ist ja nun wirklich äußerst glücklich gewählt! Ich stelle mir immer vor, es handele sich dabei lediglich um die Ausgeburt eines spaßigen Zeichners und keine Frau würde sich tatsächlich in solcher Aufmachung auf der Straße blicken lassen. Erzähl mir doch ein wenig, was es damit auf sich hat.

De-Tschen Aschram, 25. Mai 1916

Es ist Frühling, und Frühling in großer Höhe bedeutet blühende Rhododendren, Sträucher, die in Blüte stehenden Alpenrosen gleichen, und Temperaturen um 15 Grad. Tage, an denen es sehr heiß ist, sind ausgesprochen selten. Die Jungen holen im Wald Holz und bringen Blumensträuße und wilde Gemüsepflanzen in meine Hütte. Man ist fast erstaunt darüber, nach acht Monaten Linsensuppe wieder etwas Grünes im Topf zu haben.

Ich setze meine Thoumo-Übungen fort, jene in Tibet so berühmte Methode, Wärme zu erzeugen. Es ist etwas daran. Zunächst einmal handelt es sich natürlich – ganz ohne Zweifel – um Autosuggestion; sodann führt das ständige Training zu Gewöhnung und Abhärtung. Schließlich jedoch lernt man Atmung und Blutkreislauf zu beeinflussen, was für Leute, die von der tatsächlichen Physiologie und Anatomie keine Ahnung und die Methode rein empirisch entdeckt haben, wirklich eine Leistung ist. Ich habe nicht genügend Zeit und bin wohl auch ein wenig zu faul, um alle Übungen durchzuführen. Ich gebe mich hier also mit einer halben Sache zufrieden und bin trotzdem von dem Erfolg überrascht. Ich kann jetzt vor Sonnenaufgang, nur mit einem leichten Musselingewand aus Benares bekleidet, im Freien sitzen – genauer gesagt: auf meinem Balkon –, ohne zu friere,n. Die Füße stecke ich dabei in den Schnee. Allmählich musste ich dann unter immer weniger Decken schlafen, weil es mir nachts einfach zu warm wurde. Verglichen mit dem ständigen Zähneklappern im letzten Winter hat sich da doch einiges geändert.

Ich verfolge das Ergebnis meiner Versuche mit Neugier und Interesse, habe jedoch auch etwas durchaus Praktisches dabei im Auge, wie du leicht einsehen wirst. Es ist nicht sehr lustig, frieren zu müssen, und es ist auch nicht bequem, eine Unzahl von Kleidungsstücken und Decken mit sich herumzuschleppen. Bei meinem letzten Aufenthalt in den Steppen Tibets ähnelte ich eher einem wandelnden Paket als einem Menschen. Wenn ich mich diesmal in leichterer Bekleidung meinem Lieblingssport, dem Wandern, widmen kann und nachts in meinem Zelt nicht mehr mit den Zähnen klappere, so bereitet mir das größte Freude.

De-Tschen Aschram, 20. Juni 1916

In einer Woche breche ich nach Tschörten Nyima sowie einigen anderen, noch nicht genau feststehenden Zielen auf, die ich dir jedoch nach Abschluss meines Ausfluges nennen werde. Ich bitte dich, in den Briefen, die du mir schreibst, nicht das Wort »Tibet« zu gebrauchen. Du kannst ja Umschreibungen verwenden; »Schneeland« z. B. ist genauso gut auf den Himalaja anwendbar, es ist sogar die genaue Übersetzung des

Sanskrit-Ausdrucks: Hima = Schnee, laja = Wohnung. In diesen Kriegszeiten werden nämlich manchmal von der Zensur Briefe geöffnet, und in einem Land, das sich bis heute abgekapselt hat, könnten selbst Ausflüge in die unmittelbare Umgebung als Erkundungsreisen gedeutet werden. Solche Missverständnisse hätten bestimmt ärgerliche Folgen.

Tschörten Nyima, 2. Juli 1916

Ich bin soeben hier angekommen und benutze den Umstand, dass die Jaktreiber nach Lachen zurückkehren, dazu, ihnen ein paar Zeilen an dich mitzugeben.

Wie üblich hat mir der Wind Gesichtshaut und Lippen verbrannt. Ich bin ganz aufgedunsen und leide »nicht schlecht«.

Nachdem wir die Grenze überschritten hatten, war schönes Wetter. Wir kamen sehr gut voran, weil wir die Etappen ausdehnten, was übrigens recht anstrengend für mich war, denn ich hatte schon lange nicht mehr auf einem Pferd gesessen. Doch ansonsten ist alles in Ordnung, und nach einem Rasttag werde ich bestimmt nichts mehr spüren.

Tschörten Nyima, 4. August 1916 (?)

Ein Mann kehrt mit seinen Pferden nach Lachen zurück, und ich benutze die Gelegenheit, dir in aller Eile (der Mann hat nicht viel Zeit) ein paar Zeilen zu schreiben.

Ich war in Schigatse und werde dir von dieser Reise ausführlich berichten. Der Taschi-Lama, der mich bereits durch unseren Briefwechsel kannte, und seine Mutter, eine sehr liebenswürdige Dame, empfingen mich äußerst zuvorkommend. Ich besuchte auch mehrere Lamas, die hohe Würdenträger sind. Kurz und gut, der Aufenthalt war interessant, aber die

Reise war für eine ungeübte Amazone, wie ich es im Augenblick bin, einigermaßen anstrengend.

Übermorgen mache ich mich erneut auf den Weg, um einen Einsiedler zu besuchen, der eine hoch oben im Gebirge gelegene Grotte bewohnt. Anschließend kehre ich nach De-Tschen Aschram zurück.

Der Taschi-Lama und seine Mutter haben mich reichlich beschenkt, woraufhin man meiner Person besondere Bewunderung und Wertschätzung entgegenbrachte.

De-Tschen Aschram, August 1916 (?)

Gestern bin ich von meiner kleinen Expedition zurückgekehrt, die sehr aufschlussreich, wenn auch vom Wetter (Hagelschauer, Wolkenbrüche) nicht gerade begünstigt war. Sie hatte übrigens ein Nachspiel, das man im Hinblick auf eine Verhaltensstudie der Kolonialverwaltung ebenfalls als aufschlussreich bezeichnen kann.

Geschehen ist Folgendes: Der Regierungsvertreter hat sich plötzlich über meine Reise nach Schigatse aufgeregt. Wahrscheinlich haben einige liebenswerte Geistliche den Herrn gegen mich aufgehetzt, weil sie sich darüber geärgert haben, dass man mich an einem Ort, wo sie nicht einmal hindürfen, freundlich empfangen hat. Auch wollten sie wohl ihren einheimischen Schäfchen das abschreckende Beispiel einer »Weißen«, die freundschaftliche Beziehungen zum Taschi-Lama unterhält, vor Augen führen. Kurz, es ging ein Donnerwetter auf die Dorfbewohner nieder, die – nebenbei gesagt – nicht viel taugen und die übelsten Biester sind, die man sich nur vorstellen kann, in diesem Fall jedoch völlig unschuldig waren. Er hat alle mit einer schweren Geldbuße belegt und gegen die betroffenen Lamas (ausnahmslos untergeordnete Dorflamas) losgewettert. Meine Diener und ich müssen eine Geldstrafe bezahlen, weil man uns vorwirft, gegen eine Vorschrift der Verwaltung verstoßen zu haben. Mehr kann diese Person in all ihrem Zorn nicht tun. Glücklicherweise ist es ihr untersagt, uns festzunehmen, denn das täte sie bestimmt brennend gerne.

Lieber Freund, nach meiner Rückkehr in die tibetische Einsamkeit hatte ich in den vergangenen Tagen den etwas melancholischen Eindruck, ich hätte mein letztes Abenteuer erlebt und die letzte Seite im Buch meiner verspäteten, dafür aber umso längeren Jugend umgeblättert. Japan wird ein friedliches, ruhiges, zivilisiertes Land sein – mit Eisenbahnen, Straßen, Brücken über den Flüssen, Hotels, Omnibussen … Dort wird es keine halsbrecherischen Touren durch Steppen und auf einsame Berge hinauf mehr geben, keine eisigen Nächte im Zelt, keine verschneiten Spätnachmittage, an denen das Feuer aus Jakmist nicht anbrennen will und man die Abendmahlzeit mit einer Konservendose und einem Glas schmutzigem Eiswasser aus einem nahen Gebirgsbach bestreitet. All das hat seinen Reiz, aber … um in einem solchen Land alt zu werden, muss man wohl dort geboren sein – oder der gewöhnlichen Vernunft trotzen können. Wenn ich den Himalaja verlasse, fange ich wahrscheinlich an, zu jener kleinen Alten mit Gold- oder Silberbrille zu werden, die du einmal im Traum gesehen hast. Ich weiß nicht, ob die Brille aus Gold oder Silber sein wird, aber es wird sicher ein wenig Gelehrsamkeit dahinter stecken … vielleicht sogar ein Körnchen Weisheit!

De-Tschen Aschram, 24. August 1916

Ich bereite jetzt meine Abreise vor. Letzten Endes – ich habe dir ja bereits früher darüber geschrieben, vielleicht erinnerst du dich – wusste ich natürlich, dass der Augenblick kommen würde, wo ich das Gebirge verlassen und mir meine Behausung zum letzten Mal anschauen würde, so wie ich neulich die bläulichen Berge des Transhimalaja und das tibetische Land zum letzten Mal gesehen habe. Die Dinge sind wie feiner Sand, den man in der Hand festhalten möchte, oder wie Wasser, das man mit den Fingern greifen will. Doch so sehr man die Hand auch zusammenpresst, der Sand rinnt fort, das Wasser fließt weiter … Alles vergeht und huscht an uns vorüber …

Kannst du dir vorstellen, dass ich, eine erfahrene Reisende, vor diesem Japan etwas Angst habe? Ich kann nicht Japanisch; nun, in einem halben Jahr werde ich es einigermaßen radebrechen, das ist keine Hexerei. Man fühlt sich aber so völlig unbeholfen und dumm, wenn man Menschen gegenübersteht, die man nicht versteht und denen man sich auch seinerseits nicht verständlich machen kann.

Dardschiling, 17. September 1916

Du wirst es kaum glauben: Die Monate, die ich in Dewa-Thang verbracht habe, sogar mein »auf Felsen gebautes« Haus – alles kommt mir jetzt vor, als hätte es nie existiert. Ich sehe diese Dinge vor mir wie schemenhafte Traumgebilde; dabei waren sie doch gestern noch Wirklichkeit für mich. Ich hing sehr an diesem einsamen Winkel im Gebirge. Wäre man wirklich allein gewesen, hätte es sich dort bestimmt gut leben lassen. Aber die Einheimischen, die meine Gegenwart wie eine Wolke giftiger Insekten angezogen hatte, haben mir meinen Aufenthalt doch ziemlich vergällt. Ihre letzte Heldentat bestand darin, während meiner Tibetreise in meine Hütte einzudringen und sie auszuplündern. Sie haben bei weitem nicht alles geraubt, aber der Verlust ist schmerzlich genug. Der Regierungsvertreter untersucht den Vorfall.

Penang, 13. Januar 1917

Gestern habe ich mir Penang angeschaut. Es ist ein hübsches, sauberes Städtchen, das ganz malerisch von Bergen umgeben ist. Mit Ausnahme des chinesischen Tempels, dessen verschiedene Heiligtümer an einem Hang terrassenförmig übereinander angeordnet sind, gibt es kaum Sehenswürdiges. Wie die meisten Kirchenbauten, die Chinesen gehören, ist alles sauber, gepflegt und reichlich mit Holzschnitzereien und schönen Stickereien versehen. Zufällig spricht der Vorsteher des Klosters ein bisschen Englisch. Außerdem kennt er Leute, die auch ich zu meinen Bekannten zähle. Die buddhistische Liebenswürdigkeit und die Gastfreundschaft, die für fast alle Chinesen charakteristisch ist, tun ein Übriges. Er lädt mich zu Tee und Plätzchen ein und besteht schließlich auch darauf, dass ich zum Abendessen bleibe, und er erzählt mir ein paar hübsche Sachen voll philosophischen Raffinements, wie sie gelehrte Buddhisten zu erzählen wissen, besonders wenn sie einer *Mahajana*-Sekte angehören. Es sind Gedanken voll Scharfsinn und ohne Eigennutz, die von allem Sektierertum und Fanatismus weit entfernt sind. Die Seligkeit ist hier keine tragische Angelegenheit; sie war es vielleicht *vorher*, für den Schüler, der noch nicht *begriffen* hatte. Die »Erlösung« schließlich begleitet bereits das friedliche Lächeln dessen, der Bescheid weiß: »Was denn, nichts weiter? ... Die schrecklichen Traumbilder, die Götter, die Teufel und das ganze Weltenschauspiel – alles nur ein kurzer Augenblick in einem Fieberwahn?« Um uns herum lächeln riesige Buddhas. Aus großen Räucherfässern steigen wohlriechende Wolken auf ... Die Welt könnte ein hübscher Traum sein, wenn die Menschen nur einsichtig sein wollten. Drunten im Abendland bringen sie sich jedoch lieber gegenseitig um!

Passagierdampfer »Cordillère«,
Kap Saint-Jacques, 22. Januar 1917

Albert Sarrault, den Gouverneur, bemerkt man fast gar nicht, denn er paukt in seiner Kabine die Rede, die er bei der Ankunft halten will. Er ist das Oberhaupt einer höchst interessanten Sippschaft: eine Frau, die wohl früher einmal hübsch war, ohne jede Vornehmheit – obwohl sie eine Miene zur Schau trägt, die sie sicher für sehr aristokratisch hält – und mit einer grauenhaften südländischen Aussprache, in der das »r« gerollt wird, als sollte ein Donnergrollen nachgeahmt werden. Die ältere Tochter hat ein anmutiges Äußeres, aber auch sie setzt dabei eine Miene auf, die schlecht zu ihr passt. Ihr sechzehn- oder siebzehnjähriger Bruder ist ein Exemplar jenes Menschenschlages, den mein Vater mit einem inzwischen altmodischen Ausdruck als »Stinkwanzen« bezeichnete. Er redet nur vom Jagen, Töten und Tieremassakrieren. Man spürt, dass er zur Not auch »Wilde« abschlachten würde, falls sich die Gelegenheit dazu böte. Außerdem sind da noch zwei kleine Kinder, eine russische Lehrerin, die herrlich Klavier spielt, und ein Erzieher, der wohl besser im Schützengraben aufgehoben wäre, anstatt hier herumzustolzieren.

Und diese Leute tanzen abends Tango. Gestern habe ich es mir zur Aufgabe gemacht, mit ihnen zusammen im Salon zu bleiben, um sie mir näher anzuschauen. Armselige Gestalten!

All diese Leute um mich her wirken auf mich wie Brennnesseln; ihr chaotisches, tolles Treiben ist mir zuwider. Ich kann es gar nicht erwarten, die Einsamkeit und den Frieden der Berge wieder zu finden.

Alphabetisches Verzeichnis von Fachbegriffen

Amaterasu, japanische Sonnengöttin des → Schintoismus.

Amitabha, »von unermesslichem Licht«, im Spätbuddhismus ein → Buddha, der die Gläubigen nach dem Tod in sein Paradies aufnimmt.

Ardschuna (Arjuna), Held des indischen Epos → Mahabharata: »der größte Bogenschütze aller Zeiten« (Erstes Buch).

Arjamarga, Weg der Edlen, Teilnahme am hinduistischen Weisheitsweg.

Arthabaja, Held des indischen Nationalepos → Mahabharata.

Aschram (Ashram), Einsiedelei, auch Sammlungs- und Besinnungsort religiös Gleichgesinnter.

Awalokiteschwara, Schirmherr der buddhistischen Kirche in Tibet, ein → Bodhisattwa.

Bhagawadgita, »Gesang des Erhabenen«, meistgelesenes Besinnungsbuch Indiens, Teil des → Mahabharata.

Bhikku (Bhikschu), buddhistischer Mönch.

Bodhi, Feigenbaum, unter dem Siddharta Gautama die vollkommene Erleuchtung erlangte.

Bodhisattwa, »Wesen, dessen Ziel die Erleuchtung ist«, in den Geburtslegenden → Buddhas frühere Daseinsformen des künftigen Buddha in Tier-, Mensch- und Gottgestalt. Im → Mahajana-Buddhismus werden zahlreiche Bs. als Heil stiftende himmlische Wesen verehrt.

Brahma, männliche indische Gottheit, die als Schöpfer und Lenker der Welt gilt und seit der 2. Hälfte des 1. Jahrtausends n. Chr. mit Schiwa und → Wischnu als göttliche Dreiheit vorgestellt wird.

Brahman, das absolute Sein.

Buddha, »der Erleuchtete«, Siddartha Gautama (560–480? v. Chr.), Religionsstifter und Begründer des → Buddhismus.

Buddhismus, die von → Buddha im 6. Jahrhundert v. Chr. begründete Religion, die sich in friedlicher Mission über den größten Teil Asiens verbreitete.

Darani, Spruchbänder: in Tibet gebräuchliche hochformatige Fähnchen mit religiösen Losungen.

Dewa, altindisch »Gott«.

Dhammapada, ethisch-religiöse Spruchsammlung, die zum Kanon der Heiligen Schriften des Buddhismus gehört.

Dordsche, tibetisches Gebetszepter.

Doti, ein einem Wickelrock ähnliches Kleidungsstück der Inder.

Dschataka (Jâtaja), Buch von den früheren Existenzen des Buddha, eine in → Pali verfasste Sammlung von mehr als 500 Buddhalegenden.

Ganescha, in der indischen Mythologie der Gott, der die Hindernisse beseitigt und die Gelehrsamkeit schützt.

Ghats, Ufertreppen des Ganges in Benares (Varanasi).

Gitagowinda, indisches Gedicht (12. Jahrhundert n. Chr.), das in zwölf Gesängen den Gott → Krischna und seine Geliebte Radha besingt.

Gömpa (Gompa), tibetisches Kloster.

Gömptschen (Gomptschen), tibetischer Wandermönch und Einsiedler, oft in der Nähe einer → Gömpa lebend.

Gopis, Hirtinnen, in den indischen Legenden Gespielinnen des → Krischna.

Guru, »altehrwürdiger«, geistlicher Lehrer.

Hinajana, »kleines Fahrzeug«, ältere Richtung des Buddhismus mit starker asketischer Ausprägung, heute besonders in Ceylon, Myanmar, Thailand, Laos, Kambodscha verbreitet. H. wird deswegen auch als »südlicher« Buddhismus bezeichnet.

Hinduismus, indische Religion, die sich als »ewige Lehre« versteht. Der H. entstand etwa um 800 v. Chr.

Jainawalka, ein Held des Epos → Mahabharata.

Kalkemono, zum Aufhängen bestimmtes Bild.

Kali, »die Schwarze«, indische Göttin vom Typus der »Große(n) Mutter«.

Konfuzius, latinisiert aus K'ung-(fu)-tse (551–479? v. Chr.), chinesischer Philosoph und Gelehrter.

Krischna, »der Schwarze«, die achte irdische Erscheinungsform → Wischnus. Im indischen Nationalepos → Mahabharata verkündet K. die → Bhagawadgita.

Ladzunpa, legendärer tibetischer Glaubenslehrer.

Lamaismus, tibetische Form des → Buddhismus, eine ausgesprochene Mönchsreligion, in der die Lamas (»Lenker, Lehrer«) als voll geweihte Geistliche im Mittelpunkt stehen. Religiöses Oberhaupt ist der Taschi Lama, oberster weltlicher Machthaber der Dalai Lama.

Lao-tse (Laozi), chinesischer Philosoph, dessen berühmtestes Werk das *Daodejing* ist. Über Leben und Werk des L. (zwischen 300 und 600 v. Chr.) bestehen bis heute bei Fachgelehrten tiefgreifende Meinungsverschiedenheiten.

Leptscha (Lepscha), oder Róng, buddhistisches Bergvolk in Sikkim und Nordindien.

Mahabharata, das »große Indien«, Nationalepos der Inder. Es enthält mehr als 80 000 Doppelverse zu 32 Silben. Der Titel M. wird schon im 4. Jahrhundert v. Chr. erwähnt.

Mahadewa, »großer Gott«, Beiname des → Schiwa.

Mahajana, »großes Fahrzeug«, jüngere, etwa zu Beginn der christlichen Zeitrechnung entstehende Form des → Buddhismus, heute besonders in Nepal, Vietnam, China, Korea und Japan verbreitet und daher auch als »nördlicher« Buddhismus bezeichnet. Im Gegensatz zum → Hinajana werden im M. mehr die kosmologischen Prinzipien der Welterklärung betont und eine aktivistische Ethik befürwortet.

Mahawira, »großer Held«, Beiname Wardhamanas, des Begründers des Jainismus, der heute noch recht großen Einfluss in Indien ausübt. Ein wesentlicher Bestandteil des Jainismus ist die Einhaltung der »ahimsa«, das Nichtverletzen von Lebewesen.

Maja, Prinzip der indischen Philosophie, das die vergängliche Vielfalt der Welt kennzeichnet.

Mandala, »Kreis«, ein Diagramm, das in indischen Religionen als mystisches Meditationshilfsmittel dient.

Mantra, »Spruch«, Hymnen und Formeln, die bei Meditationen und magischen Handlungen verwandt werden, gebräuchlich im → Buddhismus, → Hinduismus und → Lamaismus.

Marpa, tibetischer Philosoph und Religionslehrer.

Matham, indisches Kloster.

Meru, mythologischer Berg jenseits des Himalaja und zugleich Wohnsitz der Götter.

Milarepa (Mi-La-Ras-Pa), tibetischer Dichter des 11. Jahrhunderts.

Mokscha, Sanskritwort für »Erlösung«, die im → Hinduismus in der Befreiung aus dem Kreislauf individueller Wiedergeburten gesehen wird.

Nirwana, »das Erlöschen«, »des Leidens Ende« – im → Buddhismus die Loslösung aus dem Geburtenkreislauf und die Befreiung von dem Leiden des Diesseits. Dieser Zustand kann von dem Erlösten schon in diesem Dasein erreicht werden, das N. »der diesseitigen Ordnung«. Mit dem Eintritt des Todes verbürgt das N. die Unmöglichkeit, in einer individuellen Existenz wieder geboren zu werden → (Pari-N.).

Om mani padme hum, ein → Mantra des → Lamaismus. Om und hum sind mystische Silben, mani wird gedeutet als »Oh du Edelstein« und padme als »im Lotus«, also: »Om, oh du Edelstein im Lotus, hum.«

Padmasambhawa, »der aus dem Lotus Geborene«, buddhistischer Lehrer und Wundertäter, der in Tibet seit 747 n. Chr. den → Tantrismus verbreitete.

Pali, indischer, vom Sanskrit abgeleiteter Dialekt.

Pandit, Gelehrter, Lehrer, altindischer Titel.

Pari-Nirwana (Parinirwana), die nach dem Tode des Körpers gesicherte Vollkommenheit des → Nirwana.

Radscha-Yoga, die Stufen 6–8, die höchsten der meditativen Läuterung im → Yoga.

Rama, der Held des indischen Epos Ramayana, das etwa zwischen 400 und 200 v. Chr. entstanden ist.

Ramakrischna, indischer Mystiker (1836–1886). R. versuchte einen visionären Gottesbegriff zu begründen, in dem die Übereinstimmung aller Religionen zu erkennen sein sollte.

Rischi, Heiliger, Seher, Dichter.

Sadhu, »guter Mann«, »Heiliger«, in Indien Bezeichnung für einen Hindu-Asketen.

Sallasutta, indisches Totengebet.

Samadhi, »Versenkung«, die achte Stufe des → Yoga, auf der man »im Leben erlöst« ist.

Sannjasin, indischer Wandermönch, der als Asket umherzieht.

Schankaratscharja, indischer Philosoph des 8. Jahrhunderts, bedeutender Vertreter des → Wedanta.

Schintoismus (Shintō), japanische Religion mit der Sonnengöttin → Amaterasu an der Spitze von Natur- und Ahngottheiten.

Schiwa, »der Gütige«, der »Freundliche«, einer der hinduistischen Hauptgötter, der als Gott der Zerstörung und als Heilbringer angesehen wird.

Shingon-Sekte, buddhistische Sekte in Japan, begründet im Jahre 816.

Siddhipuruscha, ein → Yogi, der übernatürliche Kräfte erworben hat.

Sutra, »Faden«, Mz. Sutren, im indischen Schrifttum kurze, prägnante Merksätze.

Swami, indischer Mönch.

Tantra, »Gewebe«, das Lehrsystem des → Tantrismus.

Tantrismus, eine im → Hinduismus und → Buddhismus auftretende Religionsbewegung, die etwa ab 500 n. Chr. entstand. Im T., der auf Erlösung aus der Seelenwanderung abzielt, steht eine starke Ritualisierung religiöser Formen im Vordergrund.

Thuomo-Übung, autosuggestive Methode sich gegen Kälte unempfindlich zu machen.

Tschakra, »Rad«, »Scheibe«, indische Waffe, ein geschärfter Stahlring, der geschleudert wird.

Tschenresi, »der Herr, der in uns ist«, der tibetische Name des → Bodhisattwa → Awalokiteschwara.

Tschörten (Tschorten), tibetischer Kult-Schrein.

Tschutra, heilige Stelle in indischen Tempeln.

Tulku, Oberpriester des → Lamaismus. Ein T. stellt die irdische Verkörperung eines → Bodhisattwas dar.

Upanischaden, eine Gattung altindischer theologisch-philosophischer Texte. Die älteren U. sind etwa 800–600 v. Chr. entstanden, die jüngeren U. reichen etwa bis 1500 n. Chr.

Waischnawa, Gläubige des Gottes → Wischnu.

Weda (Veda), »Wissen«, die älteste religiöse Literatur der arischen Inder. Der W. besteht aus mehreren, durch Form, Inhalt und Abfassungszeit verschiedenen Schichten. Die ältesten Teile des W. stammen aus der Zeit vor dem ersten Jahrtausend v. Chr.

Wedanta (Vedanta), »Ende des →Weda (Veda)«, ursprünglich gemeinsamer Name für die → Upanischaden, deren Lehren in den »Brahmasutren«, dem Grundwerk aller W.-Schulen, systematisiert wurden.

Wetala (Vetala), sagenhafter indischer Vampir, der auf Friedhöfen leben soll.

Wischnu, einer der Hauptgötter des → Hinduismus. In der Vorstellung der Gläubigen sorgt er für den Schutz und die Erhaltung der Welt.

Wischnuismus, eine etwa seit 400 n. Chr. immer mehr an Einfluss gewinnende indische Religion, in deren Mittelpunkt die Verehrung → Wischnus steht.

Wiwekananda (Vivekananda), indischer Mystiker (1863–1902), der bedeutendste Schüler des → Ramakrischna.

Yoga, die Schulung der geistigen Konzentration in den Religionen Indiens.

Yogi, ein Ausübender des → Yoga.

Zen, »Kontemplation«, »Selbstversenkung«, buddhistische Lehre der Meditation (begründet um 520 n. Chr.), heute besonders in Japan verbreitet.

Die Reisen der Alexandra David-Néel 1911–1917

Madurai	November 1911
Madras (Chennai)	November 1911 bis Dezember 1911
Kalkutta (Kolkata)	Januar 1912 bis März 1912
Darjeeling	April 1912
Hochland von Sikkim	Juni 1912
Darjeeling	Oktober 1912
Kalkutta (Kolkata)	Oktober 1912 bis November 1912
Kathmandu	November 1912 bis Februar 1913
Benares (Varanasi)	Februar 1913 bis November 1913
Gangtok	Dezember 1913 bis September 1914
Hochland von Sikkim	Oktober 1914 bis September 1916 (De-Tschen Aschram)
Shigatse	Juli 1916
Darjeeling	September 1916 bis Januar 1917

Editorische Notiz

Das Original, *Journal de voyage. 11 août 1904 – 27 décembre 1917*, erschien 1975 unter der Herausgeberschaft von Marie-Madeleine Peyronnet als erster Band der zweiteiligen Auswahl *Lettres à son Mari* in der Librairie Plon in Paris. Vier Jahre später wurde es unter dem Titel *Wanderer mit dem Wind. Reisetagebücher in Briefen 1904–1917* in der deutschen Übersetzung durch Christoph Rodiek von F. A. Brockhaus in Wiesbaden publiziert; und es ist diese Fassung, die für die Edition Erdmann verwendet wurde.

Gekürzt ist sie – abgesehen von den Streichungen, die Marie-Madeleine Peyronnet mit Rücksicht auf vertrauliche Äußerungen Alexandra David-Néels schon im französischen Original vorgenommen hat – im Wesentlichen um die Briefe der Autorin aus der Zeit vom 11. August 1904 bis zu ihrer Ankunft in Indien am 22. November 1911 sowie aus der Zeit nach ihrer Abreise aus Indien am 22. Januar 1917 bis zum Eintreffen in Peking am 27. Dezember desselben Jahres. Der vorliegende Band ist somit eine konzentrierte Dokumentation der »indischen Jahre« von Alexandra David-Néel.

Weiterführende Literatur

Empfehlungen für Leser, die mehr über Alexandra David-Néel wissen wollen

Alexandra David-Néel: Arjopa. Die erste Pilgerfahrt einer weißen Frau nach der verbotenen Stadt des Dalai Lama [1927], Leipzig 1928 (F. A. Brockhaus); Mein Weg durch Himmel und Höllen. Das Abenteuer meines Lebens, Einf. v. Thomas Wartmann. Übersetzung: Ada Ditzen, [10]2017 (Fischer).

Das Buch, mit dem die Globetrotterin weltberühmt geworden ist: ein Klassiker der Entdeckungsliteratur.

Alexandra David-Néel: Heilige und Hexer. Glaube und Aberglaube im Lande des Lamaismus [1929], Wiesbaden [2]1995 (Heinrich Albert); Magier und Heilige in Tibet, München 2005 (Goldmann).

Die weniger auf Abenteuerlichkeit, denn mehr auf Selbsterforschung gerichtete Darlegung der Beweggründe zu den »Pilgerreisen« von 1912 bis 1921 – und der zweite Band der Tibet-Trilogie.

Alexandra David-Néel: Mönche und Strauchritter [1933], Leipzig 1933 (F. A. Brockhaus); Mönche und Strauchritter, München 2004 (Droemer/Knaur).

Der Bericht über die Wüstenfahrten der Verfasserin in den Jahren 1921 bis 1923 – und der dritte Band der Tibet-Trilogie.

Alexandra David-Néel: Die geheimen Lehren des tibetischen Buddhismus [1953], Satteldorf 1998 (Adyar); Die Geheimlehren des tibetischen Buddhismus, Freiburg i. Br. 2012 (Aira).

Der Ertrag aus zahllosen Gesprächen mit tibetischen Gelehrten – ein leicht zugängliches Musterstück aus dem immensen spirituellen Œuvre der Verfasserin und die dogmatische Prämisse für den nachgenannten Roman.

Alexandra David-Néel [unter Mitarbeit von Lama Yongden]: Der verborgene Türkis [1954], München 1999 (Knaur).

Vermutlich der erste und auch einzige Himalaja-Krimi der Weltliteratur: der Thriller um den tibetischen Mönch Münpa Gesong – eine

Kostprobe der pittoresken und hochreflektierten Romankunst der Erzählerin.

Alexandra David-Néel: Im Banne der Mysterien [1972], München 1998 (Nymphenburger).

Posthum publizierte autobiographische Skizze – und ein Beweis dafür, dass Verleger und Buchhändler, welche die Werke der Autorin unter »Esoterik« rubrizieren, das Gegenteil dessen befördern, was die nüchterne Aufklärerin zu erreichen versuchte.

Alexandra David-Néel: Mein Leben auf dem Dach der Welt. Reisetagebuch 1918–1940 [1975], München 1999 (Nymphenburger).

Der zweite Teil der Briefausgabe – ein »Muss« für jeden Leser des vorliegenden Bandes.

Jean Chalon: Alexandra David-Néel. Das Porträt einer Unbezähmbaren [1985], München 1998 (Knaur).

Die Standard-Biographie – detailliert, voll Sympathie und dennoch nicht ohne Kritik, gut geschrieben und vorzüglich übersetzt.

Barbara Foster – Michael Foster: Alexandra David-Néel. Die Frau, die das verbotene Tibet entdeckte. Die Biographie [1998], Freiburg 1999 (Herder/Spektrum).

Das jüngste Lebensbild jener außergewöhnlichen Frau, in dessen Mitte nach peniblen Recherchen die Reisen von 1911 bis 1924 gestellt sind – wobei das Manko einer bisweilen zu blumigen Sprache ausgeglichen wird durch eine instruktive Bibliographie zum Thema »Alexandra David-Néel«.

Alexandra David-Néel: Im Herzen des Himalaya. Unterwegs in Nepal, Wiesbaden 2015 (Edition Erdmann).

Die Erstübersetzung der Reise nach Nepal in den Jahren 1912/13, die sie auf Einladung des Maharadscha von Kathmandu tätigt.

Alexandra David-Néel: Mein langer Weg in die verbotene Stadt. Briefe aus Tibet, Wiesbaden 2018 (Edition Erdmann).

Persönliche Briefe, die diese kühne Reisende auf ihrem zielstrebigen Weg nach Lhasa in den Jahren 192124 an ihren Mann geschrieben hat.

Bibliografische Information der Deutschen Nationalbibliothek
Die Deutsche Nationalbibliothek verzeichnet diese Publikation in der Deutschen Nationalbibliografie; detaillierte bibliografische Daten sind im Internet über http://dnb.d-nb.de abrufbar.

Der Text wurde behutsam revidiert
nach der Ausgabe Edition Erdmann Stuttgart 2000.
Covergestaltung: Karina Bertagnolli, Wiesbaden
Bildnachweis: Ladakh, Landschaft bei Wanla im Tal de Yapola, 2000, Hervé Champollion / akg-images
Karten: Peter Palm, Berlin
Satz und Bearbeitung: Martin Feiß, Burgwitz
Der Titel wurde in der Adobe Garamond gesetzt.
Gesamtherstellung: CPI books GmbH, Leck – Germany
Karten: Peter Palm, Berlin
ISBN: 978-3-7374-0047-3

www.verlagshaus-roemerweg.de

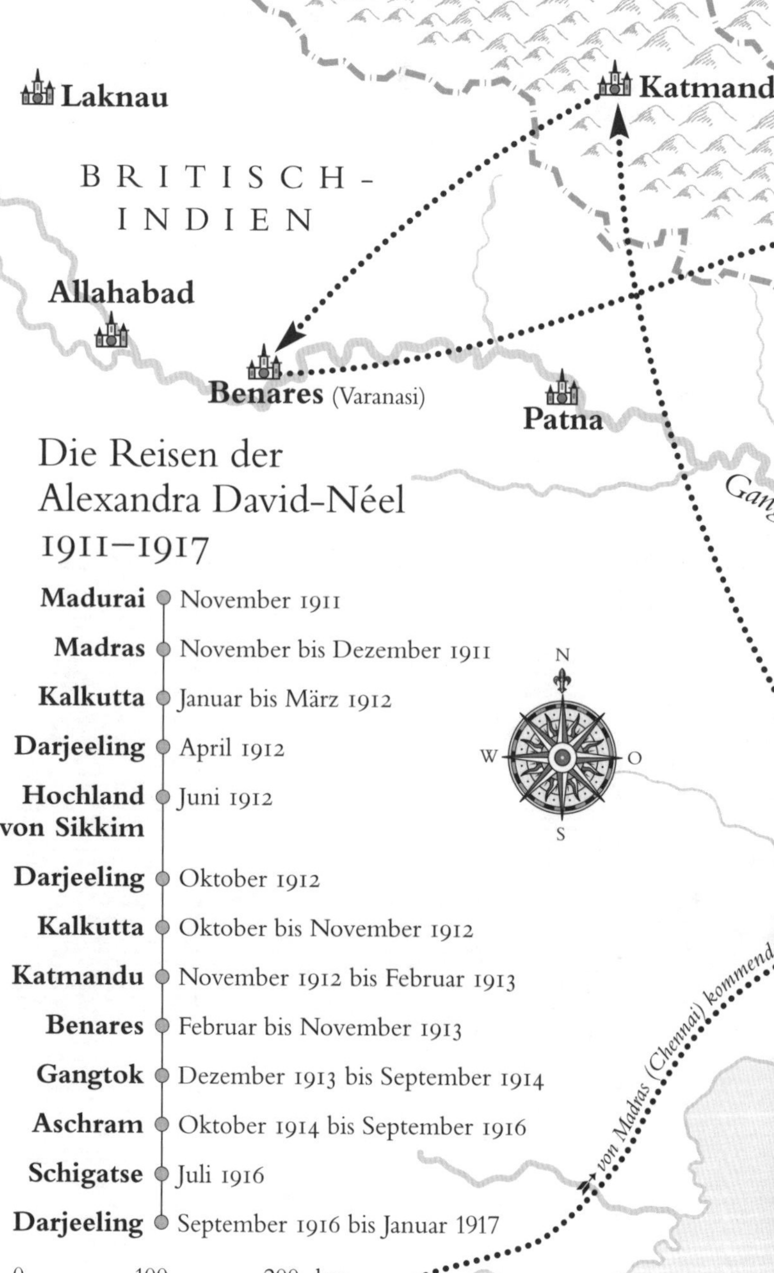

NEPAL
Laknau
Katmandu
BRITISCH-
INDIEN
Allahabad
Benares (Varanasi)
Patna
Die Reisen der
Alexandra David-Néel
1911–1917
Madurai November 1911
Madras November bis Dezember 1911
Kalkutta Januar bis März 1912
Darjeeling April 1912
Hochland von Sikkim Juni 1912
Darjeeling Oktober 1912
Kalkutta Oktober bis November 1912
Katmandu November 1912 bis Februar 1913
Benares Februar bis November 1913
Gangtok Dezember 1913 bis September 1914
Aschram Oktober 1914 bis September 1916
Schigatse Juli 1916
Darjeeling September 1916 bis Januar 1917
N
W
O
S
von Madras (Chennai) kommend
0
100
200 km